国家出版基金项目
NATIONAL PUBLICATION FOUNDATION

幼儿园领域课程指导丛书

幼儿园美术领域教育精要
——关键经验与活动指导

孔起英 著

教育科学出版社
·北京·

前　言

　　学前儿童美术教育是在充分了解幼儿的美术学习规律与特点的基础上所进行的指向幼儿美术经验的获得，并透过美术经验，最终指向儿童的全面发展的教育。学前儿童的美术经验主要有感受与欣赏、表现与创造两个方面。

　　感受与欣赏主要是指儿童被周围自然环境或生活中具有外在形式美的物像或美术作品所吸引，从感知出发，以想象为主要方式，以情感激发为主要特征的一种艺术经验。这种艺术经验之核心在于艺术欣赏过程中的审美感知、审美想象与审美情感。学前儿童的美术创作是指儿童在头脑中形成审美心理意象（主题内容），使用美术的形式要素（形、色等）、美术的工具和材料将它们重新组合，创作出对其个人来说是新颖独特的美术作品的能力。在这个过程中，学前儿童所获得的核心经验有：在头脑中自主地形成审美心理意象的经验；用美术的形式要素（造型、色彩、构图等）来探索画面构成和作品的外形、装饰的经验；探索各种工具和材料的经验。而儿童的这些经验是在绘画的艺术视知觉、艺术反思与艺术表达的过程中，在手工的意图、构思与设计、制作与装饰的过程中获得的。基于对儿童美术经验的这种理解，教师要理解这些美术核心经验的内涵，能在儿童进行美术欣赏与美术创作活动的过程中敏锐地发现他们的美术经验，然后提供支持性的有效策略。

基于一切从儿童的学习规律与特点出发，来开展学前儿童的美术教育活动，需要教师具备以下基本理念：第一，在本体论的层面上，将幼儿的美术活动定性为儿童的精神生命活动，是儿童生命成长不可或缺的一种活动，儿童的生命因此而丰满。由此，要求成人必须支持儿童的这种精神生命活动。第二，在认识论层面上，把美术活动界定为幼儿感性地把握世界的一种方式，它不同于成人较多地用理性的方式认识世界。因而，在美术教育过程中，教师要站在儿童的立场上，倾听儿童自己的感受与解读，而不是用成人的理性标准来看待儿童的感受与创作。第三，从工具论的层面上，将儿童的美术活动看作是具有启智辅德等多元价值的活动。因而，要求教师除了要理解这些美术的核心经验的内涵，能在儿童美术欣赏与美术创作过程中敏锐地发现他们的美术经验，还需要心中时刻具备全面发展的理念，进一步观察与解读出在美术欣赏与美术创作过程中所体现出的幼儿语言、动作、社会性、认知、学习品质等多方面发展的特点，从而在有效地支持儿童获得这些美术核心经验的同时，让其得到全面的发展。此为"为儿童的美术教育"区别于"为美术的美术教育"的要义所在。第四，在美术教育层面上，让儿童接受大自然和社会生活中美的事物的熏陶，引导其观察和感受自然环境、社会环境和艺术作品，和儿童一起发现事物形的特征、色的特征、运动变化的特征，使他们的感知觉活动逐渐适应对象世界中对称、均衡、节奏、和谐等美的活动模式，丰富其审美感受与体验，从而形成对这些模式的敏锐的选择能力和同情能力。所以，在美术欣赏活动中，应坚持以幼儿为中心，而不是以文本为中心，尊重儿童的兴趣和独特感受，理解他们欣赏时的行为；以儿童为主体，让儿童自主地创造一个属于自己的意义世界。同时，为儿童的美术创作提供丰富的工具与材料，营造宽松自由的心理氛围，激发他们的创作愿望，理解并尊重儿童不同于成人的独特的表现方式及其中所蕴含的想象与情感。秉承

"儿童在前，教师在后"的教学理念，在儿童求助时，用开放性的提问支持他们进行艺术想象与思维，支持幼儿对工具材料的探索；坚持不把自己的意愿强加给儿童，不要求他们按照教师的简笔范画来画，不用"像不像"等标准来进行评价。

本书是南京师范大学学前教育专业"教育部卓越幼儿教师培养改革项目"和"江苏省高校品牌专业将设项目"的成果。南京师范大学长期以来重视幼儿园课程各领域教育的研究，笔者在本科层次开设《学前儿童美术教育》的课程已有25年的历史，本书的编写建立在笔者多年执教该门课程的经验基础上，同时也是建立在笔者多年与幼儿园实践工作者合作研究的基础上。因而，本书既有理论建构又有实践指导，书中所呈现的案例都是多次实践的结果，读者可以在形成自己的美术教育理念的基础上，采用行动研究的思路，开展反思性实践和实践性反思，做一位研究型教师。

孔起英

2015 年 12 月于南京

目　录

第一章

儿童美术与儿童美术教育

第一节　美术与儿童美术

一、美术

美术是艺术的一个分支。对艺术的把握有助于我们对美术的把握。通常人们从艺术的精神层面、艺术的活动过程层面和艺术的活动结果层面来认识艺术。从把握儿童艺术的角度出发，下面我们主要侧重在艺术的活动层面来论述。

概括地说，对艺术活动过程的看法有两种。一种看法认为，艺术是对外在事物的模仿，即艺术所描绘的对象是自身之外的，如：亚里士多德认为，艺术是对现实的模仿；车尔尼雪夫斯基认为，艺术是对生活的"再现"。这种理论的着眼点在于艺术作品和它所描绘的现实世界的关系，认为艺术就是通过对一件事物的逼真模仿去再现世界的，即艺术就是模仿现实。这种看法把逼真作为判断艺术的标准，形成了传统艺术观中的认识、解释、评价艺术作品的范式。在艺术发展的漫长历史中，这种看法始于古希腊，在文艺复兴时期重新得到发展，还与 17—18 世纪的学院派艺术联系在一起，直到现代的新现实主义和超级现实主义还依然持这种观点，认为艺术的模仿力是艺术最大的价值所在。

另一种观点认为，艺术就是艺术家的主观创造，即艺术所描绘的对象是艺术家自身的精神世界，是"自我意识的表现"，是"生命本体的冲动"。我国宋代严羽的"妙悟说"和明代袁宏道的"性灵说"皆属此列。不少国外学者也持这种看法，如里德认为，艺术是一种意在创造出具有愉悦性形式的东西①；加登纳认为，艺术是主体知识的交流②。从艺术史来看，表现主义、浪漫主义都强调艺术家内在、主观、独特的精神世界。

受后现代哲学思想的影响，人们越来越趋向于承认艺术作品与各种语境的相关，作品所再现的世界、创造作品的艺术家、欣赏艺术作品的观众、艺术所依赖的文化环境，都成为思考艺术问题的重要依据。尤其强调从接受者的角度来阐述艺术作品完成的过程，认为艺术家只是完成了一件半成品，而一件作品的意义是由作品与观赏者及其文化背景的联系所决定的。作品只是观赏者实践的空间和材料而已，观赏者可以据此创造自己的意义，因而，所生成的任何一种意义都是属于这一观赏者的独特的意义。

了解艺术使得我们一方面可以把儿童的美术与成人的美术相比较，在比较中欣赏儿童在美术活动中所表现出来的那种童心童趣，那种朴素与稚拙；另一方面，对待成人的美术，我们尚且有着许多的看法，同样，对待儿童的美术，我们也应持一种开放、发展的态度，用多种范式来解释。

二、儿童的美术

儿童的美术是他们本真的生命活动。人的生命是有需要的，生命的需要

---

① 里德. 艺术的真谛 [M]. 王柯平，译. 沈阳：辽宁人民出版社，1987：2.
② 加登纳. 艺术与人的发展 [M]. 兰金仁，译. 北京：光明日报出版社，1988：41.

有缺失性和成长性两种。缺失性需要在本质上是有机体身上的"赤字"所形成的需要，是为了健康的缘故必须填充起来的"空洞"，而且必定是由他物从外部填充的，而不是由主体填充的空洞。成长性需要则注重人的固有本性的自我实现，注重于一种永无止境地趋向个人内心的统一、整合或和谐，并且存在一种"功能自主"或"自治能力"，可以相对独立地单独实现。儿童的美术活动就是对他的成长性需要的满足，是对一种没有直接功利性的、以活动过程本身为目的的需要的满足。就美术活动而言，儿童在早期的涂鸦中就表现出对自己的手臂运动的兴趣。他们并不知道纸、笔的用途，而是经常把笔含在嘴里，或用来敲敲打打；把纸揉成一团，充分享受着涂鸦动作带来的那种有节奏的、主动的"动"的运动快感。同时，在出生至 1.5 岁这一期间，思维的基本单元是感知客体和运动性动作，而在 1.5 岁至 5 岁这一期间，思维的基本单元已变成了这类客体与动作之间的关系。[①] 这是他们通过动作来达到对纸、笔等美术活动材料的感知。再如，幼儿在绘画中画到自己"军队"的枪炮射出的子弹与炮火落在"敌人"人群中时，儿童一边嘴里发出"哒哒哒""轰隆隆"的声音，一边又把自己变成了"中弹的敌人"而"啊"的一声"倒毙"在地上。我国古代文论《诗·大序》中说，"情动于中而形于言，言之不足，故嗟叹之，嗟叹之不足，故咏歌之，咏歌之不足，不知手之舞之，足之蹈之也。"虽为说诗，但我们完全可以用它来描述此时儿童更自发的、更表现的、更单纯的行动的、更自然的、更无控制和自由流露的行为。宋代诗人范成大也在他的一首《儿时拾趣》的诗中写道：

> 黄发垂髫儿，握枝向泥沙。
> 似解世人意，信手乱涂鸦。
> 桥畔流水湍，树梢日影斜。
> 口中呢喃语，兴尽忘归家。

---

① 罗比·凯斯. 智慧的发展：一种新皮亚杰主义理论［M］. 吴庆麟，朱尚忠，袁军，译. 上海：上海教育出版社，1994：105.

由此可见，我们可以看到儿童是如何全身心地投入到美术活动中的。总之，儿童是用身体感觉来对应于外在审美对象的结构和自己内在的情感结构，也就是一种异质同构。这时，儿童的躯体已不是单纯的物，它是一种"人体—主体"，是他们精神地、具体地把握世界的"身心统一体"。儿童在美术活动中所呈现出来的反映模式是儿童最为源初、最为本真的一种生命活动。

我曾在幼儿园大班 92 位六岁儿童中做过这样一个小实验，要求儿童从毕加索的油画《格尔尼卡》、齐白石的水墨画《虾》、东汉出土的陶俑作品《侏儒俑》以及民间彩色剪纸作品《老虎与娃娃》中选择自己最喜欢的一幅。结果显示，81 位儿童选择了色彩明快的剪纸作品《老虎与娃娃》。利德斯进行的一项研究得出了相似的结论。他要求六岁儿童把 126 幅儿童画分成美的、丑的和不确定的三类。结果表明，50% 以上的儿童不能确定近一半画的美、丑性质，也即六岁儿童对什么样的画是美的还没有一致的标准。然而，绝大多数儿童认为，画有花、动物、家庭摆设、珠宝、鸟儿等儿童经验中熟悉的、美好的、能使人愉快的事物的作品是美的作品，而画有残骸、人的脑壳、人形的怪物、手枪等东西的作品是丑的作品。儿童的这种偏爱正是体现了儿童的生命和情趣，例如：《老虎与娃娃》当然要比《格尔尼卡》更接近儿童的生活；花、动物、家庭摆设、珠宝、鸟儿当然要比残骸、人的脑壳、人形的怪物、手枪来得可亲一些。前者于是成为儿童生命的象征。正如德国美学家里普斯所说，"审美快感是对于一种对象的欣赏，这对象就其为欣赏的对象来说，却不是一个对象而是我自己，或者说，它是对于自我的欣赏，这个自我就其受到审美的欣赏来说，却不是我自己而是客观的自我。"[①] 德国美学家沃林格认为，它是一种"对象化了的自我欣赏"。换句话说，在美术欣赏活动中，儿童是在欣赏着自己的生命活动（包括生存、成长过程）。他们所获得的是一种自我享受，也即只有那些由儿童自己的心灵选择出来或感受到的（而不是认识到的）、与自己的生命活动类似和相通的对象才能使其产生审美愉悦。

---

① 马奇. 西方美学资料选编（下卷）[M]. 上海：上海人民出版社，1987：847.

儿童的美术是他们感性地把握世界的一种方式。人类把握世界的方式有理性的和感性的两种。前者主要是一种逻辑思维的方法，它主要包括"归纳和演绎、分析和综合、比较和分类、从抽象到具体、历史的和逻辑的统一等方法"，其特点是"逻辑的、有序的、有步骤的"。后者是一种非逻辑思维的方法，它主要包括"想象、幻想、直觉、灵感、猜测等方法"，其特点是"非逻辑的、无固定秩序和固定操作步骤的"。①

儿童在美术活动中所显示的就是一种感性的对世界的把握。学前儿童的这种把握世界的感性方式表现出思维的直觉性、具象符号性和情感性的特点。例如，儿童绘画活动中，一位儿童在画刷牙的情景时，把刷牙人的嘴和牙齿画得硕大无比，而把脸上的其他部位画得小小的。又如，另一位儿童在画春天来到的画时，把燕子画得大大的，占据大部分的画面，而其他诸如房子、树、人乃至山都被画得小小的，并居于画面一角。这就是说，在儿童的感觉中，刷牙就是意味着嘴巴要张得大大的，并要把牙齿龇出来，也就是要摆出一副龇牙咧嘴的样子。而春天来临，燕子要北飞，而这就是春天的表现。这些就是儿童认识事物时最深的直觉印象，他们所表现出来的就是一种感性的把握世界的方式。在这些孩子的眼里，事物都是具体的、生动的、有趣的，充满了生命力。正是由于这种生动的、感性的特点，才使学前儿童的美术充满了活力与魅力。

我曾记录过几位六岁儿童在欣赏毕加索的《和平》这一美术作品时所说的第一句话。

> 于仲男：我感觉这幅画画的是原始人的生活。
> 黄　欣：我感觉这个地方非常可怕。
> 葛梦捷：啊！我感觉这幅画把我带到了一个童话世界。
> 张　征：我感觉这些人很穷，在跟人家要钱。

---

① 庞学光. 完整性教育的探索 [M]. 重庆：重庆出版社，1994：4.

从中我们可以看出，几位儿童都是凭强烈的直觉开门见山为自己所欣赏作品的中心意义定下了情感基调：或者是原始人的生活，或者是可怕的地方，或者是童话世界，更或者是穷苦人的要饭生涯。这就是说，儿童对艺术文本中心意义的把握是通过直觉来完成的。

成人的直觉可分为象征性直觉和内省性直觉。象征性直觉是指主体在对有意味的情景的凝视观照中，情不自禁地悟出某种与情景及其表象的外在形状有对应关系的情感化人生意味和情感化真理意味，并自由地转化成为情景中的意味。内省性直觉是指审美主体从自己的内在精神状态出发，情不自禁地捕捉与此相对应的情绪化的外在对象，探求和开掘观照对象所外化的情感价值，并借助感性直觉到理性直觉的升华，使特定的审美体验上升到以形象来表述的哲理高度。这两种直觉形式需以主体对人生、对社会等的知识经验为基础，以理性思维能力为核心，并聚合着审美变形能力、审美想象能力的综合性审美思维能力，它在理性把握的基础上，把审美对象的形、神推向更深刻、更美好、更丰富、更统一的境地，从而在理解对象的同时，又按照自己的审美情趣，更深层地挖掘了对象、创造了对象，并在这种挖掘与创造中，达到了主客体的融合。因此，成人的审美直觉实质上是一种"悟解"，具有科学认识之"理解"的功能。儿童则不然，儿童的直觉与他们潜意识里的内在深层心理结构有关，这种深层心理结构的情感模式使得儿童在面对美术作品外在的形式结构时，融情于景，不需要经过过多的思考，就能与其达到同构，产生一种强烈的直觉，从而在某种程度上理解对象。因而儿童的直觉是一种形式性直觉，它通过对物体的形状、体积和造型的富有个性色彩的情感体验，然后以自己的方式直接达到对意义的把握。当然由于儿童的视界与成人的视界原本就有差异，因而我们不能用成人的理解标准来要求儿童达到同样的理解水平。在儿童的眼里，他们的理解就是正确的理解。所以以上四位儿童对同一美术作品产生了不同的意义理解和情感表现性的把握。又如，在对毕加索的作品《和平》的欣赏中，有的儿童把黑底色上扭动的人物形象看作是在高兴地跳舞，而有的儿童则把他们看作是因为害怕而准备逃走的姿态。

丰子恺先生认为，美的批评有印象的批评、分析的批评和综合的批评三种形式。印象的批评是感性的批评，而分析的批评和综合的批评则较多地表现为理性的批评。① 儿童对于美的批评主要是一种印象的批评，他们往往不对欣赏对象进行过多地分析和综合，而凭借第一印象，直接依清新、强烈、活跃的感觉来判断欣赏对象是美的还是丑的。这种批评大多是一种直觉反应。这就是儿童在美术活动中所显示出来的感性地把握世界的方式。

因而，无论是从美术欣赏角度还是从美术创作角度来认识儿童的美术，都需要我们既关注儿童美术活动的过程，又关注美术活动的结果，这样才能全面而深入地理解幼儿的美术。

第二节　儿童美术教育

一、审美教育

审美教育又称美育，是指通过自然美、社会美、艺术美进行的一种教育活动。其目的是培养受教育者对美的形态、结构等的感受、鉴赏、创造能力，培养其正确的审美观点、高尚的审美情操，使其得到精神上的满足与愉悦，最终达到人格的完善。审美教育是培养全面发展人才不可缺少的重要组成部分。

审美教育的名称最初是由 19 世纪末德国诗人、哲学家席勒在他的《美育书简》中提出来的。在这本名著中，席勒还系统阐述了他的美育思想。席勒的美育理论是建立在德国古典美学奠基人康德的美学思想之基础上的。他从自然与人、感性与理性等基本哲学命题出发，从改变近代人的存在方式，使

---

① 丰子恺. 丰子恺文集（艺术卷四）［M］. 杭州：浙江文艺出版社，1992：110.

人重新获得自由、和谐、全面的发展，实现人性的复归这一更加广阔的领域论述审美教育。席勒认为，完满人性的建立必须以精神自由作为基础，没有精神自由便没有人性，而现实中的人是没有自由的，要改变这种状态，就需要通过审美教育。要把感性的人变为理性的人，唯一的办法是先使人成为审美的人，只有审美才是实现精神解放和完美人性的先决条件。审美是人从感觉的被动状态到达思想和意志的主动状态过程中一个不可缺少的桥梁。因此，席勒认为，除了应该有促进健康的教育，促进认识的教育，促进道德的教育外，还应有促进鉴赏力和美的教育，即审美教育。这种教育的目的就在于使人性达到自由和谐的状态。通过审美，人类就由必然王国进入了自由王国。在这里，席勒明确地把体、智、德、美四育并举，使审美教育有了自己独立的地位和任务。

马克思主义的创始人对席勒的美育思想进行了扬弃。马克思认为，人的实践活动是"按照美的规律"来进行的，具有审美性，审美活动也产生于实践活动，是人的生命活动的自由表现。在这一过程中，人充满了主体性，人不断地调整着审美主体与审美客体间的关系，最终形成了从肉体到精神、从感性到理性、从认知到情感意志的完整的社会的人。但是这一完整的社会的人的培养在私有制社会中是不可能实现的，只有消灭了私有制，消灭了异化劳动，在人与自然、个体与社会关系充分协调的前提下，人才能成为"具有丰富的、全面而深刻的感觉的人"，即审美的人。

西方的美育理论日渐东进，在中国，梁启超、王国维、蔡元培等人均提出了各自的美育观。

梁启超认为，美育即趣味教育。他认为，美是人类生活中最重要的要素，美可以给人以趣味，趣味是生活的原动力，人就生活在趣味之中。趣味失掉，生活便成了无意义。因此，应进行一种强调内在感化的趣味教育，即审美教育。

王国维在《论教育之宗旨》一文中认为，教育的宗旨在于培养完全的人，使其能力得到和谐的发展。教育可分为心育与体育，心育中，德育、智育、美育三育并列，美育是情感教育，美育者一面使人之感情发达，以达完美之域；一面又为德育与智育之手段，这是培养"完全之人物"不可缺少的。他认为：三者并行而得渐达真善美之理想，又加之以身体之训练，斯得为完全之人物，而教育之能事毕矣。王国维是中国近代教育史上第一个将美育列入教育方针的人。

蔡元培在引进西方美育思想的同时，在北京大学首开美育课，把美学理论引入教育实践之中。他认为，美育就是把美学理论应用于教育，以达到陶冶感情的目的。美感是引导人们从利害纷争的现实世界到达纯粹无差别的实体世界的"津梁"。为此，他提出了著名的"以美育代宗教说"。因为美育是自由的、进步的、普及的，而宗教是强制的、保守的、有界的。蔡元培进一步提出了美育的实施可以通过家庭教育、学校教育、社会教育三条途径来进行，其内容也不仅限于艺术教育。

至现代，朱光潜在《谈美感教育》中，明确提出美育就是情感教育，他认为，人类的知、情、意三种心理活动是与事物的真、善、美三种价值相对应的。美育的作用就在于"怡情养性"，使人具有高尚的情操和崇高的理想。

以上论述实际上已揭示了审美教育的特性，我们将它总结如下。

1. 审美教育是一种以情感教育为主的教育

审美教育的目的在于通过种种审美活动的熏陶和影响提高个体的审美能力，健全其审美心理结构，最终达到人格的完善。审美教育是根据审美活动本身所具有的特性来进行的，亦即审美教育的过程往往伴随着主体强烈的情感活动。因而，审美教育的特点就在于寓教育于美的享受之中，始终把对受教育者个性、情感的尊重放在首位，鼓励他们积极主动创造，强调自律性，强调在受教育者精神获得满足和愉悦的同时，培养其对美的形态、结构等的感受、鉴赏、创造能力及高尚的审美情操。它以形成完整、和谐的人格为终极目标。同时，审美教育通过促进个体的发展来进一步发展、传播人类的审美文化。

2. 审美教育是个体全面发展教育不可缺少的组成部分

人的发展是完整、全面的，任何教育都应该着眼于人的全面、平衡、健康的发展，着眼于人的潜能的自由、充分的发挥和提高，使之具备健康的体魄、丰富的知识和能力结构、良好的道德修养、高尚的审美修养、充沛的活力，即在体、智、德、美、劳几方面都得到全面、和谐的发展，真正成为富有生机活力的生命个体。而审美教育正是以完整的人为对象，把培养个体的审美修养作为领域目标，把个体的自由、全面、和谐的发展作为自己的终极目标。并且，审美教育还渗透于体、智、德、劳各育之中，使之更好地发挥育人效果。个体道德修养的提高，固然需要一定的外在的规范，但只有化外在的规范为个体内在主动、自觉的追求，融道德于情理之中，这样的道德才真正有效果，个体的道德水平才能得到切实地提高。智育中知识和能力结构的丰富和提高，同样以个体积极主动的探索为前提。体育所追求的健康的体魄，本身便是美的体现。而劳动教育也是为了增强个体的劳动观念，使之感受劳动过程和劳动成果的美。因而，可以说，个体特别是儿童各方面的培养和提高，都离不开美育的因素。审美教育是全面发展教育不可缺少的组成部分。

因此，联合国教科文组织国际教育发展委员会认为，今天，"与这个革命（指科技革命——作者注）相联系的是，文化运动和艺术运动正强烈地使价值与伦理、信息的传递和感知、艺术创作与文化发展等各方面发生变化。所有这些运动都是同时发生的，因而人们说，这是'工业时代双重的文化革命'。这个革命的推动力来自理性与想象的结合，非理性因素和感情因素的结合。事实上，今天的教育家面临着一项使人着迷的任务：发现如何在理性训练与感情奔放之间求得和谐平衡。"可以认为，审美教育的时代已经来临。

二、艺术教育

艺术教育是以音乐、美术、文学为手段和内容的教育。艺术教育的内容大致包括：（1）艺术知识，包括艺术理论、艺术批评和艺术史；（2）艺术欣赏，包括对艺术作品的感受和鉴赏；（3）艺术创作，包括创作作品的构思和表达。艺术教育可分为专业艺术教育和普通艺术教育两类。专业艺术教育包括高等专业艺术教育、中等专业艺术教育，具体包括美术、音乐、戏剧、电影、舞蹈、书法等。普通艺术教育包括幼儿园、小学、中学、大学中的非艺术专业的艺术教育。普通艺术教育的目标主要是提高受教育者的艺术修养。著名学者余秋雨曾对"什么是艺术修养"有过精辟的论述。他认为，艺术修养是一种在审美范畴内感悟生命的能力。历代艺术家汇聚着自己时代的人们的生命信息，通过一代又一代有艺术修养的接受，构成了生命的强力传递。屈原、李白、曹雪芹、歌德、肖邦、罗丹……靠着人们的艺术修养活到今天，而今天，人则又靠着艺术修养汲取着前代大师们的生命能力。所以，艺术修养是一种社会性的人格素质。① 因而普通艺术教育的根本目的就是通过艺术审美的途径提高个体的人格素质。而专业艺术教育主要培养各种艺术专门人才，它的最终目的是产生出更多的艺术作品，因而较之普通艺术教育，它们更多地强调艺术创作能力和制作技巧的培养。但从某种意义上说，专业艺术教育就是培养普通艺术教育的教育者，因而应该有更高的人格素质和艺术修养。

比较审美教育与艺术教育，我们认为，二者关系如下。

1. 审美教育与艺术教育相互包含

从审美教育的角度看，审美教育中除艺术教育还包括自然美育和社会美育。但由于艺术是所有美的形态中最精彩、最辉煌、最动人心魄的感性形式，所以艺术教育是审美教育的基本手段。苏联著名美学家斯托洛维奇指出，人的审美教育可以通过多种途径实现，但是不能不承认，艺术是对个人目的明确地施加审美影响的基本手段，因为正是在艺术中凝聚和物化了人对世界的审美关系。因此，艺术教育——对艺术需要的教育、对艺术感知和理解的发展、艺术创造能力的形成和完善——组成整个审美教育不可分割的一部分。② 从艺术教育的角度看，无论是专业艺术教育还是普通艺术教育，艺术修养的获得和人格素质的提高都是首要的目的。换句话说，艺术教育就是通过艺术

---

① 余秋雨. 文明的碎片 [M]. 沈阳：春风文艺出版社，1994：300-302.

② 列·斯托洛维奇. 审美价值的本质 [M]. 凌继尧，译. 北京：中国社会科学出版社，1984：200.

美来进行的审美教育，即艺术教育的核心内容是审美教育。当然，艺术教育还必须使受教育者获得一定的艺术操作能力，并使其中一部分人成为能够实际地从事艺术生产的职业艺术家。但只强调艺术技能技巧学习的所谓艺术教育的可悲结果必然是使受教育者学得的知识技能越多，而创作与欣赏实践中所必须具有的真正"艺术性"越少。这样的教育所培养的只是一批徒有熟练技巧的艺术工匠，而不是有艺术修养的艺术家。

2. 审美教育与艺术教育相互促进

审美教育与艺术教育的相互促进作用表现为两个方面。一方面，个体在艺术教育中所获得的艺术审美经验会迁移到自然美育和社会美育中，这有助于他们对自然美和社会美的形态、结构、特征进行感受与识别，提高其审美能力。例如，对同一片风景，在一个艺术家眼里，和在一个从未受过艺术教育的人眼里，其审美价值绝不可同日而语；同样，一个有过艺术实践的画家比一个从未画过画的人更能感受到色彩、线条的审美意味。另一方面，个体在审美教育中获得的审美体验、审美意象，可帮助他们在艺术教育中获得艺术创作的灵感，并进行有意义的构思，使其所创作的作品更加生动、丰富而有个性。例如，画家们在"踏遍青山"的自我教育中所获得的"艺术养料"可直接激发他们的艺术创作热情。

总之，审美教育和艺术教育在人的精神素质的提高方面是相辅相成的，起着相互促进的作用，它们是人的全面发展教育所不可缺少的组成部分。

三、学前儿童美术教育

美术教育是艺术教育中的一种，学前儿童美术属于普通艺术教育范畴，它是指教育者遵循学前教育的总体要求，根据学前儿童身心发展的规律，有目的、有计划地通过美术欣赏和美术创作活动，感染学前儿童，并培养其美术审美能力和美术创作能力，最终促进其人格和谐发展的一种审美教育。

学前儿童美术教育的审美教育性质是由学前儿童自身发展的特点和美术教育这一学科本身的性质所决定的。

　　首先，学前儿童的身心发展表现出以下特点：在感知上，表现出知觉过程的整体性与直觉性，往往是凭直觉对知觉对象进行整体性判断，而非理性的、逻辑的分析与综合；在记忆上，表现出具体形象记忆占优势；在想象上，表现出出乎成人意料的独特想象；在情感上，表现出易共鸣、易移情。而这些发展上的特点恰恰与美术审美是相通的。这些是对学前儿童进行美术审美教育的基础。同时，有一点是很明显的，即对他们进行系统的、概念性的美术知识的教育是不恰当的。而从身体发育看，学前儿童的手部精细肌肉发育不完全，使得手指动作差，手眼协调能力不强，因而，也不适宜对学前儿童进行系统的美术技能技巧的训练。

　　其次，从学科性质来看，正如前面所提到的，美术教育是艺术教育中的一种，美术教育的审美教育性质是由美术自身的审美结构与特点所决定的。美术主要是指绘画、雕塑、工艺、建筑等作用于视觉的艺术，作为审美对象，它是审美意识、审美经验的视觉形态化，是各种视觉造型的形式因素，如点、线、面、形体、结构、空间、色彩、构图、肌理、材质等，按照一定的构思组合成视觉形象的艺术整体。在造型、造意、造境的过程中，审美理想与审美经验必然凝聚其中，可以说，美术视觉形式中无不包含着审美内容，静态中无不蕴含着动态的力。在美术教育中，通过对受教育者形体感、色彩感、线条韵律感、空间感、构图感、材质感等直接感性方面的培养，使其在视觉形象的欣赏、创造活动中领悟深层的审美理想、审美形态和审美内容，从而培育自己的视觉审美能力，完善自己的审美心理结构。

　　因而，我们把学前儿童的美术教育定位于审美教育，具体来说，学前儿童的美术教育有如下特性。

1. 学前儿童美术教育是满足学前儿童审美情感需要的情感教育

　　学前儿童对于美术有一种自然的需要，喜欢涂涂画画正是这种需要的表现。幼儿时期，儿童心理发展的一大特色是以自我为中心，因此，他们常常不自觉地把自己的情感投射到客体上，使僵死的无机世界生命化。例如，他们把墙上的一段裂缝看成是一只面目狰狞的怪物；把飘零的落叶看成是离开了大树妈妈的可怜的孤儿；把满天的繁星看成是万盏点亮的小灯；认为汽车前部应该有一双眼睛才看得见路。这种移情作用为学前儿童美术教育提供了心理基础，而美术活动则为学前儿童提供了一个进行情感沟通与获得满足的机会，进而美术活动成为他们喜爱的活动。在美术欣赏活动中，教师为儿童精心选择美术作品，引导他们亲身体验和感受其审美特征，促使他们的内心情感与美术作品所表达的生命运动的力的模式达到同构，满足其审美情感的需要，促使其产生审美愉悦，增强他们对审美感受的敏感性。在美术创作活动中，学前儿童可以用绘画或手工这种外在的符号形式尽情地、自由地表达自己的观点，抒发内心的情感，感受用美术与别人交流的喜悦，从而获得一种精神上的满足，一种因自我肯定而产生的愉悦感。最后，美术这种符号化的人类情感形式将泛化到生活的其他领域，丰富和发展学前儿童的情感世界，将他们感受世界的审美能力转变为内心需要和自我发展的内在动力，进而成为行为的一种内在自我调节，使其人格得到健全完善的发展。

2. 学前儿童美术教育是以培养学前儿童审美创造能力为核心的一种创造教育

每个儿童都有创造的潜力。在学前儿童美术能力发展的过程中，从涂鸦期的乱涂乱画，到逐渐画出个东西，并给它命名，到象征期为事物象征性地再造一个多半是不完整的、粗略的轮廓的形象，再到图式期用画来表达多种概念或凭自己的主观经验重新组合、加工变形的画面等，儿童一直都显示出了他们独特的创造力。当然，这种创造力与成人所显示的创造力不同，成人的创造力是指其为社会、文化等方面带来的某种质的变革的能力，而儿童的创造是指创造出对其个人来说是全新的、前所未有的事物的能力。具体地说，学前儿童美术活动中的创造力是指他们利用物质材料及过去的经验重新组合材料，制作出对其个人来说是新颖的、有价值的美术作品的能力。这种能力不仅能在作品中反映出来，还能从其制作的过程中显示出来。在学前儿童的美术作品中，他们可以表现出许多打破成人有关美术创作的条条框框的行为，出现一些在成人看来既可笑又非常可爱的现象，例如不合逻辑的构思、不合比例的造型、主观想象的色彩、随意安排的空间构图等。这种超常规的、独特的现象，体现出学前儿童大胆的想象力和神奇的创造力。在学前儿童的美术创作过程中，他们先是通过感官对外部世界的审美客体进行有情感的感知，继而是其视觉和大脑理性思维对通过感知所获得的审美经验进行加工，并伴随审美经验在记忆中进行储存，再经过手的技能运作活动，创造性地用作品来传达内心活动。这一过程带有明显的个人色彩。因此，可以说，学前儿童的美术作品及其创作过程充分表达了他们的创造力。学前儿童美术教育中，教师引导儿童以自己的眼光观察、感受美术作品的造型、色彩、构图，观察周围环境中事物的结构、特征、运动模式，并通过语言的描述，让儿童把通过审美感知所把握到的整体的艺术形式和自然形式在头脑中形成表象。当儿童开始运用色彩、形状创造形象时，教师又启发他们思考，让他们对自己头脑中的表象进行加工改造，并加入大胆的想象，形成全新的审美意象，最后运用艺术语言在作品中创造性地表现出来。而教师对这种创造性的美术作品的赞赏和鼓励必然会使儿童对美术创作活动产生更大的兴趣，从而更进一步地促进其创造能力的发展。

3. 学前儿童美术教育是培养学前儿童手、眼、脑协调活动的操作教育

学前儿童的美术活动是一种手、眼、脑并用的活动，美术活动需要他们用多种感官去感知审美对象，用脑去想象、理解、加工审美意象，用语言去表述自己的审美感受，用手操作美术工具和材料去表现自己的思想、情感和所见所闻。这一过程包括心理操作和实际操作两个方面。心理操作是指对那些头脑中存在的映象的操作。例如在美术创作中，儿童首先要选择他们感到重要的事物，并探索这些事物之间的关系，最后根据一个具有个性意义的系统组织它们，即将所选择的题材变成自己设计的视觉形式。心理操作建立在学前儿童心理发展的基础上。在学前阶段，儿童的心理发展正处于象征思维和直觉的、半逻辑思维阶段，主要受直觉表象的控制。实际操作则是操作者外在的手的动作，它建立在学前儿童生理发展的基础上。在学前时期，儿童的手、眼初步协调，但未达到随心所欲的程度，肌肉的发展遵循着从早期的大肌肉动作（如手臂动作）逐渐到小肌肉动作（如手腕动作）再到精细肌肉动作（如手指动作）的顺序。在学前儿童美术教育中，教师应根据学前儿童

身心两方面的发展水平和年龄特征创设最近发展区，围绕教育目标，精心设计教育活动。学前儿童在这些活动中进行心理操作和实际操作，把自身对美的感受传达给他人。例如在绘画活动中，要依靠头脑中已生成的意象，并配合画纸、画笔、颜料等绘画材料的操作，在二维空间的画面上表现出三维立体的形式。为此，学前儿童必须在教师的引导下学习如何积累内在图式，如何生成绘画所需的心理意象，如何使用美术工具和材料，如何组织画面等形式语言和技能。这种手、眼、脑并用的心理操作和实际操作过程促使学前儿童手部小肌肉群逐渐发育成熟，手、眼、脑逐渐协调一致。同时，对多种美术工具和材料的使用逐渐变得游刃有余，美术审美经验逐渐丰富，对线条、色彩、空间、构图等艺术形式语言的认识和使用以及对形式美的领悟也逐渐深入。

4. 学前儿童美术教育是促进儿童多领域发展的整合教育

基于儿童艺术学习的特点，艺术教育应是促进本领域和其他领域发展的教育，二者相辅相成才能共同建构儿童的整体心理结构。只注意其中任何一个方面都是有失偏颇的，都容易割裂儿童的一体化的发展。

首先，注重本领域发展的美术教育是指通过美术活动来培养幼儿的审美感受能力和审美创造能力，以幼儿的审美能力与艺术修养的养成以及审美情趣的提高为主要目的，以幼儿在其他领域的发展为次要目的。因此，在教育过程中更注重幼儿的审美体验与艺术想象等方面的发展，更注重对艺术形式要素与表现手法的理解以及艺术的表现力，同时统整幼儿其他领域的发展。这种同构和统整全面体现在目标的追求、内容的选择和实施过程等各个环节。例如，当幼儿欣赏毕加索的绘画作品《星月夜》时，在艺术领域内部，可以将《星月夜》的滚动、爆发与《梦故乡》的美好、平和做比较，配以贝多芬的《命运交响曲》，以帮助幼儿理解作品所表现的主题内涵；也可以将美术欣赏与创作结合起来，用让幼儿创作《有星星的夜晚》来加深其对欣赏作品的理解；还可以在日常生活中办展览，引导幼儿与家长一起收集有关星空的资料，并在晴朗的夜晚观察天象，以获得这方面的科学知识，从而使幼儿获得全面的、整体性的经验，同时培养幼儿自主学习的能力和习惯。再如，在欣赏民间年画《老鼠娶亲》时，可以播放具有喜庆色彩的唢呐曲，同时引导幼儿模拟年画中的场景玩角色游戏。而当幼儿进行艺术创作时，可以引导幼儿利用自己的科学经验、语言文学经验以及社会生活经验帮助构思作品内容，创编歌词。例如当幼儿学习美术中的花边创作时，可以通过学习文学故事《萝卜回来了》、音乐作品《喜洋洋》，加深幼儿对于"重复"这一形式要素的理解，同时伴以游戏、建构活动、体育活动等帮助幼儿学习"重复"表现。

其次，促进其他领域发展的艺术教育是指通过艺术活动获得其他领域所需的知识和技能，或者在其他领域的学习中培养幼儿的艺术技能，让幼儿透过艺术获得教育学意义上的全面发展。这种艺术教育其过程更强调手段性功能，注重让幼儿利用他们在艺术活动中所获得的艺术表现力来表达自己的思想情感。在幼儿园课程中，手段性艺术教育首先主张在艺术以外的其他各领域中引导幼儿充分利用绘画、唱歌、舞蹈等艺术方式来表达自己对该领域的探索及对探索结果的理解；或者运用艺术的方式引起幼儿的兴趣，以进一步加深他们的理解。例如当幼儿进行体育锻炼时，可以选择合适的音乐作品，以培养他们有节奏地运动的能力以及对于体育活动的兴趣。在语言讲述时，运用图画的方式，可以更直观地帮助幼儿理解文学作品的意义，并进行情感表现。而艺术作品欣赏对于幼儿获得有关社会生活与社会文化的知识更是作用巨大。手段性艺术教育另一个重要的方面在于，强调在幼儿进行探索的过程中要允许他们进行艺术化的想象，并启发他们用艺术创作的方式描述出来。比如，当教师问"蓝印花布可以做什么"，幼儿回答"我真想把它做成一艘美丽的船，做好了去航海"时，教师回答："你好好想一想，布能做船吗？布是不可以做船的，会沉掉的。"在这里，教师陈旧的知识观限制了幼儿的想象和创造意识。这种做法只会割裂幼儿经验的整体性，并毁灭了幼儿原本具有的想象的天性。久而久之，只会使幼儿不敢想象，不愿想象，也不会想象，创造意识与能力从此被扼杀了。总之，在幼儿园课程中，幼儿艺术教育强调的是为了艺术、透过艺术的教育，二者缺一不可。

以下理念和实践层面的表现值得儿童美术教育工作者警惕。

1. 把审美教育作为德育、智育的工具与手段，较多地挖掘审美对象的真与善的内涵，强调它的"辅德与益智"功能，审美教育自身的相对独立性被忽略。例如把儿童的审美教育等同于科学理性教育，把逻辑推理能力的培养、艺术知识的积累作为审美教育的目标，看不到审美教育主要是通过儿童在审美活动中的心理活动来促进其发展的，从而忽视了审美教育自身的独特价值，忽略了儿童的直觉、幻想等感性能力的培养，出现审美教育非审美化的现象。

2. 错误的目标导向导致审美教育在内容上重视艺术创作教育，并使其在整体审美艺术教育活动中占据垄断地位，而忽视了审美的感受教育，致使完整的审美教育体系不复存在，儿童人文素养的培育无处落实。

3. 即使有审美教育，在具体教学内容的选择上，也只注重作品的真与善的内涵，忽略其审美的价值，只关注学科的逻辑或成人的标准，关注艺术知识的学习，从而使得儿童不能理解或不感兴趣，最终审美教育成为一纸空文。

4. 在具体的艺术创作教育过程中，把技能技巧的训练放在首要位置，在教学过程中，强调教师的示范与儿童的模仿，忽视儿童自身的自主创造，最终导致"艺术素养教育"成为"艺术工匠训练"；在评价儿童作品时，重创作结果而轻创作过程，并把"像不像"作为评价儿童艺术作品的唯一标准，忽略儿童的艺术个性和艺术创造能力的培养，忽略对儿童艺术兴趣的激励。

5. 目标导向失误，表现在方法论上就是用科学知识学习的一套方法来对儿童进行审美教育。在审美活动过程中，重视让儿童对事物之间的因果关系进行探索，追求对对象的唯一答案；把对审美对象的感知与体验等同于对科学事实的了解，教师只注重艺术知识的传授，津津乐道于艺术作品的创作背景、艺术家的生平甚至轶闻趣事的介绍；运用逻辑分析的方法，把作品分割为各自独立的部分，强调每一部分的意义，忽视对作品整体意蕴的感知与体验；强调对作品内容的记忆，忽视通过形式意味来理解作品内涵，最终也谈不上对艺术的理解，使得艺术作品成了一堆与儿童的鲜活生命毫无关系的、被肢解了的"死"知识。

6. 在具体的审美教育过程中，教师喜欢以艺术文本为中心，将自己掌握的有关的艺术知识无条件地灌输给儿童，尤其强调创作者原义或批评家观点的权威性，忽略儿童自身的审美感知与情感体验，忽略让儿童与艺术文本进行平等的心灵对话。久而久之，儿童只会认同教师及其知识，没有自己对审美对象的直接感知和体验，根本不可能产生审美愉悦，丧失了审美能力，审美素质的培养成为一句空话。

第三节　各类型美术活动的艺术特征

在艺术分类中，美术又称造型艺术、视觉艺术、空间艺术。它是指艺术家运用一定的物质材料，如颜料、纸张、布、泥石、木料、金属等，塑造可视的、平面或立体的视觉形象，以反映社会生活，表现艺术家的思想情感和审美意识，并供人们欣赏为目的的一种艺术活动，主要包括绘画、雕塑、工艺、建筑等。

不同类型的美术活动，各有其独特的审美特征。

一、绘画

绘画是造型艺术中最主要的一种艺术形式。它是指运用线条、色彩和形体等艺术语言，通过造型、设色和构图等艺术手段，在二维空间（即平面）里塑造出静态的视觉形象，以表达作者的审美感受的艺术形式。绘画种类繁多，从不同的角度可将它划分为不同的类别。从地域看，绘画可分为东方绘画和西洋绘画；从工具材料看，绘画可分为水墨画、油画、版画、水彩画、水粉画等；从题材内容看，绘画可分为人物画、风景画、静物画、动物画等；从作品的形式看，绘画可分为壁画、年画、连环画、漫画、宣传画、插图等。不同类别的绘画形式，由于各有自己的历史传统，因而也各有其独特的表现形式与审美特征。

中国画又称水墨画，它在世界绘画领域中自成体系，独具特色，是东方绘画体系的主流。综合起来看，其基本特点如下。

1. 在工具材料上，中国画是用毛笔、墨在宣纸、绢帛上作画，因此，中国画讲究笔墨，着眼于用笔墨来造型。其中，笔包括线、点、面、皴、擦，而线是笔墨的主要表现形式，所以一般称为"线描造型"或"骨法用笔"。用笔有方圆正侧、转折顿挫。墨一般指水墨，有时包括色，通常所说的"墨分五色"即指用墨可有焦、浓、重、淡、清五色。墨法则有浓墨法、淡墨法、破墨法、泼墨法、积墨法、焦墨法、缩墨法等。除了造型可以表现物象外，笔墨还可以表现画面的"精神气魄""传神写意"。例如，凡属积极情绪的线条，无论其状是方、圆、粗、细，其迹是干湿、浓淡，总是流畅而不作顿挫，即使挫折也不露圭角；而表现消极情绪的线条，则停滞，呈现一种艰涩的状态。

2. 在表现方法上，中国画画家们采用在行动中观察，目识心记的方法作画。因此，画面上表现为散点透视，即画家打破固定视域的限制，将其在不同视点上、不同视域内观察所得的事物，巧妙地组织在一幅画里，从而使得视野宽广辽阔，构图灵活自由，没有时空限制。宋代张择端的风俗画长卷《清明上河图》就是运用边走边看的移动观察法和目识心记来作画的。画卷从左到右，表现了从郊外到城区的风物景色：寂静的郊原、熙攘的市集、来往的船只、热闹的茶馆等，引导观者游历了宋代京城汴梁的景色。又如现代画家傅抱石与关山月的《江山如此多娇》，画面上既有白雪皑皑的北国风光，又有春意葱茏的江南景色；既有万里长城，又有滔滔黄河与长江；中间还有一片肥沃的大地，西方是大雪纷飞，东方却是旭日初升。一幅画上同时出现东西南北、春夏秋冬，结构宏伟、气势磅礴，这只有散点透视才能表现出来。

3. 在画面的构成上，中国画讲究诗、书、画、印交相辉映，形成独特的形式美与内容美。诗、书、画、印结合是指中国画把绘画、书法和雕刻几种艺术融为一体，既丰富了画的内容，也扩大了画面的境界，给人以更丰富的审美享受。"书画本同源"，在画面的空白处题诗，其内容或指明画意，或增加情趣，或抒发观感，或品论画意；其形式往往与画面形象协调搭配。如郑板桥在他的《竹石图》上题诗曰："咬定青山不放松，立根原在破岩中。千磨万击还坚劲，任尔东西南北风。"这首诗就起到了点题和生发的作用。中国画中题字落款后加盖的印章，也不仅是信物标记，而往往是画面必不可少的组成部分，起着活跃画面气氛和调节构图的作用。所以，中国画可谓是绘画、诗词、书法、雕刻相结合的综合艺术。

4. 中国画讲究"神形兼备""气韵生动"，追求意境美。在过去，中国有许多画家崇尚自然，重哲理表现，带有出世、避世倾向。画家受儒、佛、道三家哲学影响，其中尤受道、佛思想影响较深，崇尚清静无为、远离现实、超脱尘世，重个人情感的抒发，重抽象意蕴的表现，视人与自然为一体，其绘画题材多为山水、花鸟等，但不管何种题材，都非常强调"立意"和"传神"。魏晋南北朝画家、美术理论家谢赫在其《画品》中提出了中国画创作和评论的六条标准，即"画有六法"。他把"气韵生动"置于首位，将"骨法用笔""应物象形""随类赋彩""经营位置""传移模写"置于从属的地位。而"气韵生动"之作品，即是"形神兼备"之作，表现出画家主观的生命情调与客观的自然景象交融互渗，以景写情，情景交融，构成中国画的高妙意境，表达了中国民族文化的美学理想。

西洋绘画以油画为代表，它是世界绘画艺术中最有影响的画种。其基本特点如下。

1. 在工具材料上，油画是用油质颜料在布、木板或厚纸板上画成的，擅长通过色彩、线条、形体、调子、明暗、空间感、质感、量感等造型因素真实生动地描绘周围世界的视觉印象，具有很强的艺术表现力。而且，油画颜料具有较强的覆盖力，易于修改，为画家的艺术创作提供了便利条件。

2. 在表现方法上，传统的油画画家通常采用静态观察、对景写生的方法作画。因此，画面上出现焦点透视的画法。他们在作画时，总是在特定的时间和地点、特定的距离和角度上，来观察和描写他视野之内的事物。对于某种想象和虚构的题材的创作，画家也总是设想他站在一个固定的位置上，以求尽可能地保持对象的形、线、光、色等符合客观真实的状态。因而画面明暗和色彩的变化，也势必受特定的时间与空间的客观条件的制约。焦点透视是其典型表现，即画面上只能有一个视点，不能随意移动。西洋透视法还有光影透视法（物体受光而显出明暗阴阳，圆浑带光的体积衬托、烘染出立体空间）和空气透视法（即人、物间的空气含有水分和尘埃，不是绝对的空虚，有色调变化，显出远近距离）。油画借助于立体透视，表现出对象的纵、横、高三度空间的立体效果，增强了形象的表现力。这一点，我们从古典油画作品中均可见到。

3. 在画面构成上，不同于中国画画面留有大小不同的空白和讲究诗、书、画、印结合，油画讲究画面景物充实，按自然的秩序布满画面，呈现出自然的真实境界。画面通常为单纯的人物或景物，并以此来描述生动的故事。这种构成方法来自于西方有限的、圆满的现实观念。因而具体表现在画面上，就是画底全部涂满，不留空白，然后用透视法，画出真实而具体的世界的一域。当然，西方传统油画中客观物象的距离、色彩的明暗、空间的分割、光与影的变幻也会产生一定的虚实变化。

4. 在科学、理性、进取精神的指导下，西方传统油画讲究逼真的模仿。画家们引进科学成就，如数学、解剖学、透视学、色彩学等来帮助塑造真实的艺术形象。由于强调人对自然的主宰地位，因而艺术的题材常常以人为中心。透过这种酷似生活形象的人物的动作、姿态、表情来表达客观物象本身的内在生命，倡导"以形传神"。正如法国雕塑家罗丹所说的，形体表现的内在精神，也就是人物的表情动作所体现的性格气质、心理状态。

随着现代工业文明的发展，在绘画领域里，传统的写实造型绘画受到了冲击，出现了各种现代艺术流派，即后印象主义。以后凡是企图摆脱传统写实绘画理念的约束，追求新观念、新价值，并采用新的表现形式的艺术流派，都被称为后印象主义。后印象主义主要有野兽派（以马蒂斯为代表）、立体派（以毕加索为代表）、表现派（以蒙克为代表）、未来派（以波丘尼为代表）、达达派（以杜桑为代表）、超现实主义（以达利为代表）、抽象派（以康定斯基、波洛克、蒙德里安为代表）、超级现实主义（以克洛斯为代表）、波普艺术（以汉密尔顿为代表）等。画家们用感觉代替观察，用综合代替分析，用抽象或半抽象代替具象，用"自我"代替"以自然为师"，呈现在作品中的只有线条、色块或各种物质材料的集成或综合。虽然各种现代绘画流派都有各自独特的理论与实践，但总的特征是远离理性、接近感性，不再模仿自然，开始摆脱自然，致力于表现形态各异的、多姿多彩的、超越现实的心灵世界。

二、雕塑

雕塑是用可雕刻和塑造的物质材料制作出实体形象，以表达思想感情的一种艺术。雕塑的种类可以从不同角度来划分。从制作工艺来分，雕塑可分为雕和塑。雕是从完整而坚固的坯体上把多余部分删削、挖凿掉，有石雕、木雕、玉雕等；塑是用具有黏结性的材料连接结构，使之成为所需要的形体，如泥塑、陶塑等。从题材来分，雕塑可分为纪念性雕塑、建筑装饰性雕塑、城市园林雕塑、宗教雕塑、陵墓雕塑、陈列性雕塑。从表现形式来分，雕塑可分为圆雕、浮雕。圆雕是不附在任何背景上，可从四面八方观赏的立体雕塑，浮雕是在平面上雕出凸起的艺术形象。

雕塑不同于绘画。下面我们从审美的角度来看一看雕塑独特的艺术价值。

1. 由于雕塑材料的特殊性，雕塑作品是一种三维空间的实体创造。正由于雕塑的实体性，使得它与其他门类艺术相比，更加凝练，更加集中，更加概括，从体积到轮廓，都必须体现出充沛的生命力量。例如，《维纳斯》是女性美的最高典范。同时，也由于雕塑的实体性，使得观赏者不仅可以通过视觉去欣赏，而且可以通过触摸去感受作品的质感、量感和形体感，并把它和周围的环境结合起来一并欣赏，唤起观赏者更多的艺术想象，产生独特的审美效果。

2. 雕塑是静态的空间形象，是"凝固的舞蹈"。雕塑不易表现对象的活动过程，因而常选择有概括意义的一瞬间的形体动作和表情。这种瞬间的凝固之美，不仅是运动的静止、时间的停滞，而且是一种时间的浓缩，是运动之后的聚合，为的是求取一种情感力量的高度饱和。例如，古希腊雕塑《拉奥孔》刻画了拉奥孔父子三人被巨蛇缠绕时忍受剧痛、抑制激情的悲伤场面，浓聚了拉奥孔伟大的人格力量。古希腊雕塑家米隆的《掷铁饼者》刻画了掷铁饼者在预备动作和抛掷动作之间的过渡状态中，手掷铁饼向后甩起到最高点这一瞬间的动作，预示了投掷时力量方向的转换。我国东汉时的雕塑《马踏飞燕》刻画了天马飞速奔驰时马头微昂、三蹄腾起、一蹄踏着飞燕、长尾飘举的状态。整个造型给人神采飞动、矫健俊逸之感，象征着乐观自信、奋发向上、一往无前的精神。

3. 雕塑形体具有超功能的形体美和更纯粹的表现力。雕塑一般没有背景，较难表现具有复杂情节或关系的场景，因而它很注重外部形象塑造的单纯性，以便更集中地体现出思想情感的纯粹性。例如，人体雕塑是靠人体的运动规律、肌肉的语言，特别是人体所形成的转折的韵律来表现情绪，体现时代精神。这种精神性的要求既超过了实用目的上的要求，也压倒了制作技术上的要求。例如，罗丹的巴尔扎克像，尽管结构单纯、线条简练，可是，通过人物带有倦态的表情、蓬松的头发、仰首凝视的神态，非常集中地把这位伟大人物的内心世界表达了出来。

三、工艺美术

工艺美术是指日常生活用品经过艺术化处理以后，使之具有强烈的审美价值的产品。一般地，我们把工艺美术分为实用工艺美术和陈设欣赏工艺美术。实用工艺美术是整个工艺美术的主体和基础，包括衣、食、住、行、用的工艺品类，实用价值是这类工艺品的根本价值，审美价值是作为辅助价值存在的，或者说它们是在实用基础上兼有观赏价值，如经过装饰加工的茶餐具、灯具、木器家具、绣花制品、草竹编织品等。陈设欣赏工艺品是指那些以摆设、观赏功能为主的工艺品。这类工艺品以审美价值为首要价值，手工技艺性很强，实用价值已不明显或完全消失，如玉器、金银首饰、象牙雕刻、景泰蓝、漆器、壁挂、陶艺等。

工艺美术还可以从时态上分为传统手工艺和现代工艺。传统手工艺主要是由手工操作，单件制作，其选料精良，制作精巧，手工性是机器不可替代的重要属性，其艺术风格和形式乃至技术过程都具有较强的传统性质，也较多地保留了民族文化的历史内涵和技艺水平。传统手工艺如今大多为陈设欣赏工艺品。现代工艺是指结合现代生活和现代技术的工艺美术，大致包括工业设计（即产品设计）、环境设计（即室内外环境设计）、视觉设计（即包装、书籍、广告、标志设计等）。这类工艺美术的特点是设计、技术和艺术统一起来，努力达到适用、经济、美观的要求。

工艺美术的审美价值主要在于其造型所显示和烘托出的一定的趣味、情调和气氛。但工艺品所蕴含的感情色彩往往较为朦胧、含蓄、宽泛，它只是在潜移默化中影响人们的思想和感情。因此，不可硬性规定一件工艺品必须具有明确的社会内容。工艺品的造型美大致包括外部表现形态的美和装饰美，如形体的均衡、对称构成的稳定感，曲线构成的流动感，色彩的冷暖、重心的高低构成的热烈、紧张或静谧、亲切的感觉等。而附着在工艺品外表上的装饰因素，更加扩大了工艺品的表现力，工艺美一般偏重于统一的优美格调，以体现对于人生的正面肯定。现代工艺则由于现代文化艺术的渗透，使它无论是在造型、色彩还是在构成方式上，都表现出很强的现代性和现代技术的形象特征。

工艺品的制作，由于直接受物质材料和生产技术的限制，因此，它更需要高超的艺术构思和制作技巧，以尽可能地挖掘和发挥原材料的美，工艺品也因之能直接体现工艺美术家的创造性劳动。例如各种形态的根雕作品，既有自然美，又有雕刻美，是"妙"与"巧"的结合，它是在受原材料制约的前提下，尊重了天然的树根和竹根的自然形态，以形取形，精心取舍而成，妙在天然，三分天成，七分人工，力戒刀痕与匠气，运用自然，又妙在自然，追求一种美且奇的艺术效果。

四、建筑艺术

建筑是建筑物和构筑物的统称，是人类用砖、石、瓦、木、铁等物质材料在固定的地理位置上修建或构筑内外空间、用来居住和活动等的艺术。建筑艺术则是指按照美的规律，运用建筑艺术独特的艺术语言，使建筑形象具有文化价值和审美价值，具有象征性和形式美，体现出民族性和时代感。以功能性特点来划分，建筑艺术可分为纪念性建筑、宫殿陵墓建筑、宗教建筑、住宅建筑、园林建筑、生产建筑等类型。

与工艺美术一样，建筑艺术是一种实用性与审美性相结合的艺术。建筑的本质是人类建造以供居住和活动的生活场所，所以，实用性是建筑的首要功能，只是随着人类实践的发展，物质技术的进步，建筑越来越具有审美价值。但是总体来说，建筑艺术仍然是一种实用价值与审美价值相结合的艺术。

建筑物是一种立体作品，属于空间造型艺术，所以，建筑艺术主要通过建筑的艺术语言和表现手段来构成一个丰富、复杂如乐曲般的形体体系，体现一种空间造型美，营造一定的意境，以引起人们的联想，满足人们的审美需要。

建筑艺术的形式美主要通过空间、形体、比例、均衡、节奏、色彩、装饰等形式要素构成。空间是建筑的基本形式要素，建筑主要通过巧妙地创造各种内外空间来增强建筑艺术的表现力；形体是指建筑物的总体轮廓，通过线条和形体、空间和实体的不同组合方式，以及建筑物与环境的和谐统一，突出建筑物独特的个性色彩和特有的艺术感染力；比例是指巧妙处理建筑物各部分之间的比例关系，建筑中长、宽、高的比例，凹与凸的比例，虚与实的比例等，都直接影响到建筑美；均衡是指建筑在构图上的对称，包括建筑物前后、左右、上下各部分之间的关系，均衡对称常给人一种严肃、庄重的感觉，增加人的崇高感；节奏是指通过有规律的变化和排列，利用建筑物的墙、柱、门、窗等有秩序的重复出现，产生一种韵律美，建筑也因此有了"凝固的音乐"的美称；色彩，常常以协调和互补使建筑艺术带给人独特的审美感受；装饰，作为建筑物的有机组成部分，常常起到为建筑物增光添彩的作用。

下面以北京故宫为例，说明建筑艺术的形式美及其象征内涵。从格局上看，故宫位于北京城的中轴线上，其本身也是以严整的中轴线布局的。同时，在其东西附有若干次要轴线相列，在中间还有横向的轴线作为空间的连接和穿插，重点建筑突出，体形阔大，又兼取两翼。中轴线突出了皇权的居中和尊严。从院落组合上看，故宫用殿、廊、门、墙进行围合，创造出许多丰富的空间序列，并且，这空间的高潮的形成和处理，与该场所的使用功能相得益彰，其间通过院、广场等空间的开合、收放的对比，层层过渡，相映相衬，产生连续的变化，突出了重点建筑和场地的地位。从建筑形体尺度上看，故宫各建筑依其地位，按不同等级，严格规定着形体的大小，主要的建筑如外朝多为十一开间，其基座也宽广高大，而内朝和一些辅助用房则为七、五、三开间的规格，相对低矮、简朴、台基平缓、少装饰。由于这些高低、多少的形体组合，恰好丰富了空间轮廓，产生了节奏美。从装饰上看，故宫的建筑从屋顶的形式和色彩都显示出尊长地位，且其木构件、石雕、砖雕、琉璃件的工艺都是精选最华丽的。从色彩上看，故宫的等级制度一目了然。自远处眺望故宫，它闪耀着富丽的光芒，大片黄色的琉璃瓦屋顶、红色的檐柱给建筑披上了金碧辉煌的色彩。而故宫外低矮的、屈曲着的、灰色笼罩着的灰暗民房似乎匍匐着，这样的布局与色彩无疑使天子居所的神秘与威严更加强烈。

因此，我们可以说，建筑艺术作为民族文化的体现和时代精神的镜子，以其独特的方式反映出一定的社会意识形态和深刻的历史文化内涵。

第二章

幼儿园美术教育课程建构

第一节　幼儿园美术教育目标

教育目标与教育内容是学前儿童教育课程的重要组成部分。教育目标指导和支配整个教育过程，教育内容是实现教育目标的载体。学前儿童美术教育的目标是学前儿童美术教育的目的和要求的归纳，是学前儿童美术教育的具体标准和要求。学前儿童美术教育内容是指学前儿童美术教育中儿童所要学习的美术形式、美术内容及其运用的总和。

一、东西方儿童美术教育目标分析

19 世纪以前，美术教育的发展在东西方经历了大致相同的路线。在民间，百姓学习美术主要是为了生存，因此，美术教育被认为是工匠技术教育。教育目标被大致地定位于实用技能的学习；在贵族阶层，学习美术主要是为了陶冶性情。

现代西方美术教育目标基本上是以 20 世纪以来西方的两大理论流派——工具论和本质论——为理论依据的。其中，工具论以美国美术教育家罗恩菲尔德和英国美术教育家里德为代表。他们强调，美术教育的目标是通过顺应式的美术创作促进儿童个性的健全发展，是一种教育取向的美术教育目标。本质论以美国美术教育家艾斯纳和古力为代表。他们提出"以学科为基础的美术教育"（简称 DBAE），认为，美术教育的目标就是通过以美学、美术批评、美术史和美术创作为内容的课程的学习，使儿童了解美术在文化发展中的价值，发展他们的审美判断能力和审美创造能力，是一种美术取向的美术教育目标。

下面以 1994 年美国出台的《艺术教育国家标准》为例来分析美国美术教育的目标。《艺术教育国家标准》首先从社会和个人两个方面论述了艺术教育的重要性。它认为，对于儿童来说，艺术教育能够培养完整的人，在发展直觉、推理、想象、创作技巧以及表达、交流的独特形式和过程中，逐渐形成丰厚的文化修养。艺术教育可以激发儿童多种感知和思维的方式，可以通过直觉和顿悟的方式弥补"正常的"线形和序列的思维方式给儿童带来的不足，以使儿童能"更完美地理解整体世界"。对于社会而言，艺术教育有助于儿童理解古今人类的经验，学会借鉴、尊重他人的思维方式、工作方式和表达方式，并用各种方式交流他们的思想和感情，有力地增强自我表达的内涵，学习在没有标准答案的情境中做决策。《艺术教育国家标准》还具体规定了不同年龄的儿童在视觉艺术领域应该知道什么和能够做什么的内容标准。它认为，年幼儿童最初应定向于综合化。具体来说，"年幼儿童以极大的热情对视觉艺术教学所提供的艺术材料进行实验，对各种观念进行探究。他们在艺术作品的创作和共享过程中表露出欢乐和兴奋。创造是这种教学的核心。儿童学会用各种工具、过程和媒体进行工作。他们学会在视觉天地的探究中协调他们的双手和头脑。他们学会抉择，以强化观念的交流。他们的自然好奇心得以促进，并习得意志力和持恒心的价值。"总之，美国《艺术教育国家标准》力图综合社会本位论和个人本位论，或者说，《艺术教育国家标准》试图融合工具论和本质论的基本观点。

而在《英国基础阶段教育（3—5岁）课程指南》中，美术教育的目标已被包含在"创造力发展""认识和理解周围世界"和"身体发展"等领域中了。如果强行割裂开来看的话，可以在美术教育范畴内完成的具体目标包括"探索媒介和材料""想象""经验的表征""使用工具及材料"以及"设计及制作技巧"等方面。由此，我们可以看出，《英国基础阶段教育（3—5岁）课程指南》更多关注的是儿童个体的发展。

在中国，美术教育的目标是随着幼儿园的产生而确立的，美术教育目标与当时的整体教育目标一致。在"中学为体，西学为用"的洋务运动浪潮中，"实用"是教育的目标。以此为起点，美术教育的目标走过了"实用技能的学习——学科知识的学习——注重美术对人的发展价值"这样一条发展道路。

2001年，为贯彻《幼儿园工作规程》，指导幼儿园深入实施素质教育，教育部制定并颁布了《幼儿园教育指导纲要（试行）》（以下简称《纲要》），把幼儿园教育划分为健康、语言、社会、科学、艺术五个领域。明确地把艺术领域的目标定为如下内容。

1. 能初步感受并喜爱环境、生活和艺术中的美；
2. 喜欢参加艺术活动，并能大胆地表现自己的情感和体验；
3. 能用自己喜欢的方式进行艺术表现活动。

为达到这一目标，《纲要》还列出了艺术领域的内容和要求如下。

1. 引导幼儿接触周围环境和生活中美好的人、事、物，丰富他们的感性经验和审美情趣，激发他们表现美、创造美的情趣。
2. 在艺术活动中面向全体幼儿，要针对他们的不同特点和需要，让每个幼儿都得到美的熏陶和培养。对有艺术天赋的幼儿要注意发展他们的艺术潜能。

3. 提供自由表现的机会，鼓励幼儿用不同艺术形式大胆地表达自己的情感、理解和想象，尊重每个幼儿的想法和创造，肯定和接纳他们独特的审美感受和表现方式，分享他们创造的快乐。

4. 在支持、鼓励幼儿积极参加各种艺术活动并大胆表现的同时，帮助他们提高表现的技能和能力。

5. 指导幼儿利用身边的物品或废旧材料制作玩具、手工艺品等来美化自己的生活或开展其他活动。

6. 为幼儿创设展示自己作品的条件，引导幼儿相互交流、相互欣赏、共同提高。

可以说，2001 年版的《幼儿园教育指导纲要（试行）》既考虑到儿童发展的年龄特征，又考虑到社会对未来人才的要求，同时也充分发掘了艺术特有的通过审美愉悦来健全、完善儿童人格的审美教育价值，体现了"感受与创造并重"的终身艺术教育观，其实质就是培养儿童的审美感受能力和艺术创造能力。将这种艺术教育观落实到学前儿童的美术教育中，我们认为，学前儿童美术教育总目标可以表述为如下。

1. 通过线条、形体、色彩等要素初步感受周围环境和美术作品中的形式美和内容美，对美具有敏感性。

2. 积极投入美术活动并通过各种造型要素自由表达自己的感受，体验美术创造的乐趣。

3. 初步尝试不同美术工具和材料的操作，并用自己喜欢的方式大胆地表现出来。

这一总目标是对学前儿童美术教育目标最概括的陈述，是学前儿童美术教育其他层次目标的依据和最终追求。它体现了审美教育的性质，强调要培养儿童的审美感知、审美情感和审美创造等基本能力，并指出了达到这一目标的途径。

在 2012 年颁布的《3—6 岁儿童学习与发展指南》中，艺术领域的目标被明确地分成了"感受与欣赏""表现与创造"两个子领域，具体目标如下。

（一）感受与欣赏
目标 1　喜欢自然界与生活中美的事物
目标 2　喜欢欣赏多种多样的艺术形式和作品
（二）表现与创造
目标 1　喜欢进行艺术活动并大胆表现
目标 2　具有初步的艺术表现与创造能力

在这一艺术目标的指导下，我们制定了幼儿园美术活动的目标。

美术欣赏与感受目标
（1）有欣赏美的事物和美术作品的兴趣；
（2）能发现自然界与生活中有形式美的事物；
（3）能初步感受美术作品的基本特征。
美术表现与创造目标
（1）喜欢进行美术活动并能大胆表现；
（2）能用造型、色彩等艺术要素进行初步的美术表现与创造；
（3）能用不同的工具材料进行美术探索与创造。

结合幼儿园的美术欣赏、绘画和手工基本活动类型，我们将目标确定如下。

1. 欣赏

（1）积极投入美术欣赏活动，喜欢欣赏不同风格的美术作品。

（2）初步感知自然界、周围事物和美术作品的造型、色彩和构图等特征，并产生相应的情感与想象。

（3）用自己的语言与别人交流和评价美术作品。

2. 绘画

（1）初步学习用造型、色彩、构图等美术语言进行大胆地表现，有创造的意识。

（2）体验绘画活动的乐趣，能积极投入绘画活动。

（3）初步尝试不同绘画工具和材料的用法，形成良好的绘画习惯。

3. 手工

（1）大胆塑造和制作多种平面的和立体的手工作品，美化周围环境和进行游戏活动。

（2）体验手工活动的乐趣，能积极投入手工活动。

（3）初步尝试不同手工工具和材料的基本使用方法，形成良好的手工活动习惯。

上述学前儿童美术教育的分类目标是总目标在欣赏、绘画和手工三个领域中的具体要求，不同领域有不同的侧重点。它反映了欣赏、绘画和手工活动各自的特点，并体现出学前儿童美术教育实践的启蒙性质。

二、幼儿园美术教育活动目标的设计

（一）幼儿园美术教育活动目标的设计原则

学前儿童美术教育活动目标是指某一具体的美术教育活动的目标。学前儿童美术教育的其他目标最终都要通过教育活动目标才能得以落实。因此，教育活动目标必须具有操作性。具体来说，制定活动目标应注意以下两点。

1. 活动目标要关注儿童的发展。一方面，活动目标应适应学前儿童已有的发展水平，符合他们美术学习的规律和特点；另一方面，活动目标应把他们在他人的帮助下能达到的水平，即把促进儿童的发展作为落脚点，也就是说，要为儿童创造最近发展区。

2. 活动目标要注意整合性。这种整合性主要表现为：一，活动目标要考虑儿童的认知、情感、技能等多方面的整合；二，活动目标要考虑美术领域与其他教育领域的整合。

（二）幼儿园美术教育活动目标的撰写

美术教育活动目标通常有三种表述方式。

1. 行为目标

行为目标陈述的是儿童的学习行为变化的结果。这种行为变化的结果是可以观察和测量的。它包括三个组成部分：（1）儿童外显的美术行为表现，例如"画出""搓出"等。（2）可观察到的这种行为表现的条件，即儿童的这种美术行为是在什么样的情况下产生的，例如"画出""搓出"是"临摹的""在教师指导下的"还是"独立的"行为。（3）行为表现的公认的具体内涵，例如"画出一群正在做游戏的小朋友""剪出一个窗花"等。一般来说，美术技能的学习可采用行为目标的写法。教师在撰写时应注意分析行为目标的三个方面。

2. 展开性目标

展开性目标陈述的是儿童学习行为变化的过程，它所关注的不是外部事先规定的目标，而是强调教师根据教育的实际进展提出相应的目标。也就是说，展开性目标不像行为目标那样关注结果，而是注重行为进展的过程。在幼儿园美术教育活动中，儿童的感受与体验、艺术修养的养成和情操的陶冶、人格的健全和完善都是在长期的教育过程中逐渐形成的，纯粹依靠行为目标来描述还不够，需要借助于展开性目标来解决这一问题。例如《节日的环境》这一欣赏活动的目标"通过欣赏幼儿园中布置的节日环境的美，形成对生活中美的事物的关注"就是用展开性目标来表述的。可以看出，学前儿童美术教育中的展开性目标有着丰富的内涵。在这一目标达成的过程中，教师要根据活动的实际进展情况，灵活、机动地提出进一步的目标，以促进儿童更好地发展。

3. 表现性目标

表现性目标陈述的是在儿童参与某种活动后得到的各不相同的结果。它所关注的是儿童在活动中表现出来的某种程度上首创性的反应的形式，而不是事先规定的儿童行为变化的结果。所以，表现性目标强调的是儿童行为结果的开放性，例如，"学习设计服装，注意款式、色彩和装饰纹样的变化美"就是采用表现性目标的表述方式。独创是艺术的本质特征，因而学前儿童美术教育目标中，教师应特别注意表现性目标的撰写。

下面是一组学前儿童美术教育活动目标的修改与调整。

范例1 中班欣赏活动：布老虎

表述不当的目标

（1）欣赏布老虎的造型美。

（2）欣赏布老虎的色彩美。

（3）培养幼儿对中国民间工艺品的热爱。

分析与调整： 本活动目标采用了展开性目标的表述方式，但是目标的表述不够全面、详细，只注意到对工艺美术的形式美的欣赏，忽视了对内容美的欣赏。并且，目标的具体内容过于笼统，这使教师在活动的实施过程中无法真正落实到幼儿的发展上。因此，这一活动目标可调整成如下内容。

（1）欣赏、感受布老虎的生机勃勃、勇猛威武而又可爱的神态，体验其造型美。

（2）欣赏、感受布老虎饱和色的强烈对比所造成的色彩美，体验中国民间工艺的用色特点。

（3）通过对布老虎造型和色彩的对称的欣赏，理解对称美。

（4）通过虎鞋、虎帽的故事，理解人们寄托在布老虎身上的美好愿望。

范例 2　大班绘画活动：拖鞋装饰

表述不当的目标

（1）学习用对称花纹装饰拖鞋。

（2）学习用鲜艳、美丽的色彩装饰拖鞋。

（3）培养幼儿的想象力、创造力。

分析与调整： 本活动的目标表述存在三个问题。一是表述前后不统一，前两条是发展目标的写法，第三条是教育目标的写法；二是没有充分考虑儿童认知、情感和技能等方面的发展，没有充分挖掘活动的教育价值；三是过于笼统，缺乏操作性，也不便于实施后的评价。因此，这一活动目标可调整成如下内容。

（1）在观察多种拖鞋款式的基础上，设计自己想象的拖鞋。

（2）在理解二方连续花纹变化规则的基础上，用学过的或想象的花纹装饰自己设计的拖鞋。

（3）运用同种色装饰拖鞋，感受色彩的节奏美。

范例3 大班手工活动：汽车

表述不当的目标

（1）引导幼儿想象用彩泥塑造汽车。

（2）引导幼儿恰当地使用辅助材料和工具。

（3）培养幼儿团结合作的精神。

分析与调整： 本活动的目标统一用教育目标来表述。但其表述过于笼统，只指出了教育的方向，没有具体的教育活动的内容，因而缺乏操作性，可调整为如下目标。

（1）能将大块泥按所需分量分成几部分，搓、压成各种形体，再组建成自己的汽车。

（2）能用牙签、彩色纸、瓶盖等装饰自己塑造的汽车。

（3）与同一小组的伙伴共同商量建构一个停放汽车的场景，体验合作完成任务的愉快心情。

这里要说明的是，并不是每一位教师、每一次教育活动都需要这样的目标撰写方式。对于刚走上工作岗位的新教师，在自己还没有太多的教育经验和对作品的理解时，就应该要求自己撰写详细的教育目标；而当新教师成长为有经验的教师后，教育目标就可以简写，以便给自己更多的临场发挥的空间。

第二节　幼儿园美术教育内容

美术教育内容是目标是否达成的关键，也是整个美术教育发挥其价值的关键。因此，如何选择和选择哪些内容就成了学前儿童美术教育至关重要的一步。

一、学前儿童美术教育内容设计的依据

2001年我国教育部颁布的《幼儿园教育指导纲要（试行）》指出，教育活动内容的选择应体现以下原则：（1）既适合幼儿的现有水平，又有一定的挑战性。（2）既符合幼儿的现实需要，又有利于其长远发展。（3）既要贴近幼儿的生活来选择幼儿感兴趣的事物和问题，又要有助于拓展幼儿的经验和视野。《纲要》同时还指出，"教育活动内容的组织应充分考虑幼儿的学习特点和认识规律，各领域的内容要有机联系，相互渗透，注重综合性、趣味性、活动性，寓教育于生活、游戏之中。"就学前儿童的美术教育而言，教育内容的选择还应该考虑美术这一学科的特点。也就是说，美术教育内容的选择在遵循学前儿童心理逻辑和生活逻辑的同时，也要考虑美术学科所具有的独创和审美这一本质特点，让儿童在美术教育中接受创造教育和审美教育。例如，宗教一向是西方古典绘画的重要题材，它远离儿童的生活，通常来说，不宜作为学前儿童美术教育的内容。但是，我们认为，文艺复兴时期拉斐尔所创作的有关圣母玛利亚的作品既有创造性又有审美性，我们可以忽略其宗教色彩，抽取出其中的"母爱"主题，推广为普天下母亲对子女的爱，并引导儿童感知画面上母亲圣洁、安详的形象描绘以及整个画面上恬静的气氛渲染，由此让幼儿联想到妈妈对自己的爱护，进而体验母爱的伟大。这样的作品是可以作为学前儿童美术教育的内容的，因为它是人类文化中最优秀的东西。

二、学前儿童美术教育的具体内容的选择

在幼儿园，美术教育内容一般可分为欣赏、绘画和手工三大块。

（一）幼儿园美术欣赏教育内容的范围

幼儿美术欣赏教育活动是教师引导幼儿欣赏和感受美术作品、自然景物和周围环境中的美好事物，初步了解对称、均衡等形式美的概念，感受其形式美和内容美，从而丰富幼儿的美感经验，培养幼儿审美情感和审美评价能力的一种活动。

幼儿美术欣赏教育内容主要包括两方面。

1. 欣赏对象的类型

（1）绘画作品：幼儿可欣赏的绘画作品大致有以下几类。

从创作所用的工具材料看，幼儿可欣赏的是那些所用工具材料和表现手法简单、清晰、明了的绘画作品。从作品的题材内容看，幼儿可欣赏的是那些内容与幼儿生活经验接近、表现手法能为幼儿理解的作品，尤其是人物画，其主题与情节都容易被幼儿理解。动物画也是幼儿最喜欢的绘画作品之一，动物画中的中国画，如徐悲鸿画的马、李可染画的牛、齐白石画的虾和小鸡、吴作人画的熊猫等，都可以作为幼儿欣赏的对象。从作品的存在形式看，幼儿可欣赏的绘画作品有年画、连环画、宣传画等。年画所特有的民间喜庆气氛、生动的造型、对比强烈的色彩与幼儿的心理有相通之处，因而非常适合作为幼儿欣赏的内容。幼儿画报兼有连环画和插图的性质，也可以成为幼儿欣赏的对象。

（2）雕塑作品：幼儿可欣赏的雕塑作品大致有以下几类。

从制作工艺看，幼儿可欣赏的雕塑有雕和塑两类。雕是从完整而坚固的坯体上把多余的部分删削掉、挖凿掉，如石雕、木雕等。塑是用具有黏结性的材料连接结构，使之成为所需要的形体，如无锡的惠山泥人阿福系列、天津的泥人张系列等。这些作品生动、形象，表现出一种生命活力，容易吸引

幼儿。

（3）工艺美术作品：幼儿可欣赏的工艺美术作品大致有以下几类。

从实用性与陈设性上看，幼儿可欣赏的工艺美术作品有日用工艺品和陈设工艺品。前者如经过装饰美化了的餐具、茶具、灯具、服饰、玩具等，后者如以摆设、观赏为主的壁挂、地毯、陶艺、染织工艺等。从民间艺术性上看，幼儿可欣赏的民间工艺品有剪纸、民间玩具、面具、脸谱、风筝、花灯、皮影等。从时态上看，幼儿可欣赏的现代工艺作品有工业产品设计和装潢艺术设计两类。前者如生活日用品、交通运输工具、服饰品等；后者如商品包装装潢、广告、贺卡等。工艺美术作品的选择要注意与幼儿的生活结合起来。

（4）建筑艺术：幼儿可以欣赏的建筑艺术作品大致有以下几类。

幼儿可欣赏的建筑作品包括：纪念性建筑类，如法国巴黎的埃菲尔铁塔；宫殿陵墓建筑类，如故宫；宗教建筑，如天坛；住宅建筑，如北京的四合院、福建的圆楼、云南的竹楼；桥梁建筑，如南京长江大桥；公共建筑，如澳大利亚的悉尼歌剧院。教师在为幼儿选择以上建筑艺术作品时应特别注意建筑物造型的创造性。

（5）儿童美术作品：教师在选择优秀的儿童美术作品作为幼儿欣赏的对象时要注意选取那些同年龄孩子的、有童趣的作品。

（6）自然景物：教师在选择自然景物作为幼儿欣赏的对象时应注意选取幼儿可以观察到的景物，例如日月星辰、花草树木、虫鱼鸟兽，并注意自然景物不同的美的形态。

（7）周围环境：幼儿可欣赏的周围环境大致有室内环境和室外环境两类，前者如家庭环境、幼儿园教室环境等，后者如广场、园林等。

2. 欣赏知识与技能

（1）艺术作品的形式分析，如造型、色彩、构图。

（2）作品主题的分析，如艺术家的意图。

（3）对作品的联想。

（4）对作品的表达。

（5）作品的背景知识，如艺术家的生平。

（二）幼儿园绘画教育内容的范围

幼儿园绘画教育活动是教师引导幼儿使用各种笔、纸等工具和材料，运用线条、形状、色彩、构图等艺术语言创造出可视的、有空间感的艺术形象，培养幼儿的审美创造能力的一种活动。幼儿园绘画教育的内容主要有以下三方面。

1. 绘画工具和材料的使用方法

绘画的工具和材料多种多样，其使用方法也多种多样，我们认为，幼儿可学习的绘画工具和材料的使用方法包括以下几点。

（1）各种绘画工具和材料的性质，例如油画棒的油性，水粉颜料、水彩颜料的水性，宣纸的渗透性等。

（2）各种绘画工具和材料的正确使用方法。从不同的工具和材料看，幼儿可学习的有彩笔画、水粉画、蜡笔水彩画、水墨画、印画、纸版画、吹画、喷洒画、吸附画等形式。

2. 绘画的形式语言

绘画的形式语言是指线条、形状、明暗、色彩、构图等美术要素，是绘画表现的手段。幼儿园美术教育中，幼儿所要学习的绘画形式语言主要有线条、形状、色彩和构图。

（1）线条：包括线条的形态和线条的变化两方面内容。

（2）形状：形状是由线条构成的轮廓和结构，也是造型的基本要素之一。形状是构成画面形象的基础。幼儿对形状的学习主要包括：基本几何形状、基本几何形状的组合以及自然形体等。

（3）色彩：幼儿对色彩的学习主要包括色彩的色相、明度的辨认和色彩的运用。幼儿学习运用色彩的内容主要包括：主体色与背景色关系的处理、色彩的装饰和色彩的情感表现等。这类学习主要通过具体的操作活动来进行。

（4）构图：构图是指在一定的空间安排和处理人、物的关系与位置，把个别或局部的形象组成艺术的整体，以表达作品的主题思想和美感效果。简单地说，就是形象在画面中占有的位置和空间所形成的画面分割形式，如单独构图、并列构图、均衡构图等。构图需要有把握整体的能力和预先构思的能力，对于幼儿来说有一定的困难，因此，需要逐步学习。

3. 绘画的题材

绘画的题材是指创作者在生活中形成的，根据一定的创作意图进行选择、改造或想象而进入作品的生活现象。幼儿绘画的题材往往来自于幼儿的生活。幼儿绘画的题材有：自然景物、日常用品、人物、植物、动物、水果、交通工具与生产工具、建筑物，以及简单的生活事件、自己想象中的物体与事件及简单的装饰画。

（三）幼儿园手工教育内容

幼儿园手工教育活动是教师引导幼儿使用不同的工具和材料，运用贴、撕、剪、折、塑等手段制作不同形态的手工作品，培养幼儿的审美创造能力和动手能力的一种活动。

幼儿园手工教育活动的内容主要有以下三大方面。

1. 手工工具、材料及其性质

（1）手工工具：相对于成人的手工制作，幼儿的手工活动是较为简单的操作活动，因此，所用工具也较为简单，主要有刀、剪刀、笔、泥工板、牙签、切片尺、糨糊、胶水等。

（2）手工材料：幼儿手工活动的材料可以分为点状材料（如沙子、小珠子、纽扣、谷物、果核、种子等）、线状材料（如绳、棉线、毛线、麦秸、草棒、橡皮筋、高粱秆等）、面状材料（如纸、布、树叶、羽毛、刨花等）、块状材料（如泥、面团、萝卜、瓶子、纸盒等）四种形态。

2. 手工材料的基本制作技法

幼儿可学习的手工材料的基本制作技法有：串联、粘贴、剪（有目测剪、沿轮廓剪和折叠剪）、撕（有目测撕、沿轮廓撕和折叠撕）、折（有对边折、对角折、双正方折、双三角折、集中一角折、集中一边折、四角向中心折和组合折等）、染、盘绕、编织、塑（有搓长、团圆、拍压、捏、挖、分泥、连接、伸拉）、插接等。

3. 手工的题材

幼儿手工活动的题材有：玩具（如折纸、泥塑）、节日装饰物（如拉花、窗花）、游戏头饰（如帽饰、面具、纸花）、日常布置用品（如染纸、点线面状材料贴画、蔬果造型、瓶盒造型）和贺卡等。

以上是我们选择幼儿园美术教育内容的大致范围，教师在选择自己的美术教育内容时，还应注意根据当地的实际情况来进行，做到因地制宜、因时制宜、因材制宜，有的放矢、实事求是地开展幼儿园美术教育活动。

第三节　幼儿园美术教育活动原则

所谓教育的原则是指在教育过程中必须遵循的基本要求和指导原理。它是根据教育的目的和教育过程的客观规律制定的。教育原则说明在教育过程中应当怎样遵循教育目的、怎样正确掌握和运用教育过程的客观规律以提高教育效果。教师只有正确地贯彻各项原则，才能更好地指导儿童活动，使他们的身心获得积极的发展。

学前儿童美术教育原则是根据学前儿童美术教育的目的、美术活动本身的特性以及学前儿童身心发展的特点和教育规律制定的，是整个学前美术教育过程中必须遵循的基本要求和指导原理。

一、审美性原则

审美性原则是指教师在学前儿童美术教育中，无论是活动目标的制定、活动内容的选择，还是活动的实施，都应注意审美性。即，活动目标应以儿童审美心理结构的建构为主，活动的内容应有潜在的审美价值，活动实施中应注意审美环境的创设，审美特征的感知、理解与创造，审美情感的陶冶等。审美性原则是由美术的性质、学前儿童美术教育的审美性质所决定的。

从美术本身来看，其社会功能有审美功能、教育功能、认识功能、娱乐功能等，但审美是它最主要、最基本的特征，即美术家通过美术创作来表现和传达自己的审美意识和审美理想；欣赏者通过欣赏来获得美感，并满足自己的审美需要。美术的其他社会功能始终是以审美价值为基础来发挥作用的。艺术的认识功能是指人们通过艺术的审美欣赏活动来认识自然、认识社会、认识历史、认识人生，它不同于科学的认识功能；艺术的教育功能是指人们通过艺术的审美欣赏活动，受到真、善、美的熏陶和感染而潜移默化地引起的思想感情、理想等的深刻变化，它不同于道德教育功能；艺术的娱乐功能是指人们通过艺术的审美欣赏活动而使审美需要得到满足，获得精神享受和审美愉悦，它不同于生理快感。也就是说，美术的审美功能是美术其他社会功能的安身立命之所在。对学前儿童来说，这一时期他们的心理发展具有自我中心的特点，常常通过移情把自己的内心情感投射到客体上，使不具生命力的无机世界充满活力，显示出一种审美意境。美术教育应该顺应儿童发展的这个特点，对他们进行审美教育，通过建构儿童的审美心理结构以帮助儿童达到人格的健全与完善。因此，学前儿童美术教育应贯彻审美性原则。

审美就是儿童的生命活动和审美对象之间的同形同构或异质同构及其产生的心理愉悦状态。所以，审美活动就其本然状态而言，更突出地表现出体验性，而不是认识性。儿童可能说不出审美对象为什么美，美在哪里，但却能感受到美，体验到美，获得一种情感上的满足。但这并不表明审美活动中完全没有认识存在，而是说，在审美活动中，情感体验性始终是主要的、决定性的，而认识性则是次要的、从属的。审美活动以主体的情感体验为基本特征，而审美对象也不是认识的对象，而是经验的对象，人的审美经验是在审美阐释的过程中逐渐实现和丰富的。也就是说，在审美活动过程中，在对象审美属性的刺激下，审美主体发现了一个与日常现实世界完全不同的世界，在那里，他可以不受现实生活中各种常规的约束，可以自由地展开想象，解放平时被压抑的情感和愿望，从而重新找到失去的和谐本性；同时，他可以介入对象所表现的事件，自由地、独立地、按照自己的本来意愿做出判断，表达情感，而不必担心自己的安全和利益受到损害，从而获得审美判断的自由。在这个过程中，审美主体使自己的情绪和情感发生变化，摆脱了日常生活现实的束缚与烦恼，达到了某种程度的内心平衡和自由。这时，审美主体会产生一种以情感愉悦为主调的心理状态，这是一种审美的享受。这种审美感受其主要内涵是主体情感的体验、满足和愉悦，并由情感的愉悦达到精神的自由。

概括起来说，这种审美感受包括两个部分。

一是指儿童以自己的方式感受到的情感表现性，这种情感表现性并不是对象客体自身所具有的，而是在儿童与审美对象的相互作用中，对象的结构属性与儿童的情感达到交融时所产生出来的一种结果，是当儿童的某种内在的情感模式与外在的形式结构达到"同形同构"或"异质同构"时，在心理上产生的情感对应物。例如当人们说松树具有不屈、挺拔、阳刚等表现性，柳树具有婀娜、阴柔、飘逸等表现性时，实际上是松树向上的力和柳树向下的力的形态在人们心理上所产生的对应物。但是面对相同的审美对象，不同的儿童所知觉到的情感表现性可以是千差万别的。这是因为，由于儿童还没有接纳文化的范畴系统，而且儿童本身的情感发展较之其理智的发展更具优势，所以他们在知觉审美对象时，必然持更加开放的态度。

幼儿时期，儿童的自我中心主义也使得他们在活动中以自我为中心来对待外界事物，这时的思维方式实质上是一种异质同构的思维方式。也就是说，当儿童面对外物时，他们并不按照成人的逻辑标准去对事物进行分类，而是将自己的情感投射到外物上，寻找自己内在的情感结构与外在事物的形式结构之间的同构效应，按照事物所体现的情感表现性去对它们加以秩序化。在他们看来，一个倒在桌子上的茶杯和飘零的落叶都是可怜的孩子，因为它们都是孤独的。

审美感受的另一种含义是指审美主体在欣赏过程中达到一种自由和谐状态时所产生的审美愉悦。这种愉悦是他们把自己的情感、意志、思想等投射到文本上去的结果。这就是移情。儿童的自我中心使得他们总是按照在自己身上发生的事件进行类比，即按照他们切身经验的类比去看待发生在其身外的事件。儿童在审美活动中不自觉地把自身的情感状态灌注到审美对象上，把自身无意识的心理内容转移到对象之中，通过审美感知与想象，有意、无意地驱使客体形象的形、神朝着特定的方向与情境变化，使其自然而然地带有儿童自身的情感色彩，"以我观物，物皆着我之色"。从而，儿童欣赏着被灌注了自己的情感或生命后的对象的形象，体验着欣赏所带来的愉悦感。

在艺术创作活动中，当儿童完成一幅艺术作品时，作品本身既是成就的证据，也是表达情感的一种新形式。我们不难发现，几乎每个儿童在画完一幅画或制作出一件手工作品时都流露出一种愉悦的、放松的，甚至恋恋不舍的情绪。而这其实是儿童在欣赏着被灌注了自己的情感或生命后的对象，体验着它所带来的愉悦。因此，艺术活动过程与艺术作品加强了儿童的满足感，而这种满足感是个人成就感的重要源泉。现代心理治疗中的艺术治疗正是利用了这一特点，把艺术作为窥探儿童内心秘密的手段来寻找致病情结，并将其作为解开致病情结的钥匙来加以运用。

因此，学前儿童的艺术教育应该顺应儿童发展的这种特点，寓教育于美的享受之中，始终把对儿童的个性、情感的尊重放在首位，强调在儿童精神获得满足和愉悦的同时，培养其对美的感受能力，提高他们的审美情趣，以形成完整、和谐的人格为终极目标。

1. 为儿童创设充满情感色彩的审美环境

审美环境的创设应包括几个方面：第一，教师应为学前儿童创设富有审美情感色彩的日常生活环境和学习环境。就幼儿园活动教室的环境而言，除了要保证儿童有足够的活动空间、合乎安全原则及满足其需要以外，教师应注意室内环境的装饰与布置，色彩力求淡雅，形象造型力求可爱，内容有情趣，符合学前儿童的审美趣味。教师还可以展示各种有情感色彩的美术作品，可以是经典名画，也可以是儿童画，或是雕塑、建筑和各种工艺品的图片。教师还可以展示一些自然界中具有形式美的物品，如花草、树木、岩石、贝壳、昆虫、小动物等。并且，这些物品应定期更换。第二，教师应结合具体的艺术活动创设与之相适应的审美环境。卢梭在《爱弥儿》中曾用浪漫的笔触描绘道，"如果一个人从未在干燥的原野上跑过，而他的脚也没有被灼热的沙砾烫过，如果他从未领受过太阳从岩石上反射出的闷热气氛，那么他怎能感受到美丽清晨的所有愉悦呢?"在这里，卢梭提出了培养儿童审美感受能力的方法之一——让儿童投入大自然的怀抱，去感受自然事物的生命运动模式。例如，为了让学前儿童学画太阳，教师可以带领他们在一天的不同时间内欣赏太阳的美景，如早晨红彤彤的太阳和朝霞，中午银光闪闪的太阳和白花花的天空，傍晚金灿灿的太阳和晚霞。皮亚杰认为，"儿童看到、听到的东西越多，就越想多看多听"。所以教师可以通过这种审美情境的体验，引起儿童情绪上的兴奋，对美好的事物产生敏锐的感知，发现美的特征，从而激起审美欣赏的兴趣和进行艺术创作的动机。第三，教师可以在活动室内播放一些优美悦耳的轻音乐作为背景音乐，这样既可以陶冶儿童的情感，同时，也起到了安定儿童情绪的作用。研究表明，让儿童置身于审美环境之中，不但有助于他们审美能力的提高，而且有助于其艺术创造性的发挥。

2. 引导儿童感知对象的审美特征

许多研究发现，感知觉的敏锐性有助于儿童美感的发展。艺术中的审美感知不同于科学活动中的感知。科学活动中感知的目的在于观察客观事实，形成科学概念，强调的是"真"。而审美感知是对事物的不同特征要素组成的完整形象的整体性把握，是一种区别于日常感知的、能够揭示事物表现性（或审美属性）的特殊的感知。它具有非实用功利性、完整性、超越性、情感性等特点，强调的是"美"。阿恩海姆认为，"观看，就意味着捕捉眼前事物的某几个最突出的特征，它能唤起人们对这一复杂事物的回忆。事实上，这些突出的标志不仅足以使人把事物识别出来，而且能够传达一种生动的印象，使人觉得这就是那个真实事物的完整形象。"① 阿恩海姆在这里所指出的就是感知事物的审美特征。因此，从艺术教育来说，教师在引导儿童感知欣

---

① 阿恩海姆. 艺术与视知觉：视觉艺术心理学 [M]. 滕守尧，朱疆源，译. 北京：中国社会科学出版社，1984：50.

赏时，首先，应着重注意对象的形的特点、色的特点、声的特点和事物运动变化的特点等事物所具有的审美特征。例如对柳树和松树的欣赏感知，教师就应该引导儿童观察柳树与松树的树冠形状的不同、树叶形状与颜色的差异、树干肌理的变化；微风吹来时，观察柳树与松树不同的动态，感受柳树的婀娜多姿、松树的伟岸挺拔等情感象征性。其次，教师在引导学前儿童进行审美感知时，要注意有距离的感知，即审美感知的内容要有别于科学感知中那种追究事物的属种、用途、习性等科学概念的做法，而把注意力集中于事物的声音、形状、色彩、空间等形式因素及其所表现的对称、均衡、节奏、多样统一等形式美的模式，事物的主题、情节、形象等内容因素，以及这些形式和内容所表现出的情感因素上。例如，对下雨天的感知，就要引导儿童看一看，下雨的时候，天空是灰白的，雨从天空落下来时大雨、小雨的线条不同，风儿一吹，雨线随风飘动；听一听，大雨的"哗啦哗啦"声和小雨的"淅沥淅沥"声；此外，雨中人们的行为、装束、神态以及人们的感觉等也可成为观察的内容。

当然，我们强调审美感知与科学感知的差异，并不是说，在儿童实际进行艺术活动时，只引导儿童感知对象的审美特征，不管也不让儿童感受其他方面。相反，在强调课程整合的今天，我们需要把二者结合起来，让儿童得到一个完整的经验。

在引导儿童感知审美对象的特征时，教师还应注意语言的运用。教师引导学前儿童进行审美感知时的语言大致可以分为两种类型。

一类是启发性的语言。这类语言的作用主要在于帮助儿童开阔思路、启迪智慧。教师可以用"为什么""怎么样"这类开放性语言来向儿童提问，而不是用"……是不是"这类封闭性的问题来提问，因为这类问题很容易造成儿童思维的惰性。实践中，我们有时会看到教师问儿童："这幅画很美丽，是不是啊？"而儿童也漫不经心地眼看着别处，拖着长腔说："是——"这类做法应该避免。

教师的另一种语言是艺术性语言，这类语言的形式多样，可以是一些形容词，也可以是谜语、儿歌、诗歌、童话等，其作用在于通过对对象的形的特点、色的特点和运动变化的特点的描述，帮助儿童把眼前的外在形象进一步加工成完整的、鲜明的、深刻的视觉表象，同时也可调动儿童的审美情感，是他们能够主动进行的心理操作。例如，关于"火辣辣"的太阳与"暖洋洋"的太阳的描述，可以帮助儿童体验夏天的太阳与冬天的太阳的不同，从而思考用什么样的颜色来表现这种差异。又如，引导儿童观察大白鹅时，教师可以朗诵骆宾王的《鹅》："鹅，鹅，鹅，曲项向天歌。白毛浮绿水，红掌拨清波。"这首诗不仅把鹅的形象生动地描述出来了，也给儿童展示了一幅意境优美的图画，所谓"诗中有画"即如此。

3. 让儿童在艺术活动中得到审美愉悦

作为一种情感，审美愉悦在审美活动中起着亲和的作用，是整个审美心理要素发挥作用的基础，依赖于它，才能使得审美活动区别于其他活动，获得自己的规定性。学前儿童艺术教育就是要让儿童在艺术活动过程中得到审美愉悦。第一，可以以艺术活动的内容吸引儿童。这样的内容应该是符合儿童的需要和兴趣的，是来自于儿童的生活经验的。第二，用游戏的形式来进行艺术活动，使艺术活动充满生机和趣味。角色扮演、猜谜语、讲故事等形式都可以运用在艺术教育活动中。实践表明，在这样的活动中，儿童兴致盎然，能体验到愉快的情绪。第三，物质媒介也起着十分重要的作用。因此，提供多样化的工具和材料也可以刺激儿童从事艺术活动的积极性。不同色彩、形状、质地的材料具有不同的表现力，蕴含着不同的情感特质，能让儿童体验到灵活和丰富，逐渐地，他们能根据自己的体验有目的地选择适合的材料加以造型。丰富多样的材料和工具还能让儿童产生新颖的构思、丰富的联想，这样，儿童在对工具和材料的操作中产生审美愉悦，从而能更加积极、快乐地从事艺术活动。

二、创造性原则

创造性原则是指美术教育中应充分发挥儿童的创造性，以培养他们的创造意识、创造力和创造个性为主要目标。

每个儿童都有创造的潜力。儿童的创造力与成人的创造力不同。成人的创造力是指其为社会、文化等带来某种质的变革的思想或产品的能力，而儿童的创造力是指创造出对其个人来说是全新的、前所未有的想法或产品的能力。在学前儿童美术能力发展的整个过程中，都显示出他们独特的创造力。概括地说，学前儿童在美术活动中的创造力是指在头脑中形成审美心理意象，并利用美术要素和工具、材料将这些意象重新组合，创作出对其个人来说新颖独特的美术作品的能力。这种能力不仅在作品中反映出来，还从其制作过程中显示出来。在学前儿童的美术作品中，可以表现出许多打破成人有关美术创作的条条框框的举动，出现一些在成人看来既可笑又非常可爱的现象。这种超常规的、独特的现象，体现出学前儿童大胆的想象力和神奇的创造力。因此，正像加登纳说过的，差不多每一个孩子到了四至七岁时，在有合适环境的鼓励下，都是极富于创造性的。对于所有的孩子来说，这个阶段正是最自由的阶段①。

艺术具有典型的创造性，独创是艺术的根本。从艺术本身的发展来看，当代艺术实践越来越重视观念的表达，表现手法越来越多元化、个性化，艺术家从传统的"艺术工匠"变成了思想家，成为传统艺术概念的突破者。现代艺术观念和表现媒介正推动着艺术教育从以技法为中心转变为以艺术观念和艺术思维为中心。而艺术的理论也随之多样化，除了传统的"再现主义"理论外，"表现主义""形式主义""意向主义""约定俗成理论"直到"后现代主义"，都在指导着多样化的艺术实践和艺术教育。专业艺术教育尚且如此，普通艺术教育的性质决定了它更没有必要抱着"苦练艺术技能基本功"的观念不放，幼儿阶段的启蒙艺术教育更是如此。

在美术活动中，儿童的创造包括两类。一类创造是实在的可视形象的创造。这就是我们常常看到的儿童的绘画作品、手工作品中那些不合逻辑的构思、不合比例的造型、主观想象的色彩、随意安排的空间构图等。由于它的可视性，这一类创造常常是我们关注的对象。另一类创造是审美心理意象的

① 加登纳. 艺术与人的发展 [M]. 兰金仁，译. 北京：光明日报出版社，1988：332-333.

创造。它既出现在艺术欣赏活动中，又出现在儿童的艺术创作活动中。这是儿童基于自身的审美需要和审美能力，在特定、具体的审美理解活动中的一种创造。由于它的不可视性，如果没有足够的了解，它常常不被我们成人所知晓，因而也常常被忽视。而这类创造又恰恰是前一类创造的前提。清朝画家郑板桥曾描述过他在画竹子时的心理过程：江馆清秋，晨起看竹，烟光、日影、露气，皆浮动于疏枝密叶之间。胸中勃勃，遂有画意。其实胸中之竹，并不是眼中之竹也。因而磨墨展纸，落笔倏作变相，手中之竹又不是胸中之竹也。郑板桥在这段话中所揭示的从"眼中之竹"到"胸中之竹"的过程就是审美心理意象创造的过程，"手中之竹"就是实在而可视的创造结果。

《幼儿园教育指导纲要（试行）》中的艺术领域对上述两类艺术创造都做了说明，并且特别强调审美心理意象的创造。例如"内容和要求"里的第三条指出，"提供自由表现的机会，鼓励幼儿用不同艺术形式大胆地表达自己的情感、理解和想象，尊重每个幼儿的想法和创造，肯定和接纳他们独特的审美感受和表现方式，分享他们创造的快乐。""指导要点"里第二条指出，"幼儿的创作过程和作品是他们表达自己的认识和情感的重要方式，应支持幼儿富有个性和创造性的表达，克服过分强调技能技巧和标准化要求的偏向。"所以说，我们不但要关注儿童艺术活动实际呈现出来的结果，而且更加要关注艺术创造的过程，以儿童的创造意识、创造能力和创造个性的培养为中心任务。

因此，在儿童的美术创造教育中，应注意贯彻创造性原则。

1. 创造宽松的心理环境，激发儿童的创造意识和动机

心理学家罗杰斯认为：有利于创造活动的一般条件是心理的安全和心理的自由。这就是说，宽松的心理环境是人们发挥创造性的前提。一些研究也表明，在心情良好的状态下工作时，人的思路开阔，思维敏捷，解决问题迅速；而心境低沉或郁闷时，则思路堵塞，操作迟缓，无创造性可言。对于学前儿童来说，一个宽松的心理环境应包括如下内容。

（1）信任。在承认儿童具有创造潜能的基础上，为其提供充分的机会，让他们能进行创造性的活动。即教师应以和蔼的态度营造一种温馨的气氛，

让儿童有足够的自由和信心；允许儿童自由表达自己的观念，实践其观念；教师要尊重儿童不同寻常的提问和想法，肯定其想法的价值，不因为其想法的幼稚而盲目否定，更不能用成人固定的思维模式去限制他们，而应敏感地捕捉其中创造思维的闪光点，加以科学地引导。

（2）减少规定。过多、多细、过于整齐划一的限制势必会阻碍创造力的发挥。拿"不许说话"这个行为要求来说，其实，幼儿说话的原因是多样的。第一种情况是幼儿一边操作，一边自言自语。这样的幼儿虽然在说话，但是能专心于当前的活动，没有影响别人的活动。而这种现象是幼儿期儿童的一种特殊的行为表现。这是因为幼儿的手部肌肉发育不成熟，手眼协调能力差，手的动作控制能力差，因此在进行美术活动时，其手的操作动作还不足以充分表达其内心的所思所想，需要借助于其他多种分析器的协同活动来表达自己的思想情感。如果说话是属于这种情况，就没有必要去禁止幼儿说话。相反，我们应该鼓励幼儿运用多通道来表达自己的思想情感。第二种情况是幼儿在与别的孩子讲话，但讲话的内容与所从事的活动相关。这里可能有两个原因：一是幼儿遇到自己不能解决的困难，需要求助于别的孩子；二是相互交流各自的创作内容，从而出现讲话现象。对于这种现象，教师要做引导者、支持者和合作者，与幼儿一起商量解决问题，分享幼儿创造的快乐。第三种情况是幼儿对当前的活动根本不感兴趣，从而出现所谓的骚扰别人的讲话现象。应该说，这是一种真正的破坏班级纪律的行为，教师应该加以重视。但是，对于这种行为，只是简单地加以禁止恐怕也很难起作用？面对这种情况，教师应该自我反思，是什么原因造成幼儿对当前的活动不感兴趣。如果是活动本身不能吸引幼儿，那么教师简单地禁止说话只会让他们更加无聊。实际上，教师应该做的是用活动本身的内容和形式来吸引幼儿的注意力，而不是简单禁止。

（3）为儿童的活动提供一段不受评价的时期，使其自由想象，不受阻碍。这是奥斯本的"头脑风暴法"的一条重要原则，即不轻易评价幼儿的创新成果，这样会给他们的创造心理带来安全感，消除其怕受评判的紧张情绪，以使他们无所顾忌地自由创造。现实中有这样一种做法：教师在巡回指导时，觉得某一个儿童创作的作品不错，于是就将他的作品拿起给其他儿童看。其实，这是一种不适宜的教育行为。它既打断了创作者的思路，又为其他儿童提供了模仿的对象，阻碍了儿童创造力的发挥。

但是，教师应明白，宽松的心理环境不是教师的放任自流、不闻不问，而是让儿童既能自由自在地表达并实践自己的观念，又能得到适当的信息反馈以及容许与赞赏。这是儿童发挥创造力不可缺少的条件，在这种宽松的心理环境中，儿童消除了胆怯和依赖心理，从而能够积极主动地参与到活动中，进行积极的探索和思考，发挥出创造的潜能。久而久之，也就养成了以创新精神来从事创造活动的习惯。

2. 丰富儿童的经验，引导儿童对内在表象进行加工改造

丰富的经验是从事艺术创作的原材料。为儿童美术创作提供的经验应有助于儿童的美术创造表现，应注意过程性和体验性。这种经验主要有两类：一类是立体的，另一类是平面的。

立体经验可以通过两条途径来获得：一条是外出参观，扩大儿童的视野。正如黑格尔所言，艺术家创作所依靠的是生活的富裕，而不是抽象的普泛性观念的富裕，因此，艺术创作不仅要在世界里看得很多，熟悉外在的和内在的现象，而且还要把众多的重大的东西摆在胸中玩味，深刻地被它们掌握和感动；他必须发出过很多的行动，得到过很多的经历，有丰富的生活，然后才有能力用具体形象把生活中真正深刻的东西表现出来。儿童的外出参观，包括接触田野、山水、公园、动物园、商店、街道、展览馆、节日活动等学前儿童能理解的自然环境和社会环境。在经验获得过程中，要利用学前儿童情感发展的特点，引导儿童进行"移情"和"拟人"。在此基础上，引导儿童对审美对象进行整体想象，将它们想象成有生命的形象，例如一只母鸡和几只小鸡之间的关系就像妈妈和孩子间的亲密关系。这样，眼前的物体就不再是毫无生气的物体，而是充满了生命活力的美丽形象。儿童只有在经历了这样的外在形态与内在性灵的感应之后，才能把知觉表象与情感体验、外物尺度与内心尺度结合起来，成为审美意象。立体经验获得的另一条途径是，与儿童谈

论他们的生活状况、他们的家庭、他们的朋友，让儿童回忆生活中的喜、怒、哀、乐的经验。

平面经验也可以通过两条途径来获得：一条是平时为学前儿童选择一些适合其年龄特点的、有趣的、不同风格的图书，为他们讲解，引导他们感受。另一条是专门利用人类优秀的、又能被儿童所接受的艺术作品，丰富儿童的审美经验。由于平面经验有助于儿童的艺术迁移，因此引导儿童学习平面经验时可将重点放在形式要素和形式原理的学习上。

儿童的艺术经验还来自于对材料的操作。丰富的物质材料可以激发儿童创造的欲望，因此，应尽可能地为他们提供丰富多样的材料，供其在具体的操作中获得艺术的经验。

总之，无论给儿童提供何种艺术经验，都应该注意紧扣其审美特征，只有这样的经验才是具有生成性和创造性的，才有助于儿童的美术创作。

在获得了审美经验的基础上，教师可引导儿童通过变形、分解与组合、联想等方式对内在表象进行加工改造。

表象的变形是指在保证表象的基本形态和主要特征的情况下所构想的种种新表象。这是因为，凡是表象都具有概括性和可塑性，它可以像一块黏土一样被捏成各种形象，而黏土的基本特性不变。表象的变形可能是自觉的，也可能是不自觉的。自觉的变形是创作者为了某一目的而有意追求的变形；不自觉的变形通常是无意识地、被动地、自然而然地在头脑中进行的。在儿童的美术里，既有自觉的表象变形，也有不自觉的表象变形。正因为有了这些变形，才使得学前儿童的美术充满了迷人的魅力。教师要允许这种变形了的表象存在，并通过自己的情感投入与启发性的、艺术性的语言描述，鼓励、帮助儿童进行表象的变形。

表象的分解是指把某一表象因素从表象中突出出来，割断它与其他表象因素的暂时联系，使它获得独立的表象意义。所谓表象的组合是指把不同的表象因素或表象按照一定的目的组合成一个新表象或表象体系的过程。表象的组合也包括变形表象的组合。而这些表象依据一定的主观目的组合起来，就形成了神奇莫测的艺术想象世界。学前儿童的绘画创作中就充满了这种变形表象的组合。通过精细的分解和巧妙的组合，画面上的形象虽然利用了"旧材料"，却很难看出这"旧材料"来自哪里。

表象的联想是指由一个表象联想到另一个或者更多的表象。中国古代画论中就有"山欲高，尽出之，则不高；烟霞锁其腰，则高也"的说法。齐白石的《蛙声十里出山泉》中，一道溪水，几只蝌蚪，即是视听表象的联想。表象的联想可以通过学前儿童的多种感觉器官通道参与操作来进行，用比喻的方法让儿童展开联想。教师要随时发现儿童新颖、独特、富有个性和情趣的想法，对此加以肯定，促使其进一步地完善。

3. 正确认识创造力与技能的关系

要明确创造力与技能之间的关系，首先要弄清楚：什么是创造力？什么是技能？关于创造力，我们在前面已论述过。那么，什么是技能呢？我们认为，技能是根据所确定的目的，利用已有的经验和熟练程度来选择和实现动作的方法。也就是说，技能标志着用主体已有的经验和熟练程度来有目的地调节活动所必需的心理操作和实际操作的复杂系统。美术活动的基本技能结构是一个形象记忆、形象思维的信息加工与眼、手操作（感知、表现）的协调系统。我们把它分为四个方面。

（1）手的动作：手眼协调能力、手的控制能力；

（2）对工具和材料的理解与运用；

（3）对外界信息的掌握；

（4）对色彩、形状和空间等形式要素的认识与使用。

因此，对于技能与创造力的发挥之间的关系问题，我们的看法是：技能与创造性的发展不矛盾，技能为创造力的发挥提供了技术基础和手段。这是因为：学前儿童在美术活动中的创造力是指他们在头脑中形成审美心理意象，利用美术工具和材料将它们重新组合，创作出对其个人来说是新颖独特的美术作品的能力。换句话说，儿童的美术创造活动是一种手、眼、脑充分并用的活动，它需要儿童用以眼睛为主的多种感官去感知审美对象，用脑去体验、想象、理解、加工改造审美意象，用手对美术工具和材料进行操作以表现自己的思想情感和所见所闻。在这一过程中，包含了技能的使用过程。而从技能所包含的因素来看，一方面，更多的、适当的、经过编码的知识经验储存增加了良好反应的可能性。另一方面，熟练程度越高，操作越灵活，则重新组合出新的事物或思想的可能性也越多。所以应该说，技能为创造性的发展提供了一个现实的前提，它消除了对创造性任务实质的认识与寻找解决方式之间的脱节现象。从儿童美术来看，儿童手的动作灵活，对材料性质和用途的了解够多，又对形状、色彩、空间有一定的认识，更主要的是，儿童对外界信息有了更多的掌握，那么，他经过头脑加工创造出的作品就不会缺乏新意。因而说，技能是创造力发挥的有效手段。但是，"归根到底，技术在艺术教学中的运用，只有在对学生能力有所贡献时才具备意义，而这种贡献是通过教与学产生的。技术，在恰当地运用中可以延伸艺术形式和艺术学习者的视野。""无论何种技术，其应用不应该是为技术而技术，而应该以促进艺术学习成功与否，以学生达到艺术的和智慧的目标如何来衡量。技术的目标不在于学生使用某特定技术的程度如何，而应该以增强学生在丰富的新资源和新信息中融会贯通和建构新意义的能力为宗旨。其有效的成果应该表现在学生对技术手段、艺术技法和艺术追求之间关系的透彻理解。"①

反思现实，儿童美术教育实践中简笔画的教学恰恰是与这一思想相悖的。应该说，简笔画本身简明扼要地描绘了某些事物的结构和特征，这是无可厚非的。但问题在于，这种描绘是简笔画创作者的成果。儿童学画简笔画，学到的是别人已经"嚼过"的东西，这使他们失去了独立的视觉思考与体验审美心理意象的机会。在这一过程中，儿童要做的仅仅是用自己的手将别人构思的东西临摹出来，也即只有单纯的手的动作的训练而没有自己的思想和情感的表达。所以，学习简笔画是用成人的知觉代替儿童的知觉，用成人的思维代替儿童的思维，用成人的体验代替儿童的体验，儿童因此而失去了很多自主发展的机会。同时，运用简笔画所画出的画面是模式化的，缺乏儿童独

---

① 全国艺术教育协会联盟. 美国艺术教育国家标准［J］. 刘沛，译. 中国美术教育，1998（5）：47.

特的个性，从而也就无艺术价值可言。因此，我们认为，这种把技能学习当作儿童美术学习的中心目标的简笔画教学在学前儿童美术教育中无运用的价值。

对于技能与创造力的关系问题，《幼儿园教育指导纲要（试行）》也辩证地提出了自己的观点。它在艺术领域的"指导要点"里提出，"要避免仅仅重视表现技能或艺术活动的结果，而忽视幼儿在活动中的情感和态度的倾向"；"应支持幼儿富有个性和创造性的表达，克服过分强调技能技巧和标准化要求的偏向"。而同时，《纲要》"矫枉"也并没有"过正"，在强调艺术创造能力和意识的培养的同时，也提到了艺术表现技能的学习。例如在艺术领域的"内容和要求"第四条提到，"在支持、鼓励幼儿积极参加各种艺术活动并大胆地表现的同时，帮助他们提高表现的技能和能力"。在"指导要点"的第三条中，提出"教师的作用应主要在于激发幼儿感受美、表现美的情趣，丰富他们的审美经验，使之体验自由表达和创造的快乐。在此基础上，根据幼儿的发展状况和需要，对表现方式和技能技巧给予适时、适当的指导。"

4. 正确认识和使用示范和范例

对于示范和范例，首先要有正确的认识。说到教师的示范，必然要提到与之相关的临摹。在中国传统画论中，临摹被称为"传移模写"。它是传统成人绘画中"师傅带徒弟"式的指导方法之一。对于它与儿童艺术创造的关系，我们认为加登纳的论述是很明智的。他说："我们一方面把模仿看作是审美发展的关键；另一方面又认为它潜在限制着儿童的创造力。若要解除这一悖谬，似乎还需要一种发展的观点才行。开始时，应允许儿童尽量自由而完全地去探索其媒介；然后，再通过仔细的指导与难题设立而使他有那种把握特质、为创造出满意的效果而建立足够技巧的机会；最后，在他有了自己的能力感和目标感之后，再让他去接触媒介中的伟大作品，鼓励他去研究和模仿，这样，他便了解同样媒介中，别人是如何达到效果的。……只有当儿童有了大量探索其媒介的机会后，才应让他去大量接触范例。"① 所以，我们认为，对于幼小儿童，应该给予他们 "尽量自由而完全地去探索其媒介" 的机会，而不是早早地进行临摹，使儿童的创造力受到阻碍。下面的教学实例对我们会有所启发。这是小班幼儿第一次学画水粉画，教师为幼儿准备了画笔和水粉颜料。开始时，幼儿处于兴奋状态，教师顺应幼儿，和他们一起自由地作画。画完后，将双方的作品一同展示出来。幼儿经过观察发现，自己的作品上有颜料往下淌，而老师的作品上则没有。这时教师并不道明原因，而是再让幼儿观察自己的作画过程，并在示范时刻意地夸张掭笔的动作和语言 "蘸蘸颜料，掭一掭"。终于，幼儿发现，自己的作品上颜料往下淌的原因是在绘画前没有把笔掭一掭，去掉多余的颜料。就这样，幼儿通过自己的操作及对别人操作的观察，认识到了为什么要掭笔和怎样掭笔，而不是机械地、直接地接受了教师的灌输。这个案例告诉我们，在儿童美术创造教育中，应引导他们掌握材料的基本使用方法、造型规律，以便他们能够举一反三、触类旁通。在这一过程中，要注意让儿童自己进行探索与思考，指导要对重点、难点进行恰到好处的引导。这种引导应该是启发式的，而不是注入式的。在注入式的指导中，解决问题的途径是明确而直接的，即已存在解决问题的模式，儿童不需要动脑筋，就可以照搬照套。这样，儿童失去了独立思考的机会，其艺术思维能力也不可能得到发展。而在启发式的指导中，解决问题的途径是未知的、非直接的，而且是不易识别的，必须依靠幼儿自己去寻求解决问题的答案。因此，具体地说，在儿童的创作中，教师可以用提问题、暗示、创设情境、联想、隐喻等方法给儿童一些启发的线索，开阔他们的思路，引起他们思考，最终创作出富有创造性的艺术作品。久而久之，形成独立创作的习惯，促进艺术思维能力的发展。

所以，必须清楚地知道，临摹对儿童创造力的发展只会起到消极的作用。它从来不是唯一的，更不是最佳的美术教学方法，尤其是在学前这一年龄阶段。因此，临摹是否要用，什么时候用，怎样用，都是教师必须慎重思考的。

---

① 加登纳. 艺术与人的发展 [M]. 兰金仁，译. 北京：光明日报出版社，1988：373.

至于范例，一方面，它可以开阔儿童的视野；另一方面，它又会限制儿童的想象和创造的思路。也就是说，范例对于儿童的艺术创作也同时存在正效应和负效应。所以，儿童美术教育中要谨慎地、有条件地使用范例。作为学前儿童临摹的范例应该有一定的标准。首先，范例应该有美感，有美感的作品才有学习、欣赏的价值，拙劣的类似简笔画这样的作品不宜作为儿童学习的榜样。其次，范例的描绘方法应该适合学前儿童的年龄特点，是他们能理解和接受的，例如梵高的系列作品就可以作为学前儿童学习的对象。最后，范例应该是多样化的，能从不同方面反映事物的形态，可以启发儿童的思路。例如，教师让儿童学习画房屋，可以先为他们提供民居、宫殿、公共建筑等结构不同、类型各异的建筑作品图片。

5. 改革评价方法，鼓励儿童积极创造

对学前儿童的美术作品进行评价有两个方面的价值：一是帮助教师判断、了解儿童美术的发展情况，以便对他们进行有的放矢的指导；二是培养儿童对艺术的兴趣，并让儿童透过美术得到更好的发展。这二者也是评价的目的所在。这种评价，既有对儿童美术创作结果的评价，也有对其创作过程的评价。我们可以从三个不同的视域来对儿童的美术进行评价。

（1）儿童与自我。即纵向地将儿童当前的美术创作与儿童自己过去的创作相比较。它有利于教师了解儿童各方面成长的幅度。

（2）儿童与群体。即横向地将儿童的美术创作与某一群体中其他儿童的美术创作相比较。它有利于教师对某一群体中儿童之间的个别差异进行把握。

（3）儿童与标准。即横向地将儿童的创作与某个评价标准（例如儿童美术发展的年龄阶段特征）进行比较。它使教师能清楚地把握儿童在其所处的发展阶段中的位置。

对于教师而言，从以上三个不同的视域出发对儿童的美术进行评价，有助于全面地把握每个儿童美术发展的情况及其个别差异，从而制定今后发展的目标。但是，教师在使用这种评价时要注意其条件和可能的负面效应。例如，对于美术能力水平较差、个性又比较敏感的孩子来说，当面横向地将其与某一群体或与某一标准做比较，很可能造成孩子的心理负担和自卑感，并由此可能使之对艺术失去兴趣和信心。况且，标准本身也有将儿童的艺术创作标准化、整齐划一化的嫌疑，因为艺术创作本身是个性化的。因此，应很谨慎地使用这样两种评价方法。

就每一次美术活动中对儿童的美术创作的评价而言，可以采取纵向地将儿童与其过去相比，也就是从其个人的成长发展来评价的方法。并且，在评价过程中，要尽可能地以欣赏的态度正面评价每一个儿童，尽可能找出其进步的地方加以鼓励，并且这种鼓励应该是具体的、确实存在的，而不是泛泛的表扬。例如，在创作过程的评价上，可从儿童的主动性、兴趣性、专注性、独立性、创造性、操作的熟练性以及美术行为习惯等方面进行评价；在美术创作结果的评价上，应将重点放在作品上是否有对其个人来说新颖独特的表现，形式和内容是否有童心童趣，而不是"像与不像"。儿童在上述方面任何一点的进步，都是值得欣赏和鼓励的。在评价过程中，教师要帮助儿童了解自己，表现自己，让他们都产生一种成功的体验，并能感受到其中的乐趣，从而增强自信心，对美术活动产生更大的兴趣和更强的创作意识。否则，儿童会因过多的挫折和失败而对美术活动失去兴趣，以至失去自信，产生自卑心理。而这与美术教育的目的是背道而驰的。

美术活动中的评价者可以是教师，但更主要的应是儿童。教师的评价起着导向作用，儿童的相互评价更有价值。要鼓励儿童找出别人有创造性的表现并赞美之，为别人感到高兴，进而激励自己向他们学习，燃起希望的火花，争取更具创造性的表现。在这一过程中，不仅儿童的评价能力可以得到提高，同时，他们也能从别人的评价中逐渐学会独立地、客观地看问题，学会尊重别人，消除自我中心，培养良好的自我意识，促进其社会性的发展。更重要的是，儿童逐渐地养成了创造的习惯。

三、实践性原则

实践性原则是指在美术教育中，教师要引导儿童积极参与美术实践活动，在实践中发展和培养他们的美术能力及兴趣。

就儿童本身而言，学前儿童对世界的认识特点之一就是对自己的感知觉的依赖，无论是表达自己的思想情感还是探究外在的世界，他们都更倾向于用动作和形象作为媒介来达到目的。学前儿童的这一特点决定了他们的学习是一种实践性活动。从学前儿童绘画能力的发展过程来看，儿童最早的涂鸦行为是无意识的手臂反复动作的肌肉运动。克劳屈曾对幼儿的涂鸦活动做过深入的研究，认为涂鸦活动是肌肉的自发性活动，也是躯体内在节奏的表现。随着年龄的增长，这种自发性活动会转化为可加以控制且不断反复的意识性活动。可见，儿童的操作实践活动可以促进其心理的发展。只有在具体的操作实践中，儿童的身心才能处于一种协调统一的状态，才能积极主动地进行自我与世界的双向建构。

贯彻实践性原则要注意以下几点。

1. 引导学前儿童运用多种感官通道进行美术活动

与成人相比，儿童的感官还没有得到完全成熟的发育，他们常常用多种感官的协调来帮助自己进行审美知觉。"六岁儿童得以联觉地把色彩与声音相联系起来的那种机制，或者他那种能创作出一点诗句或建立起精细的、令人愉快的结构的机制，并不是训导所得来的。它是一种神秘的能力，这种能力使某些幼小的儿童能直感数学原则，直感棋类规则，或直感视觉现象。然而这种能力的存在是不能否定的。"[①] 我们也经常看到儿童手舞足蹈、呜哇有声地借助于动作、语言、表情等来表达自己对审美对象的感受，或者在画画的时候背诵诗歌、唱歌或自言自语地讲故事。这些都说明儿童有着较强的通感能力。学前儿童的审美知觉集中了语言交流与非语言交流，表现出多通道性。并且这种多通道性是多方面的，既有表情、身体动作与语言的结合，又有不同感觉之间的联合。所以，学前儿童的美术教育应注意让儿童多通道地参与，"看看、想想、说说、画画、玩玩"不失为一种成功的做法。这样不同的活动类型有助于儿童保持注意力和兴趣。

---

① 加登纳. 艺术与人的发展 [M]. 兰金仁，译. 北京：光明日报出版社，1988：297.

2. 注意避免单纯的技能技巧训练和单纯的思想内容说教两个极端倾向

学前儿童的美术活动是一种手、眼、脑并用的活动，它需要儿童用多种感官去感知审美对象，用脑去想象、理解、加工审美意象，用语言去表述自己的审美感受，用手操作美术工具和材料去表现自己的思想情感和所见所闻。这一过程包括心理操作和实际操作两个方面。单纯的技能技巧训练和单纯的思想内容说教都只涉及上述两方面中一个方面的发展，因而也是不全面的教育，例如简笔画的学习。应该说，简笔画本身简明扼要地描绘了某些事物的结构和特征，这是无可厚非的。但问题是，儿童在学习简笔画的过程中，学到的是别人已经"嚼过"的东西，这就失去了独立的视觉思考的机会。他们要做的仅仅是用自己的手将别人构思的东西画出来，这里面没有自己的思想和情感的表达。而单纯的思想说教则完全与实践性原则背道而驰。因而，学前儿童的美术教育应注意将手、眼、脑的训练协调一致，使儿童真正得到全面和谐的发展。

第三章

幼儿园美术欣赏及活动指导

第一节 幼儿园美术欣赏

幼儿的美术欣赏是指幼儿被周围自然环境或生活中具有外在形式美的物像或美术作品所吸引，从感知出发，以想象为主要方式，以情感的激发为主要特征的一种艺术经验。这种艺术经验之核心在于艺术欣赏过程中的审美感知、审美想象与审美情感。因而，在艺术欣赏教育过程中，教师应理解这些核心经验，能在实践中敏锐地发现幼儿的经验，并有效地支持幼儿在审美欣赏过程中获得这些核心的审美经验。

一、审美感知

从词源学角度看，"美学"的英文单词是"aesthetics"，它起初的意思是"用感官去感知和领会"，与这个动词相对应的名词是"感知"，其形容词是"可感知的"。鲍姆嘉通在建立自己的美学体系时，参照了这个词的本来意义，并用"aesthetics"来称呼这门学问。因此，如果我们仅仅从"aesthetics"的本源意义上看，"美学"应该是"感觉学"或"感知学"，其含义是"关于感性知觉的科学"。客观事物或艺术作品就是通过审美知觉而成为审美对象的。从这一点，我们可以看出感知在儿童审美心理过程中所处的地位和作用。

产生审美感知的前提是具备审美态度。审美态度的具体形式和关键环节是审美注意。所谓审美注意是指审美态度在碰到具体对象的时候，把注意力集中和停留在对象的形式或结构上面。丰子恺先生称之为"绝缘"。"就是面对一种事物的时候，解除事物在世间的一切关系、因果，而孤立地观看。"这时所见的是"孤独的、纯粹的事物的本体的'相'"。① 布洛曾提出过"距离说"，认为审美知觉的形成就在于欣赏主体与对象保持了"心理距离"，即一种不即不离的关系。它既不会因距离太近而对欣赏对象采取一种实用功利的态度，也不会因距离太远而对欣赏对象漠然视之。加登纳认为，这种"保持与对象的距离而同时又撇开对身体需要的满足而获得对该对象的兴趣"的能力是一种"在大多数动物身上被自身中心知觉的优势所破坏了的能力"，② 这种能力只有人才具有。但审美注意与科学研究中对具体对象的注意不同，它并不直接联结，也不很快过渡到用逻辑思考概念意义，而是更为长久地停留在对象的形式或结构本身，并从而发展其他心理功能如情感、想象等的渗入活动。所以，审美注意的特点就在于各种心理因素倾注、集中在欣赏对象形式本身，从而充分感受形式，线条、形状、色彩、声音、节奏、韵律、变化、平衡、统一、和谐等形式结构方面，便得到了充分的"注意"。这样，审美态度经过审美注意就完成了审美的心理准备，进入了审美感知。

在儿童早期阶段，受心理发展水平的限制，他们有时不能区分现实与幻觉。同样，他们也不能完全自发地像成人那样把注意集中在对象的形式和结构上面，而常常有一种"求实"的心理，即更多地注意对象的内容，而较少

---

① 丰子恺. 丰子恺文集（艺术卷二）［M］. 杭州：浙江文艺出版社，1990：250.
② 加登纳. 艺术与人的发展［M］. 兰金仁，译. 北京：光明日报出版社，1988：88.

注意其形式。例如，父亲把自己认为很可爱的贝壳送给不到一岁的女儿看，女儿连看也不看就把它塞进嘴里。在这里，我们可以看到，父亲对待贝壳是一种审美的态度，这种态度在与对象保持一定距离的同时，又包含了父亲的主观感受在内。而女儿的态度却非如此，她采取了一种"求实"的态度。但如果我们就此断定她完全不能进行审美，这就有点武断了。因为"把东西放入口中"是一岁儿童的典型行为表现。对此，弗洛伊德和艾里克森认为是口腔期的"主动摄入"，我们认为这实际上是早期儿童对世界的基本的适应方式和态度。加登纳把它称作"态式（modes）"。再如，儿童用张手与握拳来对应成人的睁眼与闭眼或张口与闭口，用伸出手指来对应伸出舌头等，也是儿童早期对"态式—向式"（向式是态式的表现形式，但二者间并非一一对应，态式可能有多种向式）行为特质具有敏感性的表现。而一旦儿童对态式—向式特质开始敏感，他便将这种特质与外界任何展示或经验联系起来。也就是说，当儿童默省另一个个体或对象时，他们便把自己的感受或自己所了解到的感受投射到这一个对象身上，并从中找出态式—向式特质。例如，许多幼儿形成了对动物或对特定玩具的情感，很可能就是儿童感到自己与这些对象有许多共同之处。于是他们用对待人的方式去处理这些对象，从这些假人身上找寻人与人之间的安慰和应对，这说明儿童与具有相同态式—向式的对象之间是同构的。在同构过程中，"对象被当作是其他个体的显现来对待了。这样，那些实际上是由其他个体所创造出来的对象——无论是神界的还是人间的——便具有（至少潜在地具有）一种特殊的意义，因为它们不仅显现了态式—向式特质，而且同时它们还是其他个体所做的传达。它们是活的、有生命的，它们以一种自然形成的对象所没有的方式反映出人的思想、节奏等；它们是关于人类生活的、新洞悉的、最有希望的源泉；它们使我们有了通向其他心灵的道路，包括通向不寻常的创造心灵的道路。若要具备领悟创作者与对象之间关系的能力，以及领悟某个个体在其作品中反映他自己及自己知识的方式的能力，那就要从知觉者的知识中去抽取别人的感受与活动、抽取自己的特质与感受才行。所有这些成分在幼儿时期已经得到很大的发展"①。态式—向式起初就是这样由与生俱来的身体动作行为表现出来，并构成了原始的审美活动，然后逐渐地从心理功能向社会与文化经验扩张，直至在符号层面上与外界交流。

具体来说，大约在两岁时，儿童已经能感受到信任、安全、不适、不平衡等普遍化特质，按照艾里克森的观点，这些都是反映态式的向式。而在同时，由于儿童开始接触艺术中的线条、形状、色彩等符号式样，对态式—向式的敏感性就开始主导他们对这些符号的初次经验了。他们在符号活动中开始专注于那些作为态式—向式特征的共同的动态与外形特征。而艺术文本中，恰恰大量地包含了各种普遍特质，它们是富有情感的、有生命力的，以一种自然形成的对象所没有的方式反映人的思想、情感等，当然对于儿童来说，艺术文本中的符号式样即使是隐喻也必须与它们在这一阶段上的特定态式特质相对应，例如，微笑属于亲近、热情和甜蜜的经验，皱眉意味着不舒适与痛苦。这样儿童才能对这些艺术中的普遍特质产生认同，也才能发生同构。而"对形式特质方面提高了的兴趣当然与欣赏者的身份是一致的，当然便是其最终实现的特征"②。艺术家就是一些能在符号媒介里实现那种人们在世界中理解而在自己体内进行体验的态式—向式特质的个体。而根据对儿童的观察、对儿童作品的沉思、对艺术过程之因素所进行的思考也发现："所有的儿童都有艺术家的某些特点，他们从很小的时候便能在某种程度上渗入到审美过程中去。"③

综上所述，儿童所具有的对态式—向式的敏感性，他们强化了的情感以及那种全身心浸入到作品中去的倾向，这样一些特征已经使他们初步具备了作为一个欣赏者所需要的条件。尽管此时的儿童尚不能与对象保持进行审美所需要的适当的心理距离，但这一点并不会严重地影响作为欣赏成员的幼儿，因为他们已经懂得了：美术作品、故事或歌曲只不过是"假的"而已，他们

① 加登纳. 艺术与人的发展［M］. 兰金仁，译. 北京：光明日报出版社，1988：151.

② 同上，420.

③ 同上，226.

已经有了某种解释普遍符号系统的潜力。我们所进行的一系列的艺术教育研究也证明，到了六七岁时，大多数儿童就能明确地区分现实与幻想，他们能按照自己的方式去理解艺术形式，而并不只是把艺术形式看成是现实经验的替代物或对现实经验的模仿。当儿童初步形成审美态度后，此时，他们也就能进行审美知觉了。

在艺术文本的审美欣赏中，审美感知不是纯感性的、单一的感知，而是一种视觉器官，即感受形式美的眼睛，对由欣赏对象的形状、色彩、光线、空间、张力等要素组成的形象的整体性把握，是一种区别于日常感知的、能够揭示事物情感表现性（或审美属性）的特殊感知。它是审美主体的一种积极主动的心理活动。阿恩海姆认为："视觉乃是一种积极的器官。……在观看一个物体时，我们总是主动地去探查它。视觉就像一种无形的'手指'，运用这样一种无形的手指，我们在周围空间中运动着，我们走出好远，来到能发现各种事物的地方。我们触动它们，捕捉它们，扫描它们的表面，寻找它们的边界，探究它们的质地。因此，视觉是一种主动性很强的感觉形式，基于这样一种经验，古代有很多思想家描述了视觉中发生的相应的物理过程。举例说，柏拉图在《蒂迈欧》一文中就曾宣称，那种使人的身体保持温暖的、柔和的火焰会变成一种均匀而又细密的火流从人的眼睛喷射出来，从而在观看者与被观看的物体之间搭成一座实实在在的桥梁，这时外部物体发出的光线刺激便顺着这一桥梁进入眼睛，继而又从眼睛到达人的心灵。"[①] 因此，人的视觉是积极主动地进行选择的，它不是对感性材料的机械复制，而是对现实的一种创造性的把握，它意味着捕捉眼前最突出的那些事物及其特征。而"这些突出的标志不仅足以使人把事物识别出来，而且能够传达一种生动的印象，使人觉得这就是那个真实事物的完整形象"，这些形象是"含有丰富的想象性、创造性、敏锐性的美的形象"。也就是说，视觉是一种对客观刺激物进行大幅度改造、积极组织或建构知觉"完形"的能力。这种能

---

① 阿恩海姆. 视觉思维：审美直觉心理学［M］. 滕守尧，译. 北京：光明日报出版社，1987：63-64.

力"不是人类那精密的大脑近期才有的能力，而是在有机体能够寻求外部世界和内部世界的信息时就已具有的一种稳定不变的性质，这就是说，它在低级动物的生存活动中就开始出现了，因而绝不是大脑和意识发展起来之后的产物"①。审美知觉"并不是少数几个天才的艺术专家特有的，而是属于每一个心智健全的人"②。

与成人相比，儿童不仅有天真而单纯的心灵，也有为生存而进化出来的新鲜的知觉系统，有未受理性思维影响的目光，有接纳不相容联系的目光，有接纳那种突然降临到心灵中的意象的目光。并且从出生起，他们的目标就对准了或集中于周围环境中那些可以吸引他们的事物及其美好的特征与属性。比累尔的研究证明："儿童很早就使用童话所要求的那种没有现实性的正确定向，他们能够全神贯注于别人的丰功伟绩并追随童话中的各种形象的变换。……他们在进入注重实际的发育时期后便丧失这种能力，直到晚年又重新恢复……"。③ 儿童的这种审美知觉能力使得他们总是选择那些对于他们来说富有审美意义的形象及具有结构特征的对象作为自己的审美对象。他们的审美知觉对杂乱无章或井然有序的存在物具有一种直觉的整合作用——以他们自己的审美原则，即一种情感原则来重新呈现对象，使之成为以某种表现性为灵魂的有机统一体。在这个过程中，儿童将自己的审美趣味当作在知觉层面上剪裁对象的尺度。于是与他的审美趣味吻合的部分就被突出夸大，而与其审美趣味无关的部分则被淡化，乃至忽略。这种整合，我们也可以在儿童的绘画作品中看到。作为一种能力，这种对审美对象的主动性是构成儿童审美知觉的重要因素。这样，在儿童眼里，形成审美知觉的那些色彩、线条、形象等就活了起来，成了发出某种"儿童自己声音"的生命存在。

从审美对象角度看，艺术文本自身存在着多层次、多角度、互相交织、互相影响的视点。这就决定了任何一个儿童都不可能在某一瞬间一览所有视

---

① 阿恩海姆. 视觉思维：审美直觉心理学 [M]. 滕守尧，译. 北京：光明日报出版社，1987：60.
② 阿恩海姆. 艺术与视知觉：视觉艺术心理学 [M]. 滕守尧，朱疆源，译. 北京：中国社会科学出版社，1984：7.
③ 维果斯基. 艺术心理学 [M]. 周新，译. 上海：上海文艺出版社，1985：343.

点的内容，而只能暂时选取其一，并不断转换与整合。这样，从动态过程的某一个剖面来看，儿童在某一时刻所选取的视角就构成了他的"主题"。对儿童来说，欣赏主题（包括形式和内容两方面）的出现，就意味着儿童在积极主动地选择审美对象或把某一审美属性作为感知的对象。

（一） 儿童的审美知觉内容是情感表现性

让我们先来看一看六岁女孩黄欣对毕加索的作品《和平》的解读。

黄欣（女，六岁）

我感觉这个地方非常可怕，	——对整体画面的情感体验
因为这里有好多红点点。	——对感受原因的解释
怎么这匹马会长出两个翅膀呀？	——对形象形式的探究
这里非常吵闹，	——对画面意境的想象
有些人在弄吃的东西，	——对形象动态的想象
有个人拿着一个鸟笼子，有个人还在吹笛子，	
	——对形象动态的感知与想象
有一个人玩顶球。	——对形象动态的想象
这里一大块黑色的地方像一个黑房子。	
	——对画面色彩的感知和想象
这些人在黑房子里很害怕。	——对形象情感的想象
这些人在逃走，	——对形象动态的感知与想象
因为他们很害怕。	——对形象的情感的想象
这个小孩都要跌倒了。	——对形象动态的感知与想象
这是什么呀？	——对形象的探究
我感觉这是太阳。	——对形象的想象
太阳怎么变得这么奇怪？	——对形象形式的探究
这里弄出一个非常大的牌子。	——对形象的想象性感知
哦，可怕！可怕！（幼儿抖动头做可怕的表情）	
	——对画面气氛的感受

首先，黄欣一开始就凭自己的直觉认为，这个文本表现了一种"可怕"的情感。随着读解的继续，黄欣先从文本的内容上认为，画面上的一些人因为害怕而要"逃走"，因为害怕而身体扭曲得"要跌倒"，并用两个对形式探究的问题——"怎么这匹马会长出两个翅膀呀?""太阳怎么变得这么奇怪?"——来表示画面"可怕"的由来。再从文本的形式方面即色彩方面认为，画面上一大块黑色是代表了一间"黑房子"，画面上的许多"红点点"具有一种使人害怕的力量。这就是说，这幅作品之所以使黄欣感到"可怕"，是因为画面上的这些形式与形象所代表的力的式样与她心理上的那种关于可怕的情感产生了同构。最后，她用自己的动作和表情来表现自己已经实实在在地感到了"可怕"这一情感的存在，仿佛自己就是画中人物。加登纳说："只有当他的感受以赋予意义的方式被感染时，他与艺术作品之间的关系才得到了完善。"[①] 我们认为，黄欣在与毕加索的《和平》这一艺术文本交往的过程中，深深地感受到了"可怕"这一情感表现性，并将自己完全融入文本之中去了。

这里所谓的情感表现性，是指审美对象的组织所产生的动态过程在黄欣心理上的情感对应物。它既不完全是审美对象的属性，也不完全是黄欣主观赋予对象的属性，它是在黄欣与审美对象的相互作用过程中，对象的结构属性与黄欣的情感达到交融时所产生出来的一种结果，是同构的结果。情感表现性产生的基础是张力，"取决于我们在知觉某种特定的形象时所经验到的知觉力的基本性质——扩张和收缩、冲突和一致、上升和降落、前进和后退等"[②]。当人们说松树具有不屈、挺拔、阳刚等表现性，柳树具有婀娜、阴柔、飘逸等表现性时，实际上是松树向上的力和柳树向下的力的形态在人们心理上所产生的对应物。也就是说，情感表现性特征是知觉式样本身所固有的力的式样与主体的心理情感式样相互作用的结果。杜夫海纳认为，人的心灵深处具有一种独特的、先验存在的情感特质，它具有三重规定性。第一，

① 加登纳. 艺术与人的发展 [M]. 兰金仁，译. 北京：光明日报出版社，1988：99.

② 阿恩海姆. 艺术与视知觉：视觉艺术心理学 [M]. 滕守尧，朱疆源，译. 北京：中国社会科学出版社，1984：640.

这种先验的情感特质存在于审美主体之中，是主体向对象开放并预先决定其感知的某种能力，亦即使人成为审美主体的能力。第二，它也存在于对象之中，是对象的构成因素，是"与我们的语言无关的、无法表达的，甚至无法认识的、封锁在作品本身之中的一种思想"，而"作品的整个世界只有通过情感特质才有统一性，才有意义。可以说情感特质激起作品，用作品来表明自己"。因此，情感特质使客体成为审美对象。第三，这种先验的情感特质本身可以成为一种认识与审美的对象。总之，这种情感特质是一种先验存在，它既表征客体又表征主体，既构成主体又构成客体，既先于主体又先于客体。它只能在与一个经验有关时才显示出来。就是说，当对象的情感特质与主体的情感特质形成对应时，这种情感表现性就显示出来了。但是面对相同的审美对象，不同的儿童所知觉到的情感表现性可以是千差万别的。例如，以下是几位六岁儿童同样在面对毕加索的《和平》时的反映。

> 葛梦捷：有魔法的童话世界。
>
> 金姗姗：农民的伤心生活。
>
> 诸世杰：大人和孩子玩游戏的开心生活。
>
> 张　征：要饭人的悲伤生活。
>
> 黄　欣：一个可怕的地方。
>
> 巨飞跃：这幅画太乱了，像在打仗。

这是因为，由于儿童还没有接纳文化的范畴系统，而且儿童本身的情感发展较之其理智的发展更占优势，所以他们在知觉艺术文本时，必然持更加开放的态度。尽管有些儿童也试图借用一些现成范畴，但在情感表现性的知觉上他们比成人似乎更为显著。而成人则不同，比如一位成人在面对《和平》时，他所做的不是对文本本身的解读，而主要是对作品在艺术史与艺术教育中的价值进行判断。还有一位成人，她所关心的是这幅画是谁画的，是什么流派，是怎么画出来的。而这样一些问题实际上与情感表现性无关。究其原因，阿恩海姆说得好，"由于我们总是习惯从科学的角度和经济的角度去思考一切和看待一切，所以我们总是要以事物的大小、重量和其他尺度去解释它们，而不是以它们外表中所具有的能动力来解释它们。这些习惯上的有用和无用、敌意和友好的标准，只能阻碍我们对事物的表现性的感知，甚至使我们在这方面不如一个儿童或一个原始人"①。

在一项研究中，给予从三岁到成年的被试成对的刺激物，比如两块色块或两根线条，要求他们将这两个刺激物与某一组反义词（比如快乐与悲伤、喧闹与安静、坚硬与柔软）相搭配（直线坚硬、曲线柔软；粗线条吵闹、细线条安静；黄色快乐、紫色悲伤）。结果表明，学前儿童也能够很好地完成这项任务。② 在另一项研究中，研究者要求幼儿匹配"枝繁叶茂、茎叶呈放射状"的树和"弯腰驼背、浑身无力"的树与高兴、伤心之间的关系。大多数幼儿能完成这项任务。这表明，当把线条融合在形象中时，幼儿能感受到其中所表达的情感。在笔者自己的研究中，我们也发现，当成年人有意识地引导幼儿去理解蒙德里安的《百老汇爵士乐》时，一些幼儿能说出它表现了运动，因为"许多小格子像彩灯一样，一直在不停地换颜色，感觉在动"；而另有幼儿说这幅作品表现了"热闹的大街上"。而在对蒙德里安的另一幅作品《红黄蓝的构成》的欣赏中，当教师问道："如果把画面上的一块黑色去掉的话，你会有什么样的感觉呢？"幼儿表示："会跌倒的。"并同时做出身体倾斜、跌倒的样子。也有幼儿表示："现在这样很平稳，不要去掉。"或者："如果这个正方形是圆形的话，就会滚下来。"所以，欣赏"伟大艺术的快乐就是领略那种由艺术创造的具有全部表现力的或美的形式"，因为"优秀艺术的标准就在于它有把握人的思维和表露一种人们信以为真的情感的能力"③。

笔者曾经做过这样一个测试：在不告诉儿童绘画作品名称的情况下，要求 36 名六岁儿童先欣赏毕加索的油画作品《格尔尼卡》，然后给它起个名

① 阿恩海姆. 艺术与视知觉：视觉艺术心理学 [M]. 滕守尧，朱疆源，译. 北京：中国社会科学出版社，1984：626.
② 温诺. 创造的世界：艺术心理学 [M]. 陶东风，等，译. 郑州：黄河文艺出版社，1988：128-129.
③ 朗格. 情感与形式 [M]. 刘大基，傅志强，周发祥，译. 北京：中国社会科学出版社，1986：471.

字。结果表明，除了 9 名儿童表示取不出名字外，其余儿童为《格尔尼卡》这幅画起了如下的名字。

1. 黑暗空间
2. 魔鬼画
3. 破坏世界的地方
4. 乱糟糟的世界（4）
5. 大战斗
6. 快爆炸的灯泡
7. 刀·牛·头
8. 妖魔鬼怪（2）
9. 战争画
10. 古代的战争
11. 在黑暗中生活的小孩
12. 乱乱的画
13. 黑暗之星
14. 狼吃人
15. 地道
16. 恐怖世界
17. 奇怪王国
18. 黑暗的世界
19. 三国演义
20. 骨头
21. 黑白画
22. 人和马在山洞里
23. 形象世界

注：名字后括号中的数字表示有几人起了同一个名字。

以上所列名字虽然不尽相同，但我们可以看出，这些名字表明儿童基本上知觉到了大致相同的情感表现性。

因此，虽然儿童在自发的状态下更多的是通过内容来感知文本的情感表现性，但实际上，在艺术中，形式就是内容的存在方式。内容之所以成为内容，是因为它具有了形式。苏珊·朗格就认为艺术形式是有表现力的情感符号，所以，即使在自发的状态下儿童更多地关注艺术文本的内容，我们也可以说，儿童是在对艺术文本形式的直觉之支持下知觉到了艺术文本的情感表现性。

（二）学前儿童的审美知觉主要是一种完形知觉

"完形"是德文"Gestalt"的意译，其音译为"格式塔"，它是指经由知觉活动组织或建构起来的经验中全新的整体。最成熟的格式塔，即人们常说的多样统一的"形"，是生命力和人类内在情感生活的高度概括，而且是它们的最真实和最本质的反映。由于它蕴含着紧张、变化、节奏和平衡，蕴含着从不完美到完美、从不平衡到平衡的过程，因而，就情感刺激力来说，它们大大超过了那些简单而又规则的格式塔。人们在知觉这样的格式塔时，一种"完形压强"的趋势使得其内在感受从紧张到松弛、从追求到和谐，形成心理的自我调节。完形知觉是一种识别事物的外形或形状的潜在能力，它能使个体识别出事物及其细节，而不论其大小、方向或背景如何。这种潜在能力是当个体识别一事物时与对这一事物的体验同时产生出来的。完形知觉为个体开展艺术审美活动创造了前提。

在早期儿童那里，其定向知觉、偏向知觉都已达到较为成熟的水平。我们先来看一看早期儿童的一些偏爱反应。

在形状视觉方面，在最初的六周里，清晰、复杂的，尤其是黑白对比鲜明的轮廓外形会吸引婴儿，即此时的婴儿会把视觉集中到物体的外形或轮廓上；在约第二个月时，婴儿的视觉偏移渐渐集中到所观察物体的中心区域。在偏爱形状上，向婴儿呈现一个圆形和一个横条形时，婴儿表现出注视圆形的偏爱。范茨给1—15周的婴儿看几对模式图：线条图和靶心图、棋盘图和正方形图、交叉十字图和圆形，每对在形状和复杂程度上都有不同。这个研究发现，婴儿对各对模式注视的时间有显著差异：他们注视靶心图和线条图的时间最长，而对后几对简单的图形注视的时间较短；婴儿最喜欢看靶心图，对棋盘图的注视时间超过正方形图。从四周到六个月，婴儿有一种爱看人脸上部的偏好。即使是一个椭圆上准确标示出的"眼点"，也比一个单纯的椭圆或非脸部图形更吸引婴儿。

在深度视知觉方面，吉布森和沃尔克的视觉悬崖实验发现，五个月以后的婴儿不仅已具有深度知觉，而且就平面与立体物体而言，他们表现出更爱看立体的而不是平面的东西。

在颜色视觉方面，起码的颜色视觉在出生后很短的时间内就出现了。斯塔普利斯为婴儿呈现了两个亮度相等的圆盘，但一个是彩色，另一个是灰色的，以测量婴儿对它们的注视时间。结果表明，对于彩色圆盘的查看行为持续时间明显较长。三个月大的婴儿注视彩色圆盘的时间差不多是注视灰色圆盘的两倍；四个月的婴儿，其颜色感知能力已接近成人水平，他们更容易被纯度高的色彩所吸引。相对于黄色和绿色，婴儿注视红色和蓝色的时间要长些。奥斯特等人和沙勒采用"偏爱法"的研究证实：颜色的色调（而不是明度）是婴儿辨别颜色的主要因素。伯恩斯坦等人的研究表明，即使在同一颜色的波段内，婴儿也像成人一样更偏爱波段中心的颜色（即纯度高的颜色），而不是两边临界的颜色。班克等进一步发现，引起婴儿视觉注视的是图像的明暗交替模式或轮廓。在图像识别中，婴儿对明暗交界的差异特别敏感。他们采用了多种黑白相间的格子或条纹图像进行测试，发现婴儿偏爱有明暗对比或颜色对比鲜明的图像，而不喜欢空白条纹、无明度对比和单色的图像；他们还不能把过于细密的明暗差异辨认出来，从而只能把这样的图像看作单一明度的或一片模糊的。①

综观上述研究中那些用于测试的式样，不难发现，儿童早期偏爱的式样显然比那些被他们忽略的式样更趋向于一个成熟的格式塔，例如，靶心图之于棋盘图，圆形图之于横条形图，人脸图之于非人脸图，立体图之于平面图，彩色圆盘之于灰色圆盘，纯度高的色彩之于复杂的混合色等。因而，我们也就不难理解，儿童早期为什么偏爱前者而忽略后者。从而我们可以得出这样的结论：儿童出生后，其知觉活动与完形性结下了不解之缘。尽管这些最初的知觉活动还只是一些本能的直觉行为，但这些本能的直觉行为已为日后更高层次的审美活动做好了心理上的准备。

到幼儿阶段，儿童在观看时，面对他一无所知的世界，并不像由一般的经验逻辑所推演的那样，将繁复的对象细节巨细无遗地尽收眼底，而首先是高度概括地"发现"对象的基本结构。幼儿之所以能够把一个人同另一个人区别开来，就在于他能够把握有关人的完形特征了，比如，把人体简化为一种图形：两个圆圈代表眼睛，两条线代表胳膊，再用两条线代表

---

① 孟昭兰. 婴儿心理学［M］. 北京：北京大学出版社，1997：155.

腿——儿童画中的"蝌蚪人"实际上就是儿童的视觉对人体简化的结果。幼儿的视觉经验就是由视觉印象不断地建立起一个个特定的感知图式，而这个一般性的图式就代替了眼前整个刺激物。因此，儿童的审美知觉实际上就是通过创造一种与外在对象的性质相对应的一般形式结构来感知眼前的对象的活动，是一种对于"类特征"的"简化"知觉，一种形成"知觉概念"的活动。

儿童审美知觉的完形性又特别表现在对构成整体的轮廓块面的强调和对引起注意的特征部分的异常敏感。下面以笔者女儿两岁六个月时所作的一幅画（见图3-1）为例，来看她是怎样进行完形知觉的。这幅画表现了她和小朋友一起坐摇船的情景。从画中可以看出，像长方形又像半圆形的图形代表了摇船，两个圆各加两条人字形线代表两个人，线条的交叉代表了两个人是坐在摇船里。我们从摇船的侧面仍然可以看到两人坐着的样子。与这幅画所要再现的复杂事物相比，画本身是相当粗糙、简单的。然而，它展示的是心灵对所要再现题材的完整结构特征的自由发现。画中的摇船不是眼睛所见的摇船，而是一种支撑人体的"座架"，这一"座架"与两个圆形物之间似乎是一种支撑者与被支撑者的关系。这就是说，在这个两岁半幼儿的"陈述"中，包含着种种"知觉概念"，这幅图画是在直接经验的驱使下创造出来的，却又通过形状、关系和功能中的某些突出特征达到对题材的抽象性表现。因此，这幅线条画的形式，与其说来自摇船和人的个别表象，不如说来自代表"一般性概念"的"纯形状"。它展示出在一个儿童的心目中那些能代表"坐摇船"的最重要的特征——人坐在摇船里，下面有支撑物。虽然这幅画是高度概念化的，却又完全来自对感性世界的敏锐观察和解释。它对客体的某些特征做了整合，却又没有完全脱离视觉所能接受的范围。也就是说，在这个两岁半儿童的绘画中，已显示出她对审美对象的完形知觉。加登纳的研究也表明，在儿童时代的早期，其知觉系统有着极强的适应性，他们具有做出极细微识别的引人注目的能力。

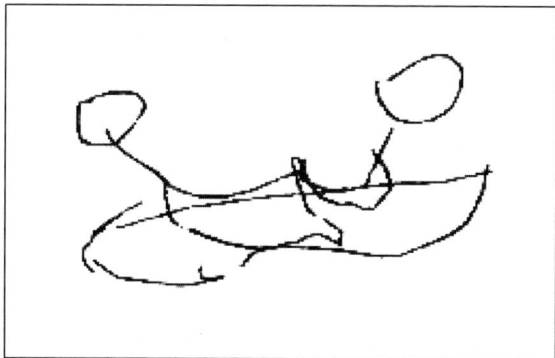

图 3-1　坐摇船

　　而在对一个视觉艺术文本的解读中，儿童审美知觉的完形是在知觉过程中通过视点游移来进行的，同时，这种视点游移又有直觉的性质。艺术文本存在着诸多视点，例如创作者视点、内容视点、形式视点，以及虚设的观众视点。在欣赏的每一瞬间，儿童的游移视点都表现为某一特定视点，但并不限于那一个视点，而是不断在文本各视点间游移转换的，而每一转换都显示了一个清晰连接的阅读瞬间，它使诸视点既相互区分又相互联系。在我们记录的儿童对毕加索的《和平》的阐释中，我们已经看到儿童常常有"我感觉这个……""我感觉那个……"的说法，有时是从形式视点到内容视点，有时是从内容视点到形式视点，或者再到创作者的视点等，而这正是儿童"视点的游移"。儿童正是通过游移视点才能纵览整个文本，从一个视点转向另一个视点，最后展开对相互联系各视点的心理整合。这种在游移视点中进行的心理整合是一种"一致性构筑"。也就是说，面对一篇文本的不同符号或图式，儿童试图建立起它们之间的联系，将之整合成一个格式塔。这里，我们可以看出，这一格式塔既不是艺术文本自有的，也不是先在于儿童心目中的，它是文本与儿童间相互作用的产物。在文本信号的导引下，儿童不断地利用自己的心理意象进行复杂的整合。由于儿童所接受的关于艺术与审美的程式与规范较少，他们更多地受潜意识的指引，因此，"这种综合往往发生在意识的阈界之下，常常是在读者非自觉的潜意识或无意识中完成的"①。这是一种"被动综合"，具有直觉的性质。就像杜夫海纳指出的那样："审美经验在它纯粹的那一瞬间，完成了现象学的还原。"② 因而在儿童的阐释中，也就常常出现不符合成人理智逻辑的一种独特思路。这一点，从上面所列举的六岁儿童们对毕加索的《和平》的解读中可以看出。

儿童的审美知觉就是这样：一方面是完形知觉，即对整体的概括性把握，亦即对中心意义的把握；另一方面，是对局部审美要素的情感夸张。这样，局部的审美要素的情感夸张保证中心意义具有完满的充实性，而中心意义使审美对象不仅充满直觉的丰富性，而且成为具有丰满意义的对象。也就是说，任何一种意义都不可能在审美要素范围以外或超出审美要素范围而存在。我曾经做过这样一个有趣的小调查：将斯坦伯格的作品《护照》拿给欣赏过梵高作品的10名六岁儿童看。其中，有两位儿童认为，这幅画"有点像梵高的画"。因为，"这幅画里的线条也是在转转转（儿童边说边用手指画着圆圈），像梵高画的那样"。可见，儿童已能从文本中线条的力的方向方面来感知艺术家的艺术风格。我们的另一项研究表明，在欣赏过马蒂斯、梵高、毕加索、康定斯基的作品后，在别的场合，当儿童们再次面对这些艺术家的作品时，即使这些艺术家的作品与其他艺术家的作品混杂在一起，他们仍然能识别出艺术家们各自不同的风格。他们会说："这是马蒂斯画的。""那是康定斯基画的。"而这种对整体艺术风格的把握就是通过完形知觉乃至更高级的超完形知觉来完成的。

（三）学前儿童的审美知觉具有多通道性

人类的交流与沟通一般通过两种方式来进行：一种是语言交流，另一种是非语言的交流，即所谓"有言之辩"和"无言之辩"。语言交流以自然语言为媒介，只通过一个通道，按照字、词、句的顺序发生作用，大多表达人

---

① 伊瑟尔. 阅读活动：审美反应理论［M］. 金元浦，周宁，译. 北京：中国社会科学出版社，1991：163.

② 杜夫海纳. 审美经验现象学［M］. 韩树站，译. 北京：文化艺术出版社，1992：42.

们的逻辑推理过程，着意于指示功能，具有直指性和明晰性；非语言交流则不以自然语言为媒介，其交流是多通道的，可在瞬间作用于人的视、听、触等多种感觉和情绪，它注重表现功能，能表现出对象的丰富性和寓意性。在心理学里，这种通感又称联觉，是表示各种感觉间相互联系、相互沟通的一个概念。美国心理学家克雷奇指出，在联觉现象中，成长着一种惊奇的感觉相互作用：某种感觉感受器的刺激也能在不同感觉领域中产生经验。

我们先来看一看两位六岁男孩对毕加索的《和平》的阐释。

王为竞（男，六岁）

我看到这匹马可以飞。　　　　　　　　——对形象动态的感知与想象

这个人在跳舞，这个人在吃东西。　——对形象动态的感知与想象

他们好像在开会，　　　　　　　　　——对形象动态的想象

就像有一次我跟我爸爸去开会的样子。——对自己生活的联想

我感觉这幅画里的人很高兴。　　　　——对画面情感的想象

因为树上挂了好多灯，可以发亮。　——对画面情感的原因做想象
　　　　　　　　　　　　　　　　　　　性解释

这匹马像飞马，有个人在后面拉（幼儿做拉的动作）。
　　　　　　　　　　　　——用动作感知形象动态

小朋友在跳绳，　　　　　　　　　　——对形象动态的感知与想象

感觉很高兴。　　　　　　　　　　　——对画面情感的想象

这个孩子的妈妈在吹笛子（幼儿做吹笛子的动作）。
　　　　　　　　　　　　——对形象动态的感知与想象

这个妈妈在跳舞。　　　　　　　　　——对形象动态的感知与想象

他们都很高兴（幼儿摇头晃脑）。　——用动作感受画面整体情感

于仲男（男，六岁）

我感觉这幅画画的是原始人的生活。
                        ——对画面整体意义的直观

这个人在哭，在擦眼泪（幼儿做擦眼泪动作）。
                        ——用动作表示对形象动态的感知与想象

这是个天使，天使一手拿着宝石，一手拿着葡萄。
                        ——对形象及其动态的感知与想象

这个人在吹喇叭。   ——对形象动态的感知与想象

这个人牵着飞马。   ——对形象动态的感知

这边全是蜡烛，点着火，这些人在吃饭。
                        ——对形象动态的感知与想象

这个有点像灯笼。   ——对形象的想象

这个有点像猴子的脸。   ——对形象的想象

这个有点像太阳，变形的太阳，早晨的太阳（幼儿拿着图片正看，
倒看）。   ——对形象的想象

我感觉这个人像拜菩萨（幼儿一边做拜菩萨的动作，一边说：菩萨
保佑啊！菩萨保佑啊！）。
                        ——用动作和语言想象，把自己融入文
                          本中

这个有点像什么呢？   ——对形象的想象性探究

这边和这边有点像黑夜，因为用了大量的黑色。
                        ——通过对色彩的形式分析进行想象

这边有点像绿色的草地。   ——对形象的想象

这个原始人有点像伤心的样子，好伤心啊（幼儿做伤心的表情和擦
眼泪的动作）！   ——用表情动作表达对形象的感受，把自己融
                          入文本中

在上述案例中，我们看到，王为竞在阐释自己的感受过程中三次用动作来表达自己的体验，好像他自己在"拉马"、在"吹笛子"、在高兴得摇头晃脑。而于仲男则把自己当成了画中人，动作、语言同时进行，沉浸在对画面的感受之中，仿佛语言不足以表达自己的感受，还必须用这样的动作来辅助才行。而且，他的这种辅助动作完全是一种不自觉的无意识动作。这一点，我们从前面所引的几个儿童如张征、诸世杰、黄欣的阐释过程中也可以看出。

因此，在对视觉艺术文本的审美活动中，儿童的审美知觉首先表现为儿童的语言与非语言的身体动作、表情等的结合。

我们再看大班六岁儿童欣赏达·芬奇的《蒙娜丽莎》时的描述。

> 韩　震：她的眼睛最美，像会说话。一看就知道，她是一个非常善良的人。
>
> 王晓萌：我感觉她的笑容最美，无论从哪里看她，她总是在朝着我笑，心里感觉甜甜的。
>
> 卞天一：她的手最美，像真的一样，很软，真想去摸摸。
>
> 何楚莹：她的头发最美，又黑又亮。我也想摸一摸。

在以上案例中，韩震的感觉"会说话"是视—听联觉；王晓萌的感觉"甜甜的"是视—味联觉；卞天一和何楚莹的感觉是视—触摸联觉。因此，儿童对视觉艺术文本的审美知觉还表现为不同感觉之间的联觉。我自己的一项研究中也出现三岁儿童认为柠檬黄色的油画棒是甜的，而赭色的油画棒则是苦的这样的现象。在日常教育活动中，我们也经常看到儿童手舞足蹈、呜哇有声地借助于动作、语言、表情等来表达自己对审美对象的感受，或者在画画的时候背诵诗歌、唱歌、自言自语地讲故事。一些专题研究文献还证实，有许多儿童报告说看见了音调，听到了视觉式样。也有研究证实，5—10岁儿童能很容易地将光的亮度与声音的响度相配对。这些都说明儿童有着较强的通感能力。

再看我们在前面提到过的一则案例——对蒙克的《呐喊》的解读。

> 教师：让我们来看这一幅画。（出示蒙克的《呐喊》）
>
> 幼儿：啊！（幼儿用手捂住嘴巴，瞪大眼睛）
>
> 幼儿：让我不高兴。（幼儿皱起眉头）
>
> 幼儿：鬼！（幼儿身体向后缩）
>
> 教师：还有什么感觉？
>
> 幼儿：他好像要跌下来了，说："喂，快来救救我呀！"他很害怕。（幼儿用手做呼号状，表情紧张，声音很大）
>
> 幼儿：他嘴巴在喊："啊！啊！"（幼儿嘴巴张得很大）
>
> 幼儿：他的耳朵很冷，就用手捂住耳朵。（幼儿用手捂住耳朵）
>
> 幼儿：我感觉我的耳朵也很冷。（幼儿也用手捂住耳朵）

在这一案例中，儿童充分地调动了他们的各种感觉通道——语言的、表情的、肢体的、声音的，来感受艺术文本的意蕴。

由此可见，儿童对视觉艺术文本的审美知觉中包括了语言交流与非语言交流，表现出多通道性。并且这种多通道性是多方面的，既有表情、身体动作与语言的结合，又有不同感觉之间的联合。与此相似的是，在成人艺术家的身上也存在着这种通感：一些音乐家常说他们沉浸到音乐中之后便会产生剧烈的动觉反应，比如肌肉的牵拉、收紧和有方向的奋进动作。这些动觉反应伴随着他们的音乐经验。类似的情况也发生在文学与雕塑艺术领域的艺术家身上，例如，罗丹在触摸维纳斯雕像时曾有温暖的感觉。白居易在《琵琶行》中写道："大弦嘈嘈如急雨，小弦切切如私语。嘈嘈切切错杂弹，大珠小珠落玉盘。间关莺语花底滑，幽咽泉流冰下难。……银瓶乍破水浆进，铁骑突出刀枪鸣。"诗人把耳朵听到的完全转化为了眼前一幕幕生动的场面：玉珠落盘、鸟语花香、潺潺流水、银瓶爆裂以及刀光剑影的战场。而宋祁的名句"红杏枝头春意闹"，也让人将簇拥枝头的红杏的视知觉表象与儿童群戏嬉闹的听知觉表象联结并沟通起来，充分显示出通感的审美效应。从这一意义上说，儿童与成人艺术家之间有着较大的一致性。而一般成人对于视觉艺术文本，相对地只用单一的视觉通道来进行审美，用语言来交流。

（四）儿童通过审美直觉把握艺术文本的意义

先看我们所录的几位儿童在阐释毕加索的《和平》时所说的第一句话。

> 于仲男：我感觉这幅画画的是原始人的生活。
> 黄　欣：我感觉这个地方非常可怕。
> 葛梦捷：啊！我感觉这幅画把我带到了一个童话世界。
> 张　征：我感觉这些人很穷，在跟人家要钱。
> 巨飞跃：这幅画太乱了，像在打仗。

以上几位儿童都是凭强烈的直觉开门见山给画的中心意义定下了基调：或者是"原始人的生活"，或者是"可怕的地方"，或者是"童话世界"，或者是"穷苦人的要饭生涯"。这就是说，儿童对艺术文本中心意义的把握是通过直觉来完成的。

从表面上看，儿童的这种审美直觉好像是意识的一种"猛然"反应。但实际上，直觉是儿童的意识"省略"了"全部路程"，而他们的无意识在"辛苦"地"旅行"的结果。也就是说，在审美过程中，当儿童的意识还处于休息状态时，其无意识活动却一直在活跃地进行着。它包含着某种审美趋向和要求，当然，这种趋向和要求并不与实用目的相联系，而与儿童所特有的生活经验及事物的外部形式——线条、颜色、节奏、平衡、变化、统一等所给予的整体印象相关。例如，儿童看到飘零的落叶时并不需要在意识中联想这一自然现象可与什么样的主观情绪归为一类，而悲凉哀愁之感就自然涌出。也就是说，当外界客体的整体感性形式结构与儿童自身的心理力场结构一致时，无意识立刻向意识发出信号，于是儿童的意识便迅速做出"直觉"

反应。因此，无意识向意识方向运动的过程可能就是直觉产生的主要机制。或者说，直觉可能是无意识向意识转变的结果。因而审美直觉产生的深层心理机制是外界审美对象的感性形式与儿童已有的先在审美图式相互作用的结果。卡西尔说："美感就是对各种形式的动态生命力的敏感性，而生命力只有靠我们自身中的一种相应的动态过程才可能把握。"① 这里，卡西尔所说的"敏感性"就是一种审美直觉能力。

丰子恺先生认为，美的批评有印象的批评、分析的批评和综合的批评三种形式。印象的批评是感性的批评，而分析的批评和综合的批评则较多地表现为理性的批评。儿童对于美的批评主要是一种印象的批评。他们往往对欣赏对象不加过多的分析和综合，而凭借第一印象，直接依清新、强烈、活跃的感觉来判断欣赏对象是美的还是丑的。这种批评大多是一种直觉反应。

儿童的审美直觉还是他们在审美活动中直观对象感性形式的内在审美意象的一种能力。所以，我们所见的就是儿童在审美反应中的这种开明宗义，直截了当。在审美心理活动中，儿童的审美直觉通过直观来把握表象的心理层，为审美意象提供了具体的时空形式；通过领悟来把握情感的心理层，为审美意象灌注生命意味。当对客体形式的内在审美意象的直观与对情感意味的领悟达到平衡时，儿童就把握到了文本的意义，产生了审美愉悦。

当然，儿童的审美直觉在一定程度上也具有理性功能，但它不同于成人认识事物本质的纯粹理性活动，不涉及真假，而是带有自身特色的对各种艺术形式特征、关系、意味乃至具体事例的直观或洞察。因此，他们的审美直觉具有以下特征：第一，尽管儿童审美直觉的形成非常艰难和缓慢，是人类的集体无意识和他们的个人无意识的长期积累，但它的作用的实现过程却又是短暂而迅速的，几乎是瞬间完成的。就像上述儿童用第一句话就把握了文本的中心意义。第二，由于时间上的迅速性，所以审美直觉的作用的实现形式具有整体性，即儿童以自己的方式直指对象的底蕴。第三，由于时间上的迅速性和形式上的整体性，必然决定了这种审美直觉只可意会，不可言传。

---

① 卡西尔. 人论 [M]. 甘阳，译. 上海：上海译文出版社，1985：192.

第四，由于审美直觉的不可言传性，又决定了它的个体性。于是，我们也就能看到以上几位儿童对同一艺术文本《和平》具有不同的意义和情感表现性的把握。而在具体的感知中，有的儿童把黑色底色上扭动的人物形象看作是在高兴地跳舞，而有的儿童则把他们看作是因为害怕而准备逃走。在儿童的眼里，他们的理解就是正确的理解。

二、审美想象

视觉艺术的欣赏不是靠概念、判断、推理来进行的，而是靠想象来进行的。这种想象被黑格尔称为最杰出的艺术本领。英国批评家艾狄生也说："一个人如果想真能鉴赏一篇作品并能给予恰当的评价，他就得天生有很好的想象力。"[①] 刘勰在《文心雕龙》中有一段话把审美想象描写得淋漓尽致："形在江海之上，心存魏阙之下。神思之谓也。文之思也，其神远矣。故寂然凝虑，思接千载，悄焉动容，视通万里；吟咏之间，吐纳珠玉之声；眉睫之前，卷舒风云之色；其思理之致乎！……夫神思方运，万涂竞萌，规矩虚位，刻镂无形。登山则情满于山，观海则意溢于海，我才之多少，将与风云而并驱矣。"刘勰的话道出了审美想象的特征：第一，审美想象具有自由超越性，它可以打破和超越知觉对象所加给审美感知的某些时空和心理的限制，几近无限展开、自由驰骋的境地。"思接千载""视通万里"即是如此。第二，审美想象具有切身体验性，即当审美主体进入艺术想象的极致或巅峰状态时，几乎可以达到一种如临其境、如见其人、如闻其声、如触其物、如嗅其味的设身处地的境界，并且伴随着极其强烈的情感体验活动。第三，审美想象具有情思一体性，即主体在头脑中已有表象的基础上创造新意象或新形象的过程中，不但伴随着强烈的情感体验活动，而且同时渗透着对文本中心意义的理性认识，从而具有一种情理统一的品格。正是由于审美想象包含了主观情感的心绪、意境、典型，自由而丰满，审美欣赏才有了不确定性、多

---

① 邱明正. 审美心理学［M］. 上海：复旦大学出版社，1993：194.

义性。浪漫派画家德拉克罗瓦就曾经描述道："我们在最有趣的风景前面，只得到视觉的满足？不，我们不仅被风景本身的魅力所吸引，而且还有许多其他印象，这些印象甚至使我们离开对风景本身的观察。"而这种印象的不可阻遏的纷呈正是"同这一时刻的思想情绪有关。这样，我们在不同时候感受到的同一形象，就会产生不同的印象"①。于是也就有了"一千个人看《哈姆雷特》，就有一千个哈姆雷特"的说法。

想象力作为人的一种发展起来的能力，从儿童个体的发展来看，大约在一岁到两岁之间，儿童产生了一次哥白尼式的革命，形成了"客体永久性"。儿童开始认识到客体的存在，这使得他们的表征（representation）和象征功能（symbolic function）的出现成为可能。表征是指信息在心理活动中的表现和记载方式。它既可以是具体形象的，也可以是语词概念的。它不受限于直接的环境，而能构想过去与将来，并能谈论不在场的事物。两岁以后，儿童的表征与象征方式以形象为主。皮亚杰把 2—4 岁称为象征思维阶段。由于有了象征性功能，儿童能凭借意义借来象征意义所指的事物。儿童象征性游戏的产生就是象征功能的标志之一。例如，儿童把一只倒翻的小凳子当成汽车，把一根小棍子当马骑，把一只枕头抱在怀里当娃娃，自己扮演妈妈，所有这些都表明了儿童的象征功能的存在。这说明意义所指的事物已经作为表象存在于儿童的头脑中了。在儿童的绘画中，起初的圆形涂鸦线条被儿童用来代表任何一样事物。逐渐地，儿童对自己的作品加以命名，甚至面对画面上的寥寥几笔能"添油加醋"地讲出一个长长的故事。再以后，儿童能把不在眼前的事物通过想象勾勒出其形象。这说明儿童真正能用符号来表征想象的事物了。也就是说，这时的儿童已经能脱离实物在符号意义上进行自由的想象了。加登纳的研究表明，"儿童获得了运用语言和释读图画的便利之后，他便在关于这些符号的方面表现出强烈的倾向。说得明白些，儿童在每一种知觉到的符号或对象里搜寻含义或参照，他不愿把事物仅当作一种形式或式样

---

① 德拉克罗瓦. 德拉克罗瓦论美术和美术家［M］. 平野，译. 沈阳：辽宁美术出版社，1981：292.

来接纳，而坚持把它称作一只鞋，一条船，称作是爸爸或'某种东西'，甚至讲出一个长长的故事。也就是说，'弄懂了'符号运用的儿童具有称呼和标明一切他所遇到的符号对象的强烈倾向，而且他仿佛设定图画、音调和文字是各自都有其特定含义的"①。也就是说，由于象征功能的形成，儿童摆脱了婴儿时期现实世界的束缚，可以在精神世界里自由地想象了。更进一步地，苏联心理学家纳塔捷认为，幼儿"对想象有高度情绪态度"，他通过实验证明，在作为儿童想象活动的主要形式的游戏中，儿童"并非在理智上强迫自己这样去行动，而是由于津津有味和冲动而行动"②。这说明，儿童是在情感的驱动下进行想象活动的，或者说，儿童的想象活动是伴随着情感而开展的。

象征功能显现的另一个标志是心象的形成。皮亚杰通过自己的观察认为，心象的形成是儿童在心理层面上对形象所进行操作的结果。但它并不像照片一样照实录制，而是一种儿童个人心理调节的结果，它受儿童以前的经验和个性特征的影响。因此，心象与相应的事物之间是有距离的，心象是个性化的。里德认为，心象是思想的"视觉补助工具"，并且这种能力对艺术活动很重要。因此，他强调对心象的研究应是"教育科学许多迫切的需要之一"。③ 在审美活动中，儿童的心象发展成为审美意象。

到幼儿阶段，占据儿童精神世界主导地位的是带有情绪的想象性。这一点表现在他们的"万物有灵"和"万物有情"的特点上。六岁儿童认为太阳、云、雷是有生命的；小草上的露珠是小草伤心流下的眼泪；摆动的钟是它在摇头；笔盒里排列的彩色笔是并排睡觉的小宝宝。儿童就是这样带有强烈的主观意识，把自己的主观想象附加于客观物体之上，将没有生命、没有意识的东西视为有生命、有意识、有情感的存在。这种精神世界里的自由的、个性化的想象为儿童的审美想象做了充分的准备。

① 加登纳. 艺术与人的发展 [M]. 兰金仁，译. 北京：光明日报出版社，1988：203.
② 陈帼眉，冯晓霞. 学前心理学参考资料 [M]. 北京：人民教育出版社，1991：232.
③ 里德. 通过艺术的教育 [M]. 吕廷和，译. 长沙：湖南美术出版社，1993：58.

（一） 学前儿童的审美想象活动是情感化的审美意象产生的过程

先说一下笔者所做的一项小研究。根据彼得罗夫斯基的"想象只有在情景最不确定的那个阶段才积极活动"的观点，我选取了《太极图》（见图 3-2）这样一幅具有"空白与未确定性"的图画，让 10 名幼儿园大班的六岁儿童和 10 名文科四年级大学生分别对《太极图》进行想象，并请他们说出自己想象出的意象。以下便是他们所想象出的意象。

图 3-2 太极图

儿 童	大 学 生
1. 黑眼珠和白眼珠	1. 清与浊的河水
2. 6 和 9 抱在一起 （2）	2. 人脸 （3）
3. 老人的头发和年轻人的头发	3. 昼与夜
4. 抱在一起的两条鱼	4. 一个精灵
5. 大海的波涛在哗啦啦响	5. 两条鱼 （3）
6. 白云从眼前飘过	6. 两个水滴
7. 跳跃的鱼 （2）	7. 海豚
8. 一半涂了颜色、一半没涂颜色的脸	8. 花脸雪糕

9. 两盘颜料

10. 白天和黑夜（3）

11. 花皮球（2）

12. 金鱼

13. 滚动的轮胎

14. 太白金星爷爷

15. 太阳的脸蛋（3）

16. 仙丹

17. 茶杯盖

18. 纽扣（2）

19. 大眼睛

20. 蝌蚪（2）

21. 蛇宝宝

22. 滑滑梯

23. 京剧脸谱上的花纹

24. 剪刀剪了一刀的痕迹

25. 往下滴的小水珠

26. 花盆的底

27. 蝴蝶

9. 两个逗号（2）

10. 旋转的星族

11. 独特的蛋糕

12. 黑底上的白色鱼

13. 有意境的图案

14. 海滩

15. 浪花

16. 字母"S"

注：括号中的数字表示此意象在同一类人中重复了相应的次数。

将以上所列的儿童和大学生对《太极图》所产生的意象进行比较我们会发现，似乎儿童的意象更富于情感性，更为生动，更为丰富多彩，它既有日常生活经验的记忆润饰，又有潜意识的成分。儿童能体会到《太极图》中那种阴阳两极对立与统一的意蕴，例如：黑眼珠和白眼珠，6和9抱在一起，老人的头发和年轻人的头发，抱在一起的两条鱼，一半涂了颜色、一半没涂颜色的脸，白天和黑夜等。他们也能从《太极图》中的"S"形线条感受到它的运动感，例如：大海的波涛在哗啦啦响，白云从眼前飘过，跳跃的鱼，滚动的轮胎，蛇宝宝，滑滑梯，剪刀剪了一刀的痕迹，往下滴的小水珠。当然，成年的大学生对此也有一些解释，例如：清与浊的河水，昼与夜，等等。但是比较而言，儿童在这方面似乎更自由、更无约束。

因此，儿童的审美想象活动就是其个体的赋形活动。这种赋形活动只在儿童的内心完成，而不需外在的媒介。在审美活动中，儿童将自己的生活经验、审美情趣、性格、情感等直接移注于物，通过想象，产生一种独特的审美感受，最终产生一种形象化的审美意象，而不是一个概念。所以，儿童审美想象活动的结果是创造一个"不会像认识真理时那样抛弃感性世界"的"活的形象"。这个"活的形象""不是现实的模仿，而是现实的发现"。① 这个"活的形象"就是审美意象。儿童的这种审美意象的产生也映照了想象一词的原始含义。"想象"来自拉丁文中的单词"imago"，其意之一是"图画""大脑图画"。俄语也体现着同样的联系，表示"想象"的词是"voobrazjenie"，从"obraz"而来，它的意思是"图画"或"想象"。所以，儿童在审美活动中并不是仅仅用眼睛来看，大脑也有其他通往可视图像的道路，它们既通往眼睛所看见的，也通往眼睛看不见的。

儿童审美想象中的这种赋形活动又是一种直觉性质的。就上例而言，在六岁儿童那里，当研究者要求儿童说出想到了什么时，大多数儿童脱口而出，不经过思考就一个个地接连说出了他们所想到的那些意象。相反，在大多数的成年大学生那里，却是先面对着画面做沉思状，然后再说出一个意象，或者接着思考一会儿，再说出另一个意象。这种现象在我们长期的审美教育实践中也常常可以看到。因此，儿童的这种与潜意识相关的直觉，使得他们的审美意象充满了神秘的美感。例如，在上例中，即使儿童与大学生想象出的审美意象都是"鱼"，儿童仍然很浪漫地称之为"抱在一起的两条鱼"，而大学生则简单而刻板地称之为"两条鱼"。我们从下列大班儿童欣赏毕加索的

---

① 卡西尔. 人论［M］. 甘阳，译. 上海：上海译文出版社，1985：32.

《格尔尼卡》时的迅速回答中也可以看出这一点。

  ……

  师：这里可能发生了什么事情？

  幼：来了一群强盗，他们抢东西，还杀人。地上有断了的剑，可能是强盗用的。

  幼：可能房子被炸毁了，我看到楼梯都断了，人掉了下去。

  幼：打仗了，杀了人，还有战马，一定是古代的人在打仗。

  幼：可能有魔鬼来过，这么多人被杀。

  幼：这么黑，也许是小偷没偷到东西，一气之下就把人杀了。

  ……

  而相应地成人对相同的这个问题依然采用的是先静观片刻，再说明这是一幅描绘战争的作品。

  更进一步地，从儿童主体来看，意象的形成过程就是儿童的生命体验寻求内在形式的过程，也就是儿童的主观情意与客观物象交融而成的心理形象。因此，审美意象既是儿童审美体验的呈现物，又是它的强化物。也就是说，儿童的审美意象就是他们得到强化和明朗化的审美体验。因此，在儿童那里，审美意象使生命体验这种纯个人性的心理活动升华为具有普遍可传达性的审美体验。而在成人那里，也许也有审美体验，甚至有强烈的审美体验，但是，已经掌握了语言的成人却表示"只可意会，不能言传"。那么这种从孩提时代起就拥有的能力为什么泯灭了呢？是自然的规律还是教育的失误？这是值得我们深思的。

  儿童的审美意象是"意"与"象"的结合。它借助于象来表意，但意象与表象有区别，表象是感知过的事物在心理上的客观存在，意象是带有情感的表象，是表象的主观化，它融入了主观体验，从而使它的意义不再是反映外物的客观性，而是呈示体验的主观性。但意并非空诸依傍，它蕴含于象之中，离开了象，意就不复存在。有些象具有显著、突出的部分，这可以导致产生有着同样显著特征的意象，比如《太极图》中那条突出的"S"形线条导致儿童产生"剪刀剪了一刀的痕迹"这样一种具有运动轨迹的意象；有些象是另一些形象的凝缩或融合，而这些原来的形象在现实世界中本来是分离着的，比如面对《太极图》，儿童产生"老人的头发和年轻人的头发"这样一种具有对立性的意象。但是这些意象没有知觉的相对稳定的特征，因而，主体的心理活动超越现实世界而进入一种自由的状态。正因为如此，才形成象下之意的不确定性。于是面对同一个确定的象，儿童可能产生具有不同情感表现性的意象。我们看到，面对《太极图》，10 位六岁儿童所形成的意象有 27 类 36 个，而且，他们的意象中的意有着较大的差异，有的是由太极图中线条的流动感联想到的，而有的则是由太极图中的黑白对立、统一联想到的。又如，对《和平》中的同一个妇女形象，不同的儿童产生了不同的意象。

王为竞：妈妈在跳舞。

朱　珠：妈妈在喊她的孩子。

张　征：妈妈在着急地找她的孩子。

于仲男：这个原始人有点像伤心的样子，好伤心啊！

在上例中，意象的象是确定的，但由于儿童自身的联想，使得和这一确定的象联系在一起的事物众多，因而造成意象的内涵具有明显的随机性、模糊性、多义性。然而，唯其如此，意象才具有极大的包容性，有限之象可以容纳、包含丰富的内容，显出无穷的意味；它可以象征、表达某些难以言传之意，还可以超越主体自觉要表达的某种意，从而造成"形象大于思想"的现象。

儿童的审美意象是他们对艺术文本进行审美活动的结果。儿童是在被文本激起的某种情感之下，在特定的情境之中，以他们自己饱含情感因素的有限的生活经验和审美经验去直观和体会画面内容的。所以，就儿童审美意象的发生来说，是"情变所孕"，是情感因素使儿童的审美意象成为有生命的形式。这表明，儿童对文本的直观本质上是一种情感直观，儿童在以情观物的同时，也将自己的感情移入了对象，给对象涂上了浓厚的情感色彩，画面内容被儿童情感化，仿佛能与他们进行情感交流，而最后所形成的审美意象正是儿童审美情感的升华和凝聚，是一种能动人以情、给人以美感的感情形象。这时候，"意"随"象"生，"象"随"意"变。因此，儿童的审美意象中的"象"已非对象的实象，而是蕴蓄、游动于胸中的虚象，是具有表现性的新象。当儿童把《太极图》想象成大海的波涛在哗啦啦响、白云从眼前飘过、跳跃的鱼、滚动的轮胎、蛇宝宝、滑滑梯、剪刀剪了一刀的痕迹、往下滴的小水珠等意象时，难道我们没有从中感受到这种意象所散发出的生动、鲜活的气息吗？总之，以情感为特质是儿童审美意象的基本特征，可以说，换一种情感就换一种意象。所以，在儿童的审美想象活动中，以情感为推动力的想象力必然获得更大的自由，能够突破物理规律的种种限制，跨越时间、空间以及人神、生死之间的重重界限，在自由伸展中创造出令人眼花缭乱的审美世界和奇特的审美意象。康德就说，审美意象就是由想象力所形成的形象显现。因此，儿童的审美意象就是他们自由想象的产物。

儿童审美想象中意象的产生又是建立在儿童知觉的基础上。儿童审美想象所需的表象来自他们的知觉，但这些表象不一定是一次知觉的结果，而可能是无数次知觉的结果。

我们来看一段幼儿园教师与儿童一起欣赏毕加索的《格尔尼卡》时的对话实录。

……

师：妈妈抱着一个怎样的孩子？

幼：头耷拉下来了，眼睛也闭起来了。

师：什么时候小宝宝会耷拉着头、闭着眼睛呢？

幼：一定是睡着了。不，他好像死了。

师：妈妈做了一个怎样的动作？

幼：头抬得很高，嘴巴张得很大。

师：什么时候嘴巴会张这么大？

幼：大喊大叫的时候。

师：这位妈妈抱着自己死去的孩子，会喊什么呢？

幼：老天爷呀！救救我的孩子吧！

是谁杀了我的孩子？我一定要找他报仇。

……

在这一案例中，我们可以看出，事实上，从审美感知开始，审美想象就已经渗透其中了。教师一面引导孩子感知画面上具体的艺术形象，一面顺应着孩子的思路引导孩子们回忆先前的生活经验，一面在已经积累的审美经验之基础上引导他们进行审美想象。可以看出，在这一过程中，孩子的审美情感被充分地调动起来了，他们全身心地投入到画面所表现出的那种情感氛围中，享受着一种审美愉悦。所以，在感知过程中，想象力把审美对象与其天然背景隔开，让它与儿童的内心世界连接起来，从而使儿童的情感与对象的情感统一起来；同时，想象力把儿童的全部生命潜能挖掘出来，使儿童与作者的感性和想象协调起来。这时的想象不仅使视觉形象更加鲜明生动，而且能使感知的形象内容更加丰富深刻。但这种审美想象与审美知觉还是有区别的：知觉是当下呈现的，是向艺术文本的投射；想象是内在的形象化的体验或体验的图像化。想象既非对象的存在，又非对象的呈现，而是创造对象性的东西。想象的创造性使儿童的审美创造能出人意表地诞生新的意象，因而它不是对同一时刻的艺术文本所做出的等值反映。但是，无论想象与知觉有多么大的差距，我们还是可以说，对于儿童来说，想象与知觉具有同样重要的意义，因为它把儿童从刻板的真实再现中解放出来，是创造活动的第一步；它使儿童的审美欣赏活动不只是停留在对艺术文本感性形式的直接感受上，而且能够更加深入地感受到艺术文本的感性形式中蕴含的更为丰富的内在意义。即，儿童的这种审美想象"代表了大脑寻求意义、秩序的努力，它要达到的是理解。……对于孩子来说，在那种创造性想象之中尽情幻想，是深入事物内部的自然道路"①。巴什拉也说："假若我们更多地注意富于诗意的梦想，我们会得到多少形而上学的具体经验。"② 这里所说的富于诗意的梦想也就是我们所说的审美想象。从这一意义上也可以看出审美想象在儿童的成长中所起的作用。

如果我们把这种审美想象与科学想象相比，就会发现，二者有相同之处，但更多的是区别。这种区别表现为：第一，科学想象主要依靠儿童的理性理解力对感知表象材料做出的理性的逻辑判断；审美想象主要依靠儿童的悟性对感知表象材料进行的情感性的价值判断。第二，科学想象对感知表象材料所做的理性判断依据的是主客体关系中客体性的一面，即以儿童所理解的客体的本质和规律为尺度；审美想象对感知表象材料所做的情感判断依据的是主客体关系中儿童主体的一面，即以儿童的愉悦与否为尺度。第三，科学想象的实现过程是一个抽象的过程，即按照一定的逻辑符号组合感知所得的表象材料；审美想象的实现过程是一个具象的过程，审美想象偏向于事物的形式。第四，科学想象最后的效应往往是科学的预测或假设，它具有客观的品格；审美想象最后的效应往往是意象的生成，它具有主观性的品格。正如高尔基所说的那样，科学工作者在研究公羊时不必想象自己是一头公羊，但文学艺术家却不然。他虽然慷慨，却必须想象自己是一个吝啬鬼；他虽无私心，却必须觉得自己是个贪婪的守财奴；他虽然意志薄弱，却必须令人信服地描

---

① 布约克沃尔德. 本能的缪斯：激活潜在的艺术灵性 [M]. 王毅，孙小鸿，李明生，译. 上海：上海人民出版社，1997：37.

② 巴什拉. 梦想的诗学 [M]. 刘自强，译. 北京：生活·读书·新知三联书店，1996：18.

绘出一个一直坚强的人。

另外，如果我们单独将儿童的想象与成人的想象比较一下，可以发现，儿童想象中的主观情感成分更多一些，更接近于审美想象；而成人的想象则更接近于科学想象。

我们在研究中还常常发现，儿童在表达自己的感受时存在脸憋得通红、说话不太流畅的现象。因此，我们认为，儿童在审美过程中内心所产生的审美意象与儿童的口头语言所表达的意象可能存在一定的距离，前者可能要丰富和生动得多。因为儿童受其语言发展的限制，所以在表达自己的心声方面可能存在着"心有余而力不足"的现象。正如康德所言："没有言语能够完全企及它，把它表达出来。"[1] 加登纳在研究中也发现了与此相类似的情况，他说："儿童对艺术形式的感受性，表现在其自己作品中的远比表现在他们对别人作品之知觉中的要明显得多。这也许因为，一个儿童，他要想在作品中获得平衡、和谐或节奏效果，便只需运用符号媒介就行了；而他对别人作品中这些特质的知觉，只有通过说话的方式才能表达，这是个文字的'中介审美任务'，比简单的实践要求得更高些。"[2] 因此，我们有理由相信，随着儿童的语言的发展和生活经验的增加，儿童在审美活动中产生审美意象的潜力还很大。

（二）学前儿童审美想象中的"神与象游"

我们先来看一看六岁男孩乐翰和于仲男在对毕加索的《和平》做解释时的表现。

---

① 康德. 判断力批判 [M]. 宗白华，译. 北京：商务印书馆，1996：160.
② 加登纳. 艺术与人的发展 [M]. 兰金仁，译. 北京：光明日报出版社，1988：148.

乐翰（男，六岁）

我感觉有点舒服，有点不舒服，

　　　　　　　　　　　　——对整幅画的审美感受

因为这边是彩色，这边是深颜色。

　　　　　　　　　　　　——用对色彩的形式分析解释感受原因

我看到好多人，　　　　　——对形象的感知

我们玩的时候也是这样。　——对自己生活的联想

我看到一匹马，　　　　　——对形象的感知

我感觉就骑在这匹马上。　——把自己融入文本之中

我还看到一个太阳，　　　——对形象的感知

我感觉很热。　　　　　　——用视觉和肤觉之联觉感受情感表现性

这边有棵树，　　　　　　——对形象的感知

他们在吃果子，　　　　　——用动作反应来想象性感知形象动态

果子真好吃（幼儿边做吃的动作边摇头晃脑)！

　　　　　　　　　　　　——把自己融入文本之中

于仲男（男，六岁）

……

我感觉这个人像拜菩萨（幼儿一边做拜菩萨的动作，一边说：菩萨
保佑啊！菩萨保佑啊!)。

　　　　　　　　　　　　——用动作和语言想象，把自己融入文本中

这个有点像什么呢?　　　——对形象的想象性探究

这边和这边有点像黑夜，因为用了大量的黑色。

　　　　　　　　　　　——通过对色彩的形式分析进行想象

这边有点像绿色的草地。　　　——对形象的想象

这个原始人有点像伤心的样子，好伤心啊（幼儿做伤心的表情和擦眼泪的动作）！

　　　　　　——用表情动作表达对形象的感受，把自己融入文本

　　面对艺术文本，乐翰首先表达了自己对文本的感受——"有点舒服，有点不舒服"。随着读解的深入，他"看到好多人"，于是，乐翰"跟着"这些人逐渐地进入了他们的世界，并随着他们一起周游，一起活动，"看到一匹马"后，就感觉"骑在这匹马上"；"看到一个太阳"，而这太阳已经把自己晒得浑身冒汗，于是他"感觉很热"；看到"他们在吃果子"，自己也"加入了"吃果子的行列，并且觉得这"果子真好吃"，因而吃得津津有味。而当于仲男感觉画面形象像"拜菩萨"时，他立刻摇身一变，成了画面形象，双手合掌，做出拜菩萨的动作，同时嘴里念念有词："菩萨保佑啊！菩萨保佑啊！"在这里，乐翰和于仲男两人已经完全把自己融入了文本所描绘的情景之中，实现着"神与象游"。

　　我们再看六岁男孩杨鑫远对蒙德里安的绘画作品《百老汇爵士乐》的读解。

杨鑫远（男，六岁）

这幅画很好看。　　　　　——对画面主题的感受

因为它的颜色很丰富，五颜六色的，搭配得很好看。

　　　　　　　　　　——从形式分析的角度说明原因

这些小格子像一家一家的商店， ——对形式进行自身经验的联想

有卖冰淇淋的，有卖衣服的， ——进一步对形式进行经验的联想

很热闹。 ——对想象中的意象的感受

这是大楼房， ——对形式进行自身经验的联想

这是长长的马路， ——对形式进行自身经验的联想

还有停车场。 ——对形式进行自身经验的联想

噢，车开进来了！ ——将自身融入文本之中

嘀嘀——（双手做握方向盘的动作）

——进一步用动作参与融入

面对《百老汇爵士乐》这幅作品，杨鑫远首先在直觉层面上表达自己的感受——"这幅画很好看"。接着，他从色彩这一形式要素分析了好看的原因，那就是"颜色很丰富，五颜六色的，搭配得很好看"。然后，杨鑫远面对画面，把自己的经验投射到画面的布局上，认为画面上的色块就是他经验中的"卖冰淇淋的""卖衣服的""一家一家的商店"，还有"长长的马路"和"停车场"，而且他自己就将"车开进来了"。这番描述，让人感觉自己正经历着杨鑫远曾经经历过的那一幕幕情景，仿佛已看见他开着汽车进入停车场。这中间，我们可以看到杨鑫远逐渐地从一个局外人转变为一个局内人，而这种转变是在杨鑫远自己不知不觉的过程中进行的。这时候的杨鑫远"逍遥于天地之间，而心意自得"（庄子），或如杜夫海纳所言："我在世界上，世界在我身上。"[①] 也就是实现着"神与象游"。

所谓"神与象游"是指审美活动中，个体的情意伴随着具体可感的形象而不受时空的限制，"观古今于须臾，抚四海于一瞬"。这种"神与象游"境界的存在须以审美注意的形成为前提。英伽登把它称为"预备情绪"，是指在对某个实在对象的感觉过程中，我们会为一种或许多特殊性质所打动，或

---

① 杜夫海纳. 美学与哲学 ［M］. 孙非，译. 北京：中国社会科学出版社，1985：33.

者最终为一种格式塔性质所打动，从而在我们身上唤起一种特殊情绪，我们姑且称它为预备情绪，因为正是这一种情绪引出了审美经验的过程本身。有了这一种预备情绪，个体就摆脱了对对象的功利要求和关心，与对象从现实的我—它关系，转而进入理想的我—你关系。这是个体与对象之间真正意义上的相遇。当梦想把梦想者带往另一个世界时，就使梦想者成为异于他本人的另一个人。然而这另一个人仍然是他自己的化身"，这时，"人看花，花看人。人看花，人到花里去；花看人，花到人里来""窗外竹青青，窗间人独坐，究竟竹与人，元来无二个"。

早期儿童心理发展的"自我中心"和思维的形象性特点决定了他们的审美想象可以达到这种"神与象游"、物我不分的境界。皮亚杰认为，早期儿童的发展经历了两个阶段：一是对自己和经验不加区分，他们觉得一切事物都与自己一样具有相同的心理（4 岁以前）；二是认为只有活动着的对象才有生命和心理（4—6 岁）。在审美王国里，儿童着迷于一切能激起他们情感的、生动的形象，向这些形象灌输自己的热情和生命，在其中，他们发现了自己的世界，还增添了与这些艺术形象同样生动的形象：一顶小帽子变成了一位亲爱的老朋友；一颗小石子变成了一个会跳舞的小姑娘；一根小棍子会射出一连串的子弹……在这个王国里，他们逃避现实的束缚和成人的限制，现实生活与想象世界间的界限被抹去了。里德说："我们有理由相信有些儿童的这种能力很高，他们似有数年的时间不辨主观和客观的世界。""幼童高兴召唤意象：军队游行、马戏团、火车旅行，甚或家常的情境，常会使他萦念数天、数周，给了他游戏活动最高兴趣的材料。有时很不容易说服他不要信这些生动的意象是真实的，他对这些意象的反应都同样地认真，就像是对真的刺激情境一样——他会为意象中的野兽而惊恐，他会与想象的游伴兴高采烈地玩上几小时，他会专断地坚认他最虚幻的想象是真实的。这种假感觉的经验使他能以自己的方法在自己的时间内'研究出'包含在刺激情境中反应的各种可能性。"[1] 因此，儿童极易进入审美状态，他们常常把自己的内在情感

---

① 里德. 通过艺术的教育 ［M］. 吕廷和，译. 长沙：湖南美术出版社，1993：75.

投射到外在对象上，形成一种物我不分的境况，觉得自己就是对象，对象就是自己，在似现实又超现实的境界中生活、体验、分享，实现"神与象游"，物我为一，获得审美享受。正如本节中儿童在欣赏毕加索的《格尔尼卡》时的状态，儿童叫着："老天爷呀！救救我的孩子吧！是谁杀了我的孩子？我一定要找他报仇。"难道我们的眼前所浮现出的不是一位抱着自己死去的孩子的母亲悲愤欲绝的样子吗？所以，"当这种想象力得到充分的发展，把他自己体现在小巧的艺术作品中，或者把外在世界加以生命化并加以改变的时候，我们认为，这就是儿童美感经验中最富有特征的东西"①。

从艺术文本来看，文本自身是开放的，审美为儿童提供了一个潜在的空间，"在里面"和"在外面"的区别模糊了，事物和人的世界以一种变动着的客体的面貌呈现在儿童面前，画面形象时而是一位外在的"朋友"或"客观的东西"，时而又明显地代表儿童自己，而有时则同时兼有二者。即，这种变动着的对象既是被发现的实在，又是被创造的象征（符号）。当二者在儿童头脑里显得不可分离时，他们便相信，这是真实的。

但同时，儿童那还没有完全成熟的"求实"的审美态度，又使得他们常常不由自主地在自我与对象之中"走进走出"。当儿童完全投入到"里面"时，他就变成了艺术形象，感受形象的喜怒哀乐，将形象的思想作为自己的思想带入前台；当儿童"在外面"时，他自己的个人倾向与经验就构成了他现时思考的背景，并时而跃入他的脑海中。但这种"走进走出"并不是儿童有意而为之，还是一种不自觉的"物我两忘"，在他们心目中，自我与对象本来就是一体的。儿童就是这样，在审美世界的前台和背景之间轻松地化入化出，实现着各种角色的转换，成为这个特定世界的主宰，充分实现着自己的主体性。唯其如此，也才使得儿童的审美显得更加丰富而又鲜活。

从上述案例中我们可以看出，儿童在对画面的审美理解中形成了"局内人"和"局外人"两个层次。在乐翰那里，当他是"局内人"时，他感觉"就骑在这匹马上""感觉很热"；当他是"局外人"时，他就想到"我们玩

① 李斯托威尔. 近代美学史评述 [M]. 蒋孔阳，译. 上海：上海译文出版社，1980：11.

的时候"。在于仲男那里，当他是"局外人"时，他探究画面人物形象的动态是怎样的，而一旦识别出来后，自我马上与对象合二为一，体验着对象的情感与思想。而这样两个层次的相互作用对于儿童自我意识的提高起到了非常大的作用。而就成人而言，他们中的大多数人在面对艺术文本时，表现为一个明显的局外人。比如有人面对蒙德里安的作品表示"看不出什么东西"。甚至有人说："不就是几条线、几个色块吗？这也叫大师的艺术作品？"他们丝毫没有将自己与艺术文本融为一体的倾向，甚至可以说，大多数的成人已经很难进行审美活动了，他们只习惯于功利性的理性思考。

三、审美情感

查尔斯·摩根曾描绘过戏剧爱好者在观赏戏剧时的情形："在剧场中，每个戏剧爱好者都会时刻意识到存在着一种至高无上的统一，一种神秘的力量，一种先验的和紧迫的，可以说浮动在舞台和观众之上的幻象……观众都被赋予一种与自己常识不符的想象，一种转化和欣喜若狂的感觉。对这种幻觉所抱的希望就是欣赏戏剧时的兴奋，而对这希望的感受就是欣赏戏剧的最大收获……我们一次又一次地失望……但是，戏剧爱好者的那种执着的期待或其中一部分又时而能够得到满足。他的感受过程总是这样的——先是震惊，然后是内心的沉静，随之又是一种使观众发生变化的影响。发生变化的是观众本人，而不是他的观点。这种巨大的冲击既不是理智上的说服，也不是感官上的欺骗……而是全部戏剧活动对人的灵魂产生的影响。人们被征服了，被改造了。"[①] 在这里，查尔斯·摩根深刻地揭示了审美情感的价值与地位。也就是说，情感是整个审美心理要素发挥作用的基础，主体依赖于情感，才使得审美活动相对区别于其他活动获得自己的规定性。因为，"审美情感是一种无所不在的'令人兴奋'的情感，是欣赏优秀艺术时被直接激发出来

---

① 摩根. 戏剧幻觉的性质. //朗格. 情感与形式［M］. 刘大基，傅志强，周发祥，译. 北京：中国社会科学出版社，1986：46.

的，是人们认为艺术应当给予的‘快感’”①。因而“任何一种不考虑个体感受的关于艺术的讨论都有可能完全歪曲所研究的现象”②。审美情感的这种独特的地位和作用，决定了它在整个审美心理活动过程中广阔的涵盖域。第一，作为一种动力，它涵盖着审美欲望和审美兴趣，是形成整个审美心理状态的内驱力。没有这样的内驱力，审美态度不可能产生，审美经验也不可能形成。第二，作为一种审美状态，它涵盖着审美感知、审美想象和审美理解，并在其中起着亲和作用。第三，作为一种审美态度，它涵盖着审美判断和审美趣味。一方面它是审美教育的效应，另一方面它又可作为审美价值批评的根据，即审美判断和评价就是一种情感评价。

视觉艺术欣赏中的审美情感和日常情感既有相同之处，即它们都建立在快感的基础上，又有不同之处：首先，审美情感主要是由直接的视知觉引起的，视知觉的快感是最重要的成分，占主导地位，虽然有时也伴随着一定程度的触觉、运动觉、嗅觉、味觉等生理快感，但它们起的只是辅助作用；而日常的情感可以由多种知觉引起，而并不一定是由直接的视知觉引起。其次，审美情感主要与对象的感性形式有关，此时人的心理注意集中在审美意象上，而不是在视觉器官上，它不占有对象，追求的是精神上的愉悦和享受，是有距离的美感，而日常情感则不仅与对象的形式有关，更主要地与对象的物质内容有关，此时心理注意集中在感觉器官上，而不是在审美意象上，它必须占有对象，获得物质上的满足，是一种关系到对象功利内容的无距离的快感。

儿童先天地具有情绪反应的能力。儿童情感情绪的发生比理性认识的发生要早得多，资历也古老得多。对于儿童个体意识的产生来说，情绪是构成意识和意识发生的重要因素。孟昭兰发现，婴儿在出生 2—12 小时中，面部有像微笑的运动，它发生在不规则的睡眠和困倦时，这种反应被确定为自发的与内部状态相联系的反射性释放。出生 1 周内的婴儿对人的高频语言可发

---

① 朗格. 情感与形式 [M]. 刘大基，傅志强，周发祥，译. 北京：中国社会科学出版社，1986：459.

② 加登纳. 艺术与人的发展 [M]. 兰金仁，译. 北京：光明日报出版社，1988：90.

生能辨别的微笑反应，到第 3 周，这种反应就十分明显了。第 5 周以后，婴儿对视觉刺激发生微笑反应。从此以后，最有效地引起微笑的单一刺激就是人的面孔。可以看出，婴儿最初的微笑大多与他的内在因素，例如一般的身体平衡或需要得到满足等有关，而接下来就与他的感知等活动相互作用了。伊扎德也认为，所有的情绪都是生物机制和心理机制的反应，并且受到个体所处环境的文化影响。儿童成长到 1—1.5 岁时，其情绪迅速分化，这时的儿童基本上已具备了愉快、惊奇、愤怒、惧怕、悲哀、痛苦、厌恶等人类的基本情绪，并且每种具体情绪都有不同的内部体验和外部表现。例如：用哭声表示痛苦，以微笑反映愉快，以皱眉、摆头表示厌恶等。随着儿童与外部环境关系的复杂化，其情绪体验也日趋复杂，可以发生在感觉、认知上，意识下、意识上，非语词、语词等多种水平之上，是心理上多水平的综合。大约到 2 岁结束时，一些复杂的社会性情感开始出现，美感随之诞生。到幼儿阶段，儿童对内部自我的体验和对外部世界的体验都在进一步地发展，这些情绪情感的发展，为儿童在欣赏视觉艺术文本时体验审美情感打下了基础。

（一）学前儿童的审美情感是他们移情的产物

我们先来看一看六岁女孩谢敏宜对东汉泥塑《说唱陶俑》的解读。

谢敏宜（女，六岁）

我看了这幅画心里很快乐，　　——描述自己对作品的感受
他心里也很开心，　　　　　　——将自己的心情投射到对象上
你看他正在笑。　　　　　　　——描述形象的状态

有一天，有一个人过生日。

请大家吃生日蛋糕，也请他去吃了，

他很高兴，就开心地笑了。——将自己的生活经验投射到画面内容中

笑得把脚都翘起来了。 ——描述形象的动态

所以我心里也很开心。 ——再次描述自己的心情

在这里，谢敏宜首先表达了自己的直觉感受——"心里很快乐"。接下来，她把自己曾经参加生日聚会，吃了生日蛋糕后的那份快乐心情投射到对象上。于是，在她眼里，一份物质的泥塑成了有生命的"他"，并且"他很开心""正在笑""笑得把脚都翘起来了"。而"他"的心情又感染了"我"，于是，"我心里也很开心"。

我们再重温一下六岁男孩杨鑫远对蒙德里安的绘画作品《百老汇爵士乐》的解读。

杨鑫远（男，六岁）

这幅画很好看。 ——对画面主题感受

因为它的颜色很丰富，五颜六色的，搭配得很好看。

——从形式分析的角度说明原因

这些小格子像一家一家的商店，——对形式进行自身经验的联想

有卖冰淇淋的，有卖衣服的，——进一步对形式进行经验的联想

很热闹。 ——对想象中的意象的感受

这是大楼房， ——对形式进行自身经验的联想

这是长长的马路， ——对形式进行自身经验的联想

还有停车场。　　　　　　——对形式进行自身经验的联想

噢，车开进来了！　　　　——将自身融入文本之中

嘀嘀——（双手做握方向盘的动作）

　　　　　　　　　　　　——进一步用动作参与融入

面对《百老汇爵士乐》这幅作品，杨鑫远首先表达自己的感受——"这幅画很好看"。接着，他从色彩这一形式要素分析了好看的原因，那就是"颜色很丰富，五颜六色的，搭配得很好看"。然后，杨鑫远面对画面把自己的经验投射到画面的布局上，认为画面上的色块就是他经验中的"卖冰淇淋的""卖衣服的""一家一家的商店"，还有"长长的马路"和"停车场"，而且他自己就将"车开进来了"。这番描述，让人感觉自己正经历着杨鑫远曾经经历过的那一幕幕情景，仿佛已看见他开着汽车进入停车场。

从上面两位儿童对艺术文本的解读中，我们可以看出，面对文本，儿童为画面形象灌注了自己的生命，于是脑中呈现出这些生动活泼的审美意象，在与其交往中获得了审美愉悦。这种愉悦是他们把自己的情感、意志、思想等投射到文本上去的结果，这就是移情。

里普斯曾把审美移情活动区分为四种主要类型：一般的统觉移情、经验的移情或自然的移情、心情外射的移情和表征的移情。一般的统觉移情是指把所感知到的普遍对象的形式和外形灌注以生命，例如，把一条普通的线转化为一种运动，一种延伸和扩张、一种弯曲，或者一种流利的滑行。自然的移情是指把周围自然界的各种对象，如动物、植物、无机物，加以转化和人化。这样，我们就好像听到了风的咆哮声、树叶的沙沙耳语声和流水的潺潺声；好像看到了花的飘零，浮云和小溪在忙碌地奔赴前方。心情外射的移情是指使对象感染某种情绪气氛，例如使色彩具有某种个性或人格。表征的移情是指使对象的感性外观或形象作为人的内在生命的表征或象征，例如松树象征人的高风亮节，莲花象征人的纯洁与正直，竹子象征人的谦虚与贞洁，

梅花象征人的高节与无私。总之，移情是主体和对象之间的一种更亲密、更彻底的融合，是一种物我同一的境界。

我们仔细对照一下，就会发现，杨鑫远把画面上不同颜色的小方格子当作了一家一家卖不同商品的商店，大格子则是楼房，由同样大小的格子组成的长条被当作了长长的马路，大块的淡蓝色的方块被当作了停车场。这就是杨鑫远的统觉移情。而一句"很热闹"，又分明让我们置身于车水马龙的街市人流之中了，并已经看到那汽车正在开进停车场。不用说，这是杨鑫远的心情外射的移情和表征的移情。

再看谢敏宜。

一份物质的泥塑成了有生命的"他"	——一般的统觉移情
他正在笑	——自然的移情
参加生日聚会，吃生日蛋糕，很快乐	——心情外射的移情
他心里很开心，笑得把脚都翘起来了	——表征的移情

杨鑫远为什么会产生这样的移情？我们认为，可能是画面上红、黄、蓝三种颜色相间搭配的形式结构的视觉感受与他心目中热闹的街市产生了同构，于是他下意识地把自己经验中有关繁华闹市的意象投射到文本之中，以致我们仿佛置身其中。而在谢敏宜那里，一方面可能是画面上人物形象额头上弯弯的皱纹、弯弯的嘴角以及手舞足蹈的神态，都符合她心目中"很开心"时的神态表现；另一方面可能是画面人物形象的神态引起了她对自己以往生活经验的联想，使她想起了自己最开心的时候就是过生日吃蛋糕时的情形。所以，儿童移情的机制可能有两方面：一方面，审美对象形式的张力结构与儿童的心理力场之间存在着对应关系，审美对象形式的张力结构对儿童形成了一种直观性刺激，儿童有可能形成同构式的移情，产生审美愉悦；另一方面，可能是联想，即审美对象仅仅作为中介和手段引起儿童对先前的痕迹性刺激的反应，使得儿童将这些痕迹性刺激投射到对象上，从而激起审美愉悦。

综上所述，儿童的审美愉悦是他们移情的结果。也就是说，儿童有一种自然倾向，即要把类似的事物放在同一个观点下去解释。而这个观点总是由他们最接近的东西来决定的，所以儿童总是按照在自己身上发生的事件来类比，即按照自身切身经验的类比去看待在他们身外发生的事件。由于儿童不成熟的理性思维和自我意识决定了他们缺乏那种理性思考自己情绪的能力，所以这一过程完全是在儿童的无意识中进行的。儿童自己并不觉得投射到了对象之中，反倒觉得那经过移情的对象对他显得富有生气，仿佛是在主动地对他说话一样。这样，儿童在审美活动中不自觉地把自身的情感状态灌注到审美对象上，把自身无意识的心理内容转移到对象之中，通过审美感知与想象，有意无意地驱使客体形象的形、神朝着特定的方向与情境变化，使其自然而然地带有儿童自身的情感色彩，具有儿童自身的情感基调所规定的意态状貌和情趣氛围。

在这一过程中，移情使儿童放弃了种种固有的疆界——自我与非我，内在与外在，过去、现在与将来之间的疆界。它使得儿童的审美情感具有一种与他们的日常情感不同的性质与特定的基调。一方面，审美情境中的情感似乎更为纯洁，不那么杂乱与混沌。在儿童对艺术文本进行审美的心理过程中，有一个将中心幻想向中心意义转化的过程。而在日常生活中，儿童也总会产生无数幻想，但并不一定会将之转化为一个富有意义的整体。而且，他不仅对作品的幻想赋予某种秩序，还将自己进行类比时带出的一切相关幻想也赋予某种秩序。正因为如此，儿童感到艺术文本那富于幻想的秩序和结构的力量是他自己的，从而纯粹而又充分地体验到了自身的情感，得到审美的愉悦。另一方面，儿童在欣赏时的情感又以某种奇异的难以名状的方式强于对待真实世界的情感。因为在艺术文本的欣赏中，儿童的移情、幻想等活动都是在无意识的状态下进行的，这样，深层心理中的情感不是被意识和理性所压抑，而是被转化了，从"深层的"内核到高层的"外壳"，便构成了一种比儿童日常自我更为丰富、更为广阔的自我——儿童以比现实的反应方式更为丰富、更为深刻的方式进行反应，在艺术中的感受也更为充实、更为深刻。儿童给艺术文本带来范围广阔的反应，而这种反应也反过来改变着儿童自身的种种心理过程。

（二）学前儿童的审美情感与他们的感性生命活动息息相关

我们先来看一看儿童的审美偏爱。审美偏爱是儿童对审美对象的倾向性的情感评价，并且多半是其审美经验的某种主观概括。总体而言，儿童偏爱具有简单形式美，作品意义与儿童的生活经验接近的，并且这种形式与其所要表达的意义之间的关系也较为简单的那些艺术品。换句话说，儿童喜欢那些描绘熟悉的物体、色彩明快且令人愉快的现实主义美术作品。作品的内容是否客观地、真实地再现了现实世界与作品的色彩是否丰富、鲜艳，是他们判断作品好坏的两个最主要的标准。

具体地说，在对美术作品的偏爱方面，幼儿喜欢的是再现性的作品和能够识别出作品中所描绘的对象的非再现作品。无论是中国画、西洋画还是儿童画，如果他们看不出一幅作品画了些什么，就可能不喜欢它。布雷顿的研究发现，当问到儿童是否喜欢某张画时，儿童完全按个人的爱好来决定，即如果被描述的事物是熟悉的和具有美好含义的，儿童就喜欢它。例如：一幅描绘烘烤场面的画之所以被儿童所喜爱，是因为"我喜欢烘烤的小甜饼"。同样，另一幅画面上有花的画之所以受到喜爱，是因为"花是美丽的"。于是布雷顿认为："幼儿对'喜欢'一词不仅是作为一个艺术的判断，更是作为'好''美丽''愉快'的同义词，并以此延伸到对食物、朋友、家庭等东西的喜爱。"[①] 利德斯进行的一项研究得出同样的结论。他要求六岁儿童把126幅儿童画分成美的、丑的和不确定的三类。结果表明，50%以上的儿童不能确定近一半画的美、丑性质。也即六岁儿童对什么样的画是美的还没有一致的标准。然而，绝大多数儿童认为，画有花、动物、家庭摆设、珠宝、鸟儿等儿童经验中熟悉的、美好的、能使人愉快的事物的作品是美的作品，而画有残骸、人的脑壳、人形的怪物、手枪等东西的作品是丑的作品。加登

---

① 布雷顿. 儿童美术心理与教育 [M]. 哈咏梅，陈昌柱，译. 南京：江苏美术出版社，1993：163.

纳也认为："儿童一般喜爱较简单的、更有再现性的作品，而专家们则偏向于那些更复杂的、形式上更美的作品。"① 儿童的这一特点同时也说明了他们那不太成熟的审美态度。

随着年龄的增长，儿童也把具有明快色彩的作品作为自己喜欢的对象，儿童对偏爱原因的分析也越来越注意形式特征和技巧方面。笔者曾在幼儿园大班 92 位六岁儿童中做过这样一个小测验，要求儿童从毕加索的油画《格尔尼卡》、齐白石的水墨画《虾》、东汉出土的陶俑作品《侏儒俑》以及民间彩色剪纸作品《老虎与娃娃》中选择自己最喜欢的一幅。结果显示，81 位儿童选择了剪纸作品《老虎与娃娃》，理由是这幅作品"有各种各样的颜色，好看""颜色五彩缤纷""颜色看上去喜气洋洋""颜色鲜艳"，而其他几幅则"颜色不好看"。墨菲等人的研究表明：年幼儿童由最初笼统、不分化、强烈关注主题和色彩逐渐地发展到对技巧和主题性质发生兴趣。儿童从笼统的主观爱好转变到对艺术性质的客观分析，到认识一个好的艺术家的标志，在逐渐提高这种能力的过程中，明显地表现出儿童由自我中心走向拥有更开阔视野的变化。但到小学低、中年级，儿童还常常保持着对熟悉对象的现实主义绘画和色彩鲜艳的艺术品的偏爱。麦考卡的研究也表明：较小一些的主体，其偏爱一般基于色彩；到小学中年级，主体则把现实主义当作主要标准，他们也提到和谐与明晰性；只有到了青春期，他们才把风格、构成等引证为审美偏爱的基础。我国张奇对幼儿审美偏爱的研究证实了上述结果：在美术作品的表现内容上，幼儿首先比较偏爱表现动物的美术作品，其次是表现交通工具和植物的美术作品；幼儿还没有形成对美术作品表现形式的偏爱，只能根据美术作品色彩的丰富程度与鲜艳程度来选择自己喜欢的美术作品，幼儿比较喜欢色彩丰富和鲜艳的美术作品；在美术作品的风格上，幼儿大多偏爱夸张和拟人风格的美术作品。② 另有一些研究者确信，幼儿对表现他们所熟悉对象的色彩鲜艳的图画比较喜爱，而较大一些的主体则对更具暗指性的、片断的和

---

① 加登纳. 艺术与人的发展 [M]. 兰金仁，译. 北京：光明日报出版社，1988：290.
② 张奇. 幼儿对美术作品审美偏爱特点的实验研究 [J]. 心理发展与教育，1993（2）：53–57.

多种多样的主题感兴趣。因而，可以说，虽然分析美术作品的标准随年龄增长而变化，但一致性的趣味可能不变。

儿童有这样的审美偏爱，是与他们的感性生命活动紧密联系在一起的。

正如前面所说，儿童的审美情感是通过移情的方式来获得的，即儿童把自己的情感和无意识心理内容投射到对象上，使自己的精神找到了寄托。上述儿童所偏爱的对象的形式正体现了儿童的生命和情趣，例如，《老虎与娃娃》当然要比《格尔尼卡》更接近儿童的生活；花、动物、家庭摆设、珠宝、鸟儿当然要比残骸、人的脑壳、人形的怪物、手枪来得可亲一些。前者于是成为儿童精神内容的"象征"，从而具备了审美的价值和意义。在移情中，儿童的"自我"得到了自由的伸张，自我在移情中冲破自身的限制，进入到"非自我"中活动。外界对象的形象愈丰富，自我伸张的领域也愈广泛。自我得到了解放，因而产生快感。又因为这种快感来自情感的表现，伸张的自我并非"实用的自我"，而是"观赏的自我"，所以它不是一般的快感，而是美感。

从儿童自身的心理发展来看，儿童的感受系统在发展进程中保留了感觉运动阶段的态式—向式和占支配地位的情感，例如，信任、安全、亲近、温馨等情感特质——《老虎与娃娃》就具备了这种情感特质，《格尔尼卡》则相反——并且这些态式—向式和情感特质在发展过程中被不断地整合到更个性化的复杂情感中去，伴随着儿童的生活经验和审美经验的日益成熟，占支配地位的情感和感受倾向于相互结合、相互调节，使该儿童具有越来越个体化，但又越来越统一的气质。这样，儿童的审美情感既有基本的原始特征，也即与生命活动相缠结，同时又与儿童自身的现时经验结合在一起，具有他们自身的特点。所以，儿童在他们的审美偏爱中对那些形式简单、色彩明快，同时又反映其现实生活的艺术文本情有独钟。然而，由于生活经验和审美经验有限，儿童那特殊的情感不能完全契合许多成人的感情，也就是说，儿童还不能用恰当的方式去解释许多艺术品中那些较为复杂的情感和形式内容，但随着经验的增加，他们的审美也必然深化和扩大。

而且，从审美过程的心理机制来看，格式塔心理学的"简化"规律也告诉我们，人的眼睛倾向于把任何一个刺激式样看成已知条件所允许达到的最简单的形状，而儿童所偏爱的具有简单形式美的作品是符合这一规律的，并且还符合心理活动的节省率或经济原则。查拉特·罗艾斯的试验也证明：儿童从一堆形状不同的物体中总是愿意挑出圆形的，即使首先要求他们应该挑出菱形的物体，他们仍然要不自觉地把圆形的挑选出来。① 而早期儿童的艺术创作中也有用圆来代表一切存在物的做法。这与儿童语言发展中的"电报句"（或称双词句）一样，均可认作是儿童在无意识层面上遵循着的简化规律。在随后发展的儿童艺术创作中，我们也常常看到他们所画的人是一种与其身体结构一致的头大身体小的样式，而这实际上也是儿童在艺术中不自觉地呈现自身生命结构的一种表现。从这个意义上说，生命是儿童审美的根基。

因此，儿童审美体验的出发点是情感，儿童总是从自己内心的全部情感积累和先在感受出发去体验和解释生命的意蕴，把人的意识从通常状态引入审美状态；审美体验的最后归结点也是情感，而体验的结果常常是一种新的把握了生命活动意蕴的情感的生成。这种对生命活动的体验所产生的情感有助于使人在知觉周围现实时产生亲近感，使人的存在充满快乐，有益于净化人的不良情感，对人整个心理过程有积极优化的影响。

（三）儿童的审美愉悦是一种外显性高峰体验

我们先看几位儿童在欣赏毕加索的《和平》时的情感反应。

> 黄　欣：哦，可怕！可怕！（幼儿抖动头做可怕的表情）
> 诸世杰：还有大人和小朋友在玩游戏，玩得很开心。我也玩得很开心。（幼儿手舞足蹈起来）

---

① 阿恩海姆. 艺术与视知觉：视觉艺术心理学 [M]. 滕守尧，朱疆源，译. 北京：中国社会科学出版社，1984：235.

> 葛梦捷：啊！我感觉这幅画把我带到了一个童话世界。
>
> 乐 翰：他们在吃果子，果子真好吃！（幼儿边做吃的动作边摇头晃脑）
>
> 杨鑫远：噢，车开进来了！嘀嘀——（双手做握方向盘的动作）

在上面列举的案例中，五位儿童都表现出一种全神贯注的投入，他们完全沉浸在画面内容或形式所带来的愉悦之中，自我与对象完全融为一体，仿佛自己就是其中的一个角色，能真切地体验到该角色的情感。在五位儿童那里，这种感受的流露是那样自然和真实，毫不做作。此时，一切的焦虑、压抑、防御等消极情绪都消失了，一切的克制、阻止和约束都被抛弃了，儿童体验到了纯粹的满足、纯粹的表现、纯粹的得意扬扬和快乐。由于这种体验"到底"了，所以它真正地实现了弗洛伊德所说的"快乐原则"和"现实原则"的融合。并且，此时此刻，文本被充分而完全地注意到了，也就是说，艺术文本成为全部的对象，儿童的实际背景消失了，仿佛世界被忘掉了，或者至少是没有被显著地觉察到，似乎这个文本在此时已变为整个存在。每位儿童都向自己的无意识靠拢，他们的创造性被解放出来了，他们聚精会神地围绕自己那条独特的情感线索，展开了丰富的想象和创造，因而每个人都生发出一个独特的中心意义，感受到了一种独特的审美愉悦。

五位儿童的这种审美愉悦的体验状态就是一种高峰体验的情感状态。这种高峰体验实际上是一种人性的可能性与现实性，自我与自然、社会合一的"剧烈的同一性体验"。在这一体验的时刻，儿童沉浸在一片纯净而完美的幸福之中，觉得自己已经与世界紧紧相连、融为一体，感到自己真正属于这一世界，而不是站在世界之外的旁观者。自我与非我的区分不复存在，"是什么样"和"应该怎么样"也合二为一，没有任何差异和矛盾。马斯洛对此进行了描述，他认为高峰体验有这样几个特点：（1）从主观感受上说，高峰体验是个人生命中最快乐、最心醉神迷的时刻。（2）高峰体验同时也是一种"目的体验""终极体验"或"存在体验"。在这一体验中，个体挣脱了功利取向的羁绊，超越了缺失性认知的偏狭，进入到存在认知的境界，领悟到了"存在价值"。（3）从持续的时间来看，这一体验往往是短时存在的。"所有的高峰体验都是转瞬即逝的，而非永存不变的。虽然其影响和作用可能长期存在，但是体验出现的一刹那却是短暂的。"并且，处于高峰体验中的人丧失了时间和空间上的定向与判断能力。确切地说，这个人在主观上是在时间和空间之外的。（4）在高峰体验中，整个世界被看作统一体，像一个有生命的丰富多彩的实体那样。

在马斯洛看来，虽然高峰体验看上去是这样一种神秘的体验，但它并不是高不可攀的，它是全人类的共同感受，它就发生在我们身边、我们自己身上、我们的日常生活中。任何人都可能在生活中得到这种体验。我们认为，上述儿童在艺术审美中的体验就是这样一种高峰体验。

处在高峰体验中的儿童，其表现与成人有不同之处，成人用"只能意会，不能言传"来表达自己的强烈感受，换句话说，成人把感受"埋在心里"，独自细细体会和咀嚼。儿童不然，他们的内心感受除了用语言来叙述外，还用自己的行为来表达。在上述案例中，黄欣正恐怖地经历着"可怕"的事，诸世杰正兴高采烈地玩着开心的游戏，乐翰正津津有味地吃着好吃的果子，杨鑫远"已经"成了驾驶员，正全神贯注地"开着"自己的汽车向停车场驶去。四位儿童都借助于明显的外部动作和表情来表达自己此时此刻的体验。而"表情运动是身体活动的重要组成部分，是特定个性本质的自发性反映，也是某一时刻所具有的特殊经验的自发性反映。一个人惯有的坚定性和软弱性，自信心和怯懦都可以在他的身体活动中表现出来。同样，身体的运动行为还可以揭示人在某一时刻的心情——是兴趣盎然的，还是厌倦的；是幸福的，还是悲哀的"①。这种外在动作不是一种行为主义心理学中所说的刺激—反应，它恰恰表现出儿童在审美中的主动性，是儿童从自己的内心情感出发主动积极地去体验生命及其价值，这种体验的状态是一种澄明的心灵

---

① 阿恩海姆. 艺术与知觉：视觉艺术心理学 [M]. 滕守尧，朱疆源，译. 北京：中国社会科学出版社，1984：232.

境界。马斯洛也认为在高峰体验时常常有激动、高度紧张与放松、从容、宁静两类身体反应。而葛梦捷虽然不像其他几位儿童那样用自己的动作来表达强烈的情感体验，但她的一个"啊"字，也足以让我们体验到此时此刻她那强烈的感受。

我国古代文论《诗·大序》中说："情动于中而形于言，言之不足，故嗟叹之，嗟叹之不足，故咏歌之，咏歌之不足，不知手之舞之，足之蹈之也。"虽为说诗，但我们完全可以用它来描述儿童们处于强烈的高峰体验时的那种状态。也就是说，此时的儿童是"更自发的、更表现的、更单纯的行动，更自然的，更无控制和自由流露的"①。这是由于儿童的感受系统在发展进程中既保留了感觉运动阶段的态式—向式和占支配地位的情感特征，同时又与儿童自身的现时经验结合在一起。于是，处于高峰体验中的儿童，当他们那发展得不太成熟的语言不足以表达内心感受时，儿童就调动起先前的动作模式和表情模式，来"痛快"地表达自己的强烈感受。而且，从人类学的角度看，"嗟叹咏歌""手舞足蹈"本来就是人类最早的表达主观态度、表现自己作为人的存在的最为自然的方式。所以，对于儿童的逻辑思维的研究，也许只需要提供理由，但对于儿童的情感的研究，光靠理由是不行的，还必须关注他们的动作行为的变化。因为儿童的语言还不能准确地表达他们自己真正的感受。

同时，与成人相比，儿童具有泛灵论的心理特点，因而他们更容易移情。面对审美对象，他们充满信心地想通过自己来使对象变得充满生气，没有任何东西能压制他们或对他们施加影响，因为给对象以生命和灵魂的是他们自己。而这种投射活动本身，通常是一种不在意识控制之下的无意识过程。由于无意识的情感具有潜在的统摄作用，当儿童沉浸在某种情感状态之中后，一般地，他们不会有意遮掩自己的强烈感受，而基本上按激发起来的情感对艺术品做出应对，会不自觉地把这种情感弥漫在对艺术文本所进行的知觉和想象当中。于是，我们就常常会看到，在对艺术文本的欣赏过程中，儿童有

---

① 马斯洛. 存在心理学探索 [M]. 李文湉，译. 昆明：云南人民出版社，1987：98.

外显性的行为存在。

我们再看宋代诗人范成大描绘的儿童在审美活动中处于高峰体验时的生动情形。

> 黄发垂髫儿，握枝向泥沙。
> 似解世人意，信手乱涂鸦。
> 桥畔流水淌，树梢日影斜。
> 口中呢喃语，兴尽忘归家。

范成大诗中的这位儿童一边"乱涂鸦"，一边"呢喃语"，完全沉浸在自己的审美世界里，以至于"桥畔流水淌，树梢日影斜"了，还"忘归家"。这样一种时间飞快流逝的感觉正是处在高峰体验中的人的特征。或者说，高峰体验中的人有一种"时间既是静止不动的，又是以巨大的速度运动的"感觉。因而，当他"醒"过来要判断过去了多长时间时，通常他不得不摇摇头，仿佛刚刚从茫然中苏醒，弄不清自己在哪里。①

儿童之所以体验到高峰体验，还在于在审美活动中，儿童能够全面地展示自己的感性存在。一方面，审美活动并非是片面的、外在于人的，而是全面的、内在于人的，充分合乎人性的（异质同构的）；另一方面审美活动是一种建立了丰富的感性世界的活动，正像德拉克罗瓦所说的，"一幅画首先应该是对眼睛的一个节目"，审美活动是对于儿童一切感官的"节目"。在审美活动中，儿童的一切感官都从显示的片面功利中超逸而出，以充分合乎人性的方式"观古今于须臾，抚四海于一瞬"。由于这样的审美活动是儿童自己设立起来的，因而儿童在自己所创造的世界里直观自身，从而感受到那种属人的乐趣。

---

① 马斯洛：存在心理学探索［M］.李文湉，译.昆明：云南人民出版社，1987：72.

第二节　幼儿园美术欣赏活动指导

一、学前儿童美术欣赏教育的基本方法——对话法

（一）对话法及其提出的依据

对话法是指在美术欣赏教育中，针对艺术作品，教师、儿童与艺术作品三者之间的相互作用和相互交流。

在学前儿童美术欣赏教育中提出对话法依据之一是现代解释学美学关于"艺术作为文本是无限开放的"观点。德国现代解释学美学大师伽达默尔认为："艺术作品本身就是那种在不断变化的条件下不同地呈现出来的东西。"[①]也就是说，艺术作品的意义不是固定不变的。一方面，因为艺术作品中不仅仅有创作者自觉意识到的东西，还有由于传统、文化等方面积淀于他的意识深处的那些无意识或潜意识的东西，这些东西即使创作者没有意识到，它也是存在于艺术作品之中的。这一点已为精神分析美学的"集体无意识"理论所揭示。所以，艺术作品的意义远非创作者本人的意图所能限制。另一方面，艺术作品被创作以后，它并不是只存在于它被创作出来的那个时代，而是在此后的时代中继续存在着。这样，在不同的时代、不同的场合，甚至不同的对话中，艺术作品会不断地显示出新的意义。在对话中，欣赏者的视界（指理解的起点、角度和可能的前景）与艺术作品自身所蕴含的历史视界之间实现了相互融合，其结果是形成一种新的视界，而这种新的视界又将成为理解新的艺术作品的出发点。

---

① 朱立元. 现代西方美学史［M］. 上海：上海文艺出版社，1996：874.

在学前儿童美术欣赏教育中提出对话法的依据之二是社会心理学所揭示的人类交流理论。人类交流理论把人际沟通主要分为两类：一类是信息的传递，一类是相互交往。前者表现为单向的和非对称的，信息传递的双方，一方是主体，另一方是客体；后者表现为多向的和对称性的，相互交往的双方都是主体，因而都具有能动作用。在艺术活动中，艺术家有一种"向亲密的人倾诉自己的深切感受或强烈印象的愿望"，他把作品的角色、作品的接受者作为在心理上具有亲和性的主体；而对于欣赏者来说，他是从自己的心灵世界出发同艺术家、作品进行独特的对话活动的。这种对话活动是在欣赏者审美心理体验的基础上进行的，这种审美心理体验超越了现实功利的单维情感，与审美对象保持了适当的距离，调动了多种审美心理功能共同活动，把艺术家的情思意绪和审美创造在内心深处弥散、交融，从而达到一种潜在的心灵沟通和内在的自我交流。

在学前儿童美术欣赏教育中提出对话法的依据之三，还在于在长期的学前儿童美术欣赏教育中，教师所采用的灌输法所带来的缺憾。灌输法的直接表现就是教师以自己为中心，将自己掌握的有关美术作品的知识无条件地灌输给儿童，儿童认同教师及其知识，没有自身的感知和体验，即没有直接与美术作品进行对话，因而丧失自我感受、自我加工信息、自己主动创造的能力，最终导致审美素质的下降。而对话法却不同，它不以知识的多少衡量一个人受教育的程度，教师与儿童之间、师生与美术作品之间不再是一种灌输与被灌输的关系，而是一种平等的、对话式的双向交流关系。儿童由于身心得到彻底的解放，其学习也不再是被动的接受，而是一种对话式的积极参与和感受。在这样的氛围中，教师和儿童面对美术作品积极交流、讨论，由于美术作品是开放的，因而，经过对话，就可能生发出多义。

（二）对话法的特征

对话法的实施强调对话首先是一种相互交流。"这种交流是通过第一个主体所创造出来的符号对象进行的，而第二个主体能以某种方式去理解、做出反应或加以欣赏。"① 一次真正的对话应该表现为一个人向另一个人敞开自己，欣赏者与艺术作品之间也是如此。伽达默尔在《真理与方法》中说过，"诚然，一种文本并不像另一个人那样对我们说话。我们这些努力寻求理解的人必须通过自己让文本说话。但是，我们却发现，这种理解，即'让文本说话'并不是一种任意的由我们主动采用的方法，而是一个与期待在文本之中发现的回答相关的问题"。可见，欣赏者与艺术作品之间的对话要达到的目的也是相互交流，即艺术作品对欣赏者说话，欣赏者对艺术作品说话。二者通过审美期待做中介，最终达到欣赏者的现在视界与艺术作品的历史视界之间的融合，使审美理解得以实现。

欣赏者与艺术作品之间的相互交流更多的是通过审美体验和领悟而进行的非语言的信息沟通。一般来说，语言的信息沟通表达人们的逻辑推理过程，而非语言的信息沟通则反映了我们所讲的含义的"无穷无尽性"，它超越了语言的范围，变成深不可测的感觉和感情，因而不容易用语言来描述。沟通有时表现为多通道的，可在瞬间作用于人的多种感觉和情绪，因而常常使人回味、体验、心领神会。

艺术欣赏中的对话是欣赏主体各心理功能的整体直觉。在对话中，主体的感知、想象、情感、思维、灵感、无意识等多种心理因素在相互渗透、补充、综合、交叉的整体中起着复合作用。苏珊·朗格认为，艺术是通过幻想交流和沟通生命的情感和艺术意味的，它在直觉过程中把人的心意诸力激活，使其丰富、充实、秩序化。

（三）对话法的实施

对话的基本结构是问和答。在美术欣赏的对话中，首要问题就是提问。也就是说，当欣赏者面对艺术作品时，他首先就要会提出一个问题："该美术作品究竟要告诉我什么？"但是，作为欣赏者的学前儿童，其心理发展、生活经验、艺术经验等都决定了他们的视界不可能迅速、有效地与作为文本

---

① 加登纳. 艺术与人的发展 [M]. 兰金仁，译. 北京：光明日报出版社，1988：40.

的美术作品的历史视界相融合，因此，需要教师作为中介来进行引导，帮助他们和美术作品进行问和答。

在学前儿童美术欣赏教育中，实施对话法过程时，教师应注意以下几点。

（1）对话双方的关系应该是平等的。这是对话能够进行的条件，也是儿童乐于对话的前提。作为引导儿童与美术作品对话的中介，教师不应以自己的权威压制儿童，而应承认，在作为文本的美术作品面前，师生双方均有说话的权利。

（2）教师应给儿童利用多通道充分体验的时间。

（3）教师不但要自己学会提问题，还要教会儿童提问题。

（4）教师不强求儿童接受某一权威的结论或自己的看法。因为美术作品作为艺术文本是开放的，每个人的艺术经验都是有限的，个体不可能完全掌握美术作品的全部意义。而通过对话，可能生发出对话双方意想不到的新东西。但是，这并不表明，教师不需要说出自己对于美术作品的看法和感受，相反地，教师也应该阐述自己的观点。

（5）教师可引导儿童用多种方式来表达自己的审美感受。

二、学前儿童美术欣赏教育过程中各阶段的指导

根据学前儿童美术欣赏心理的阶段，结合美国美术批评家费尔德曼的美术批评程序，我们把学前儿童美术欣赏教育指导分为以下几个阶段。

（一）描述阶段的指导

所谓描述，是指陈述美术作品外在的、可立即指称的视觉对象，而不涉及作品的含义及其价值的认定。如果作品是写实的，则要指出作品包含哪些形象，例如，作品中所包含的人物、动物、景物、物品等。如果作品是抽象的，则要指出主要的形状、色彩及其运动的趋向。为此，教师可以用提问的方式来进行。教师可以问儿童"你在画上看到了什么"这样的问题。以印象派中点彩派画家修拉的作品《大碗岛的星期天》为例，教师可以用以下问题提问。

小朋友，你在画中看到了什么？

这些人在干什么？他们有些什么样的姿态？

画面上除了人以外，还有些什么？

你能猜出他们在什么地方吗？

从画面上，你能看出这是在一天的什么时间吗？

除了这些，你还看到了什么？

在描述阶段，教师应首先给儿童一定的时间进行独立欣赏，不要操之过急，或讲得太多，要尽可能让儿童畅所欲言，尽量不打断其陈述，充分发挥他们的观察力、艺术想象力和语言表达能力。只有当儿童需要帮助时，教师才可以用启发的方式、提问题的形式给予他们以线索启迪，引导他们观察、想象并进一步陈述清楚。

（二）形式分析阶段的指导

所谓形式分析是指对上述指称对象之间的关系进行分析，也就是分析作品中各部分之间组合的情形，例如造型、色彩、构图等形式语言和对称、均衡、节奏、韵律、变化、统一等构成原理的应用。视觉形式语言在美术中具有独特的意义，从传统的具象写实艺术到纯粹的抽象艺术，无论其外观形式有多大区别，但它们所使用的却无一例外是上述基本元素，这些元素在二维平面和三维空间中以不同方式的组合，形成不同的"心理力"样式，唤起人们内心千差万别的情绪和感受。因此，这种抽象的形式语言并不仅仅服务于抽象艺术，它具有普遍的意义。在具象写实作品里，这些抽象的元素通过隐藏在被再现的事物中也在发挥作用。加登纳也认为："只有当人们对这些层面恰当地理解了以后，他们的情感生活才会受到影响。随着欣赏成熟起来之后，他与较多的经验熟悉了，于是就有了较细腻的情感。这样，他便能与创作者的兴趣及含义发生共鸣。"① 可见，形式分析是加深审美体验、提高审美理解能力，并最终提高幼儿的欣赏能力的必经之路。同时，我们认为，对形式欣赏本身的兴趣也应该是学前儿童美术欣赏的目标之一。因此，形式分析阶段的指导是学前儿童美术欣赏教育的关键环节。

首先，教师自己要对艺术的形式有一定的理解与欣赏能力。教师必须理解线条、形状、色彩、构图等形式语言可能的象征意义，例如：在线条上，水平线意味着放松、平静与休止；垂直线意味着静态张力、准备就绪、抵抗力、支撑；对角线意味着动作、活力和不平衡；绕成某种形式的连续线，有清楚界定、包容、把持住形式的趋势；断续线比较能够表现开放、自由、柔顺可变的形式；轮廓线暗示着一个形式的三次元实体；边缘线描述一个形状或颜色终止而另一个开始；体积能经由轮廓线、阴影线、纲目状阴影线、边缘线与曲线表现出来；清晰确定的线条通常显得突出，模糊不清、朦胧暗淡的线条往往显得后退；不可见的线条包括形式的内在结构、眼睛的诉求点以及视线和姿势所依循的途径。在形状上，几何形状有组织而可测量，与计划和思维有关；有机形状不规则而具流动性，蕴藏着成长的动态张力，与即兴和直觉有关；形状的类似性能够帮助人们辨别特定艺术家的作品；每一个视觉经验都要依赖主体（正面、充实的）形状和背景（负面、不充实的）形状。在色彩上，暖色使人联想到火、冬天的太阳，在画面上显得前凸；冷色使人联想到冬天的池水、晴朗的夜空，在画面显得后退。有些颜色先天具有一种能力，从强到弱依次为：黄、橙、红、绿、蓝、紫。有些颜色具有约定俗成的象征意义，具体地说，红色使人联想到热情、革命、危险、喜庆、热闹；黄色使人联想到光明、富贵、华丽、温馨、明快；绿色使人联想到和平、生命、希望、永恒、常青；蓝色使人联想到平静、理智、深远、朴素、凉爽；紫色使人联想到高贵、优雅、神秘、古朴、寂寞；黑色使人联想到死亡、悲哀、沉默、凝重、刚强；白色使人联想到清洁、纯真、神圣、寒冷、神秘；灰色使人联想到高雅、理性、冷漠、退让、矜持。下面是克拉因色彩情感价

---

① 加登纳. 艺术与人的发展 [M]. 兰金仁，译. 北京：光明日报出版社，1988：420.

值表（表1）和大庭三朗色彩情感价值表（表2）。

表1　克拉因色彩情感价值表

色彩	客观感觉	生理感觉	联想	心理感觉
红	辉煌、激动、豪华、跳跃（动）	热、兴奋、刺激、极端	战争、血、大火、仪式、圆号、长号、小号、罂粟花	威胁、警惕、热情、勇敢、庸俗、气势、激怒、野蛮、革命
橙红	辉煌、豪华、跳跃（动）	烦恼、热、兴奋	最高仪式、小号	暴躁、诱惑、生命、气势
橙	辉煌、豪华、跳跃（动）	兴奋（轻度）	日落、秋、落叶、橙子	向阳、高兴、气势、愉快、欢乐
橙黄	闪耀、豪华（动）	温暖、灼热	日出、日落、夏、路灯、金子	高兴、幸福、生命、保护、营养
黄	闪耀、高尚（动）	灼热	东方、硫黄、柠檬、水仙	光明、希望、嫉妒、欺骗
黄绿	闪耀（动）	稍暖	春、新苗、腐败	希望、不愉快、衰弱
绿	不稳定（中性）	凉快（轻度）	植物、草原、海	和平、理想、宁静、悠闲、道德、健全
蓝绿	不稳定呼应（静）	凉快	海、湖、水池、玉石、玻璃、铜、埃及、孔雀	异国情调、迷惑、神秘、茫然
蓝	静、退缩	寒冷、安静、镇静	蓝天、远山、海、静静的池水、眼睛、小提琴（高音）	灵魂、天堂、真实、高尚、优美、透明、抑郁、悲哀、流畅、回忆、冷淡
紫蓝	静、退缩、阴湿	寒冷(轻度)、镇静	夜、教堂窗户、海、竖琴	天堂、庄严、高尚、公正、无情
紫	阴湿、退缩、离散（中性）	稍暖、屈服	葬礼、死、仪式、地丁花、大提琴、低音号	华美、尊严、高尚、庄重、宗教、帝王、幽灵、豪绅、哀悼、神秘、温存
紫红	阴湿、沉重（动）	暖、挑逗的、抑制、屈服	东方、牡丹、三色地丁花	安逸、肉欲、浓艳、绚丽、华丽、傲慢、隐瞒
玫瑰	豪华、突出、激烈、耀眼、跳跃（动）	兴奋、苦恼	深色礼服、蔷薇、法衣	安逸、虚荣、好色、喜悦、庸俗、粗野、轻率、热闹、爱好华丽、唯物

表2 大庭三朗色彩情感价值表

色彩	联想的东西	心理上的感觉
红	血、太阳、火焰、日出、战争、仪式	热情、激怒、危险、祝福、庸俗、警惕、革命、恐怖、勇敢
橙红	火焰、仪式、日落、罂粟花	典祀、古典、警惕、信仰、勇敢
橙	夕阳、日落、火焰、秋橙子	威武、诱惑、警惕、正义、勇敢
橙黄	收获、路灯、橘子、金子	喜悦、丰收、高兴、幸福
黄	中国、水仙、柠檬、佛光、小提琴（高音）	光明、希望、快活、向上、发展、嫉妒、庸俗
黄绿	嫩草、新苗、春、早春	希望、青春、未来
绿	草原、植物、麦田、平原、南洋	和平、成长、理想、悠闲、平静、久远、健全、青春、幸福
蓝绿	海、湖水、宝石、夏、池水	神秘、沉着、幻想、久远、深远、忧愁
蓝	蓝天、海、远山、水、日夜、果实、钢琴	神秘、高尚、优美、悲哀、真实、回忆、灵魂、天堂
紫蓝	远山、夜、深海、黎明、死、竖琴	深远、高尚、庄严、天堂、公正、不安、无情、神秘、幻想
紫	地丁花、梦、藤萝、死、仪式、大提琴、低音号	优雅、高贵、幻想、神秘、宗教、庄重
紫红	牡丹、日出、小豆	绚丽、享乐、性欲、高傲、华丽、粗俗
淡蓝	水、月光、黎明、疾病、奏鸣曲、钢琴	孤独、可怜、忧伤、优美、清净、薄命、疾病
淡粉红	少女、樱、春、梦、大波斯菊	可爱、羞耻、天真、诱惑、幸福、想念、和平
白	雪、白云、日光、白糖	洁白、神圣、快活、光明、清净、明朗、魄力
灰	阴天、灰、老朽	不鲜明、不清晰、不安、狡猾、忧郁、不明朗、预感
黑	黑夜、墨、丧服	罪恶、恐怖、邪恶、无限、高尚、寂静、不祥

其次，教师还必须理解对称与均衡、节奏与韵律、变化与统一等形式美的原理。对称是指中心点两边的形式或配置方式具有类似性，其特点是稳定、

庄重，但也显得单调、呆板，如中国古代的许多宫殿庙宇大多是对称式均衡。均衡则有对称式与不对称式两种，对称式均衡是指中心点两侧的相对位置上呈现"镜像反映"的形式；不对称式的均衡是中国秤式的，即画面上中心点两边力臂不等、形不同，但量相同或近似的形式。节奏是指视觉在画面上所做的有秩序的、连续的运动。韵律则是富有情调的节奏变化。变化是指由大小、高矮、疏密、深浅等性质相异的要素并置在一起时所造成的显著对比的感觉，其特点是活泼多样、有动感。统一是指由性质相同或类似的要素并置在一起时所造成的一种一致的，或具有一致趋势的感觉，其特点是严肃庄重、有静感。一幅好的艺术作品应该既有变化，又有统一，是变化和统一的有机整体。

再次，教师除了提高自己的美术欣赏能力、丰富自己的美术欣赏知识外，还要适当地教给学前儿童一定的美术欣赏基本艺术语言与形式美的原理，以帮助他们进一步加深对作品的情感体验。教师应选择相应的美术欣赏材料，给予儿童足够的时间，让他们反复多次地进行感知、体验，同时，用通俗易懂的语言进行浅显而简明的描述，让儿童真正地理解这些基本艺术语言与形式美原理的内涵。

学前儿童对美术欣赏的基本艺术语言与对形式美原理的认识还可以通过美术创作来获得。例如，为学习线条的变化，可让儿童试验不同动态的线条（直线、曲线、螺旋线、断续线、连续线、重叠线），再让他们欣赏梵高的作品《星月夜》中所用的线条是怎样运动的。再如，要学习几何形状的安排，可先让儿童用彩色纸剪贴出各种几何形状，再让他们欣赏抽象派大师蒙德里安的后期作品。这种由自己操作而获得的欣赏经验有助于学前儿童对艺术语言与形式美的原理的理解。

在学前儿童对具体作品进行形式分析的过程中，教师宜引导他们边体验边讨论，让儿童通过自己充分的、感性的体验后，再来进行理性的分析。虽然这种理性的分析事实上还带有直觉的成分，还不是真正意义上的理性分析。

我们仍以修拉的《大碗岛的星期天》为例，来说明如何引导学前儿童进行作品的形式分析。

首先，教师自己要了解《大碗岛的星期天》的形式特征：从线条和形状上看，人物和树木均呈垂直方向，天空和地面的分界线呈水平方向；陆地和水的分界线以及表现阴影的线条呈对角方向。这两条线条也是画面的结构性线条，使人感受到片刻的清澄与平和。人物的造型已抽象化到接近几何形式，人物的配置或呈侧面，或呈正面，手执坐姿与立姿的人物以各种样式呼应着这些造型。从色彩上看，作品的基本色相为红、黄、蓝，混杂的黄色与蓝色油彩细点，烘托出由黄绿到绿色的中景，当它在阳光下显得后退时，其色调是明淡的；前景阴影里的地面，由绿到蓝绿再到更暗的色彩；树上的叶簇由黄绿到绿色；水由淡蓝到深蓝。服饰方面，出现在较明亮的背景之前的呈暖色调，出现在阴暗的前景里的呈冷色调。太阳橙色的笔触扫过整个画面，带来阳光的意味；绿色是占优势的色彩，缀饰其间的红色则有强调作用；互补色的运用，使人物在草丛背景中突立出来。整个画面色彩呈现暗、明、暗、明的节奏感。而整幅画的设色法是把无数原色油彩细点排列或交错在画面上，再通过欣赏者的眼睛调混起来，这样画面上的各种色点组成了一幅五彩缤纷的镶嵌画。从构图上看，地平线位于画面高处，从前景左边移向背景右边的一条对角线，暗示湖岸向内延伸。前景右边的女士与其男伴重叠，斜躺在左边的男子与该组群像的其他两个人相交错。立在中景中央呈正面像的女子及其身旁的白衣小孩，则没有任何重叠的部分。人物形式在画面右边的位置愈高，其尺寸变得愈小，轮廓愈不清楚。树干与叶簇相叠，小尺寸的船暗示着距离。这种构图的目的，在于把欣赏者的视线拉向远后方，以造成深远空间的错觉。整个画面在形式上呈现为一种不对称的均衡。

了解了这幅画的形式特征后，教师可按照上述程序向儿童提问。这种程序起着一种线索作用，旨在引导儿童思考。对《大碗岛的星期天》，可以提出如下问题。

请看一看，画面上有哪些线条？

这些线条是朝哪些方向延伸的？看上去感觉怎么样？

画面上有些什么人物？他们在干什么？你能不能表演一下？

画家画这幅画时用了哪几种颜色？

这些颜色在画面上是怎么安排的？

人物身上的颜色与背景的颜色合在一起，看上去怎么样？

画面上的黄颜色使人感觉怎么样？

画面的前面画了些什么？后面画了些什么？他们看上去是一样大小吗？

画面前面的人物和画面后面的人物看上去哪个更清楚？为什么？

看完整幅画，你感觉怎么样？

教师在用问题引导儿童进行形式思考以后还要进行总结，以帮助儿童理清思路，进一步加深体验，同时也是学习如何观察、比较等形式分析的方法。

另外，教师还可以结合本作品独特的描绘手法，帮助学前儿童加深对作品形式的理解。

（三）解释阶段的指导

所谓解释是指探讨一件美术作品所蕴含的意义。由于学前儿童自身发展的原因，他们主要还是一个"印象的批评者"，还需要在教师的引导下才能进行"分析的批评"和"综合的批评"。为此，教师的指导应注意以下两点。

第一，探讨美术作品所蕴含的意义，必须在整体与部分的辩证运动中进行。为此，伽达默尔提出了"解释学循环"的方法，即必须根据美术作品的各个部分来理解美术作品的整体，又必须根据美术作品的整体来理解美术作品的各个部分。这是一个循环往复的过程，单纯地从部分出发或单纯地从整体出发，都不能完整地理解美术作品所蕴含的意义。为解决整体与部分之间的对立统一矛盾，伽达默尔又提出运用"对意义的预期"这一手段。他说：

"我们对于流传给我们的文本的理解，是以对意义的预期为基础的，这种预期是从我们自己与题材的先行联系中获得的。"在学前儿童美术教育中，"对意义的预期"也就是教师在对学前儿童进行美术欣赏教育之前对美术作品预先设计一种意义，这种意义是教师个人对美术作品的解释，同时，在引导儿童欣赏的过程中，又不停地被修正着。因此，教师自身应对美术作品所蕴含的意义进行合理的解释，在此基础上，引导儿童先理解美术作品各部分的意义，再根据各部分进行整体意义的解释，从而形成一个或多个合理的解释。这种对整体的理解又反过来加强儿童对作品各个部分的理解，例如，教师可以这样提问儿童："画家为什么要这样画？"

第二，虽然教师在引导儿童欣赏美术作品之前，已有对作品意义的预期，但这并不意味着学前儿童必须无条件地接受教师的这种预期，儿童仍然可以有自己的理解。而且，作为教师还必须鼓励儿童不要拘泥于教师的解释，甚至不必拘泥于创作者原有的创作意图，而是根据自己对作品所传达的信息的体验和理解，充分发挥想象力、创造力，发表自己的见解。

例如，对《大碗岛的星期天》，教师在引导儿童对作品的各部分的形式进行感知、体验以后，可以用以下方法来引导他们体验、理解作品的意义。教师可请儿童闭上眼睛，把自己假想为画中的人物，然后跟着教师所说的话想象："我躺在这片嫩绿的草地上……我的身体很放松……我的周围有一些人，他们发出隐隐约约的声音……有各色各样的人……但在这里，他们都很轻松地踏着同样的节拍……每一个人都感觉到别人的存在……阳光……树木……水……很美妙的休息……我想逗留在这里……"通过这样的感受，儿童可以对作品所蕴含的意义有所理解。

另外，教师还可以适当地介绍创作者的生平、作品创作的时代背景以及创作者个人的创作动机（即在当时的情况下，艺术家为什么要创作这幅作品），这样既丰富了学前儿童的艺术知识，又帮助他们更深入地理解美术作品所蕴含的意义。当然，这些知识应该是学前儿童能够理解的，并以儿童能够接受的方式介绍给他们。

（四）评价阶段的指导

所谓评价是指判断一件美术作品的价值。一般来说，评价应考虑两个问题：第一，一件艺术品必须与相当广泛的同类艺术品做比较，而不是根据某一派别的立场，或局限于当前的某种艺术潮流来判断其价值。第二，技巧的适切性应作为评价的重要依据。所谓技巧的适切性是指作品所呈现的形式、内容及其意义之间关系的紧密程度。学前儿童由于受其心理发展、艺术知识与经验、生活经验等条件的限制，还缺乏自主而适当的评价能力，因此，对学前儿童评价阶段的指导重点宜放在对作品的审美判断以及揭示作品对于人类美术活动的意义上，以帮助儿童从多样化的作品表达方式中吸取审美经验，提高其审美判断能力和审美趣味。

例如，对《大碗岛的星期天》的评价，教师可以向儿童提问："你觉得这幅画美吗？""你喜欢这幅画吗？""你看后感觉如何？""你是否想把这幅画挂在教室里？"然后，教师总结："这幅画上人物多样、色彩丰富，看上去五彩缤纷又很有规律，整个画面呈现出一种不对称的均衡感。可见，画家在画这幅画的时候很认真地思考过，画得也很仔细。今后我们画画时也要自己认真思考，用自己的方法把画画得美一些。"

以上所论述的是美术欣赏过程各阶段的指导。教师在实施过程中应注意以下几点。

（1）在描述、形式分析、解释、评价四个阶段中，教师应针对不同年龄儿童的年龄特点来进行指导，一般而言，年龄越小，越宜采用较前的步骤。

（2）幼儿园的美术欣赏教育活动有绘画、雕塑、工艺美术、建筑艺术、儿童美术、自然景物和周围环境七种类型。教师在进行指导时，无论在哪一个阶段，都要注意紧扣本类型的审美特征来进行。

（3）无论是哪一个阶段的指导，教师的语言都应该是通俗易懂、简明扼要的，要让儿童能理解。

（4）学前儿童美术欣赏教育主要有专题欣赏和随堂欣赏两种形式，教师可根据不同的欣赏形式，采取不同的阶段组合指导。一般而言，专题欣赏的指导要全面些，随堂欣赏的指导可简练些。

第三节 幼儿园美术欣赏活动案例分析
主题：布艺欣赏与制作

一、主题设计思路

布是幼儿手工活动中的常用材料。本单元通过对各种布艺作品的欣赏与设计制作，以提高幼儿对布艺作品的欣赏能力，培养他们对服装美的审美能力，激发其美化生活的愿望，以及对祖国优秀的服装文化的崇敬之情和对多元文化的尊重，同时发展幼儿初步的创新意识和创造能力。在布艺单元中，包含了以下五个活动：（1）蓝印花布的欣赏与制作；（2）民族服装欣赏；（3）古代服装欣赏；（4）现代服装欣赏；（5）服装设计、制作与装饰。各种服装欣赏的目的主要是引导幼儿初步接触中国传统服装文化及与幼儿生活相关的现代服装文化，让幼儿了解其艺术特色。在欣赏基础上进行的服装设计与制作主要目的是培养幼儿初步的设计与制作能力，并以此发展他们的创新意识和创造能力。

二、活动目标

1. 欣赏蓝印花布的花纹与色彩搭配，学习设计花布。
2. 欣赏各类服装的款式、色彩与装饰图案，了解其主要的艺术特色。
3. 在欣赏的基础上，通过仿制和创造相结合的方法，根据自己的意愿设计服装。

4. 感受布艺活动的乐趣，喜欢参加布艺制作活动，并愿意用自己的作品美化生活。

5. 锻炼手部肌肉，提高手的动作的灵活性。

三、作品、材料与教具准备

1. 蓝印花布作品：中心花纹图案布、百子图布等。

2. 民族服装：汉族、藏族、蒙古族、彝族、傣族、苗族等民族的服装。

3. 古代服装作品：春秋、唐朝、明清等时期的服装。

4. 现代服装作品：晚礼服、日常装、休闲装、婚纱等。

5. 各种服装的幻灯片或光盘；白布、颜料、画纸、画笔。

四、背景资料（略）

五、具体活动

活动 1　蓝印花布欣赏

活动目标

1. 感受蓝印花布青白对比的色彩美。

2. 通过动手操作，感受图案设计的趣味性及独特的形式美。

活动准备

1. 中心花纹图案的蓝印花布一幅（中心是三条围着荷花游的金鱼，四周是用荷花、点、线等装饰的图案）、百子图蓝印花布一幅。

2. 实物投影仪、蓝色纸、白色粉笔。

3. 用蓝印花布制作的各式服装、围裙、拎包等。

4. 如果可能的话，教师也可穿上由蓝印花布做的衣服。

活动过程

1. 用实物投影仪出示中心花纹图案的蓝印花布，引导幼儿欣赏。

（1）教师：你看到了什么？（在审美欣赏的描述阶段，教师应首先给幼儿一定的时间进行独立的欣赏，不要操之过急，或讲得太多，要尽可能让幼儿畅所欲言，尽量不打断其陈述，充分发挥他们的观察力、艺术想象力和语言表达能力。只有当幼儿需要帮助时，教师才可以用启发的方式、提问题的形式给他们以线索启迪，引导他们观察、想象，并进一步地陈述清楚）

幼儿：我看到了鱼。

幼儿：我看到了花和树叶。

幼儿：我看到了波浪线，还看到中间是花蕊。（幼儿纷纷指称自己所见的画面物象）

（2）教师：你们在画面上还看到了哪些图案呢？（在幼儿已经感知到作品图案的基础上，引导幼儿进一步展开、穷尽自己的视觉所见）

幼儿：我看到上面有鱼、树枝、荷花。

幼儿：四周围有四个小点点。

幼儿：这是一个中心花纹的图案。（幼儿已能将在剪纸活动中所学到的美术知识迁移到此处，这说明他们已经真正理解了什么叫作中心花纹的图案）

（3）教师：刚才小朋友看到的都是形状。除了这些，还看到了什么？（教师的总结和提问意在为幼儿提供思考的线索，让幼儿能够进一步地从更多的方面穷尽自己的视觉感知）

幼儿：这块花布的颜色只有两种。

（4）教师：那请你告诉大家，你看到了哪两种颜色？（顺应幼儿的思路，引导幼儿进一步展开自己在颜色方面的所见）

幼儿：我看到了蓝色和白色。

（5）教师：你看到蓝白两种颜色有什么感觉？（教师又顺应幼儿的思路，引导他们在审美层面上来谈论自己的感受）

幼儿：我觉得深颜色配浅颜色很好看。

幼儿：我看到了蓝色和白色的对比。（幼儿能说出"对比"一词，说明他已经感觉到了蓝色和白色的深与浅）

（6）教师：你看到了蓝色和白色的对比，有什么感觉？（教师的追问会引导幼儿将自发的感受在理性层面上表达出来）

幼儿：我觉得看起来眼花。（幼儿将自己对花纹的真实的视觉感受表达出来了）

（7）教师：为什么眼花？（此处教师并没有单纯地否定幼儿的感受，而是引导幼儿思考产生这种视觉感受的原因）

幼儿：因为花纹多。

幼儿：花纹很丰富。

教师：花纹多有时就会有眼花的感觉。不过我们可以把眼睛眯起来看这块蓝印花布，这样可能就不眼花了。

幼儿眯起眼睛欣赏。

（8）教师：你们看到的颜色是多还是少？

幼儿：我看到的颜色少，只有蓝色和白色。

（9）教师：你看到蓝色，心里有什么样的感觉？（引导幼儿从局部的蓝色进行联想，感受蓝印花布的纯净与清爽）

幼儿：我看到蓝颜色就联想到一片大海。

幼儿：我看到蓝颜色就想到了天空。

幼儿：我看到了蓝颜色就想到了云朵。

幼儿：我看到了蓝颜色就想到了游泳。

幼儿：我想到了水，它使我们有安静清爽的感觉。（幼儿纷纷表达自己个性化的感受与联想，而这正是艺术欣赏所需要的）

（10）教师：那白色给我们什么感觉？（同样地，教师引导幼儿从局部的白颜色进行联想）

幼儿：干净。

幼儿：洁白。（幼儿感受到蓝印花布的纯净与清爽）

（11）教师：画面上哪个地方的白色多？哪个地方的蓝色多？

幼儿：中间蓝色多，周围白色多。

（12）教师：请你们眯起眼睛看一看，能不能看出虚与实？（引导幼儿从蓝印花布的整体风格上感受色彩所造成的虚实）

幼儿：中间蓝色多是实，周围白色多是虚。（幼儿又一次将以前对虚实的感受迁移到眼前的艺术作品上来）

教师：白色是底色，看上去虚；蓝色是花纹，颜色深，看上去实。（教师对幼儿的观点做出强调说明，而并不一定总是重复"你说得很好"。因为这样的话语随时会阻碍对话的深入）

（13）教师：为什么要这样画？（引导幼儿从理性层面思考审美感受，有助于幼儿审美能力的培养）

幼儿：这样主要的部分就突出了，形成了虚实对比。

（14）教师：你们看到这块由蓝色和白色组成的蓝印花布画面有什么感觉？（引导幼儿从整体上感受蓝印花布的风格特征）

幼儿：我感到很清爽。

幼儿：我感到很朴实。（由以上幼儿的回答可以看出，幼儿学习、感受艺术的潜能巨大，只要教师顺应儿童发展的需要去进行引导，这种潜在层面的审美需求是可以转化为现实层面的审美能力的）

（15）教师：你喜欢蓝印花布吗？为什么？（引导幼儿进行反思层面上的审美判断，这对幼儿审美趣味的提高大有好处）

幼儿：喜欢。因为好看。

幼儿：喜欢。因为蓝印花布让人感到很清净。

幼儿：喜欢。因为颜色好看。

幼儿：我不喜欢。因为蓝颜色太多了，我喜欢白颜色多的。

幼儿：我喜欢。虽然颜色用得少，但画面很丰富，很漂亮。

幼儿：我觉得好看。因为画面上实的地方有虚，虚的地方有实。

幼儿：我喜欢。它的图案有的大，有的小。

幼儿：我也喜欢。因为有很多图案代表荣华富贵。（幼儿从整体上、从

颜色上、从图案上、从画面虚实对比上以及从画面内容上表达自己对作品的真实感受及进行审美判断的理由)

2. 教师出示《百子图》,让幼儿欣赏。

(1) 教师:这是用制作蓝印花布的方法创作的一幅画,你在画面上看到了什么?(教师通过具体范例欣赏加强幼儿对蓝印花布的感受)

幼儿:我看到了人。

幼儿:我看到了亭子。

幼儿:我看到了风筝。

(2) 教师:这幅画叫《百子图》,画面上画了一百个孩子。看一看,这些孩子在干什么?

幼儿:在锻炼身体。

(3) 教师:这些孩子的动作都不相同。你看看都有哪些动作?(由于幼儿的回答非常笼统,因此,此处教师的回应是一条启发幼儿思考作品中人物姿态的线索,它有助于幼儿进一步深入地欣赏)

幼儿:有的在玩陀螺,有的在斗蟋蟀。

幼儿:在放风筝,踢毽子,做游戏。

幼儿:这些孩子的动作是千姿百态的。(以上三位幼儿对于作品形象动态的回答在呼应着教师启发,可见教师回答式的问题真正起到了线索启迪的作用)

(4) 教师:这些孩子给大家什么感觉?他们长得怎样?(引导幼儿从审美感受的角度谈论自己的想法)

幼儿:他们的身体长得很壮。

幼儿:他们的身体长得很结实,很健康。

幼儿:他们的动作很灵活。

(5) 教师:你们知道作者为什么要制作这幅作品?想表达什么意思?(引导幼儿感受作品的意义)

幼儿:他希望所有的孩子都像图上的孩子一样快乐。

幼儿:他希望所有的孩子都像图上的孩子一样幸福。

幼儿：这些孩子很勇敢，他希望我们也很勇敢。（幼儿已能从画面形象理解作品的内涵。他们把自己也融入其中，把自己的内在情感投射到外在审美对象上，形成一种物我不分的境况，觉得自己就是对象，对象就是自己，在似现实又超现实的境界中生活、体验、分享，实现神与象游，物我为一，获得审美享受）

（6）教师：你喜欢这幅《百子图》吗？为什么？（引导幼儿在理性层面上进行审美判断）

幼儿：我喜欢，因为这幅画让我感动。（幼儿从自己的感受上来进行审美判断）

幼儿：这些孩子很幸福。

幼儿：我喜欢，因为画面上的东西很多，很丰富。

幼儿：我不太喜欢，我觉得蓝颜色太多，但我喜欢这幅画的内容。（该幼儿分别从形式和内容两方面谈自己的审美判断）

幼儿：我感觉很好看。

教师：《百子图》是一幅蓝印花布作品，也是中国吉祥图案之一。图中一百个小孩在做各种游戏，有的弹琴奏乐，有的放风筝，有的画画，有的坐飞梯，有的舞龙灯，有的放鞭炮，还有的玩陀螺，千姿百态，气氛活跃。

（7）教师：你们知道人们为什么要印制蓝印花布吗？

幼儿：为了好看。

幼儿：为了让大家感到幸福，过上好日子，穿上好衣服。

（8）教师：你还见过哪些用蓝印花布做的东西？（蓝印花布作为一种手工艺品，既有审美的价值，也有实用的价值。此处教师的问题是让幼儿把艺术与生活有机地联系起来，力求理解艺术与生活的关系。也起到让幼儿关注生活中的美的作用）

幼儿：做衣服，我看到季老师穿的裤子是用蓝印花布做的。

幼儿：可以做装饰。我看到我们班上挂了好多用蓝印花布做的装饰画。

幼儿：当围巾。

幼儿：做窗帘。

幼儿：做围裙。

教师：对了，我这里就有很多用蓝印花布制作的东西，你们可以看一看。出示准备好的各种蓝印花布做的服装、围裙、拎包等物品，供幼儿欣赏。

3. 引导幼儿仿制蓝印花布。

教师：下面请大家试着在蓝纸上用白笔仿制一幅蓝印花布作品。

4. 幼儿操作结束后，将其作品拼贴在一起，成为一幅大的装饰画，结束活动。

活动建议

有条件的话，可带领幼儿参观蓝印花布的制作过程，也可学习自己制作蓝印花布。

活动2 民族服装欣赏

活动目标

1. 欣赏各民族服装的款式、色彩、图案和质地等特点，感受各民族人民对美好生活的向往。

2. 了解我国各民族优秀的服装文化，懂得尊重各民族的文化习俗。

活动准备

1. 汉、藏、蒙古、彝、傣、苗等民族服装，包含民族服装图片或视频的光盘。

2. 幼儿穿的民族服装若干套，各民族音乐磁带一盒。

活动过程

1. 出示各民族服装，请幼儿摸一摸，看一看。

（1）教师：你看到了什么？（以前通常的做法是，教师拿出衣服说："这是汉族的衣服，它是用丝绸做的，摸上去滑爽。"这样的教法是封闭性的，它让幼儿没有思考的空间。在这里，教师并不急于将自己对作品的看法亮出来，而是提出开放式的问题，让幼儿畅所欲言）

幼儿：我看到那件衣服摸上去滑溜溜的。（幼儿的语言虽然不甚准确，

但通过手的触摸觉活动，他们已能从服装的质地上来进行审美感知）

幼儿：我看见那件衣服是短袖的，有点像是真丝的。

幼儿：我看到红色的衣服上面有花，是牡丹花。

幼儿：我还看到衣服上有桃花。

幼儿：我觉得有的衣服是用蚕宝宝吐的丝做成的布料做的。

幼儿：这件衣服是蒙古族的。

（2）教师：这些衣服是什么样的？（当幼儿说出民族服装时，教师顺其自然地、不失时机地跟进一个问题，帮助幼儿从服装款式的角度拓展自己的思路）

幼儿：这件是短袖，有点像是 T 恤。

幼儿：衣襟是斜着开的。

幼儿：我觉得衣服袖子很长。

幼儿：我觉得衣服上面是短裙子。（幼儿从服装的款式结构上谈论）

（3）教师：这些衣服的颜色是怎样搭配的？（教师引导幼儿从色彩这一形式要素上来感知服装的审美特点）

幼儿：有的衣服颜色用得多，有的衣服颜色用得少。

（4）教师：哪套衣服的颜色用得多？哪套衣服的颜色用得少？这样配色给你什么样的感觉？（这些开放性的问题能让幼儿具体、深入地谈论下去）

幼儿：藏族衣服的颜色用得多，回族衣服的颜色用得少。藏族衣服给我的感觉是很热闹、很漂亮，回族的很清爽、很淡雅。（幼儿从色彩种类的多与少上感受到不同民族服装的风格特征）

（5）教师：这些民族的人们为什么要这样搭配？（引导幼儿从理性层面探究各民族服装色彩搭配的原因）

幼儿：我想可能是因为藏族的人们喜欢跳舞，所以他们的衣服都很花，用的颜色很多。

幼儿：回族的人们可能不喜欢跳舞，他们就穿得淡一些，颜色用得少一些。（幼儿根据自己对各民族的感性经验来寻找理由）

（6）教师：这些衣服上有些什么样的花纹？为什么要用这些花纹？（教

师引导幼儿从图案花纹这一形式要素上来感知服装的审美特点)

幼儿：有的衣服上有牡丹花，有的衣服上有叶子，有的衣服上有花边，有的衣服上有龙和凤。

幼儿：这些花纹很好看，很漂亮。

幼儿：牡丹花是国花，大家都喜欢。

(7) 教师：你看了这些花纹有什么感觉呢？(引导幼儿谈论对花纹的形式审美的感受)

幼儿：牡丹花是代表富贵的，代表幸福的。

幼儿：凤是代表人们幸福快乐的，凤会飞，会带她到好地方去。(幼儿谈论自己对这些装饰图案的理解)

(8) 教师：你发现这些花纹主要在衣服的什么位置？为什么要放在这些位置上？(引导幼儿谈论花纹的位置与规律)

幼儿：这些花纹主要在衣服的胸前，也有的在领子上和袖口上。

幼儿：我发现有的衣服到处都有花纹。

幼儿：放在胸前很突出，衣服就很好看。(幼儿已经能认识到花纹装饰的规律，并能谈论自己对此构图的感受)

(9) 教师：你摸在上面有什么感觉？(引导幼儿通过触摸觉感知服装的质地)

幼儿：藏族的衣服很厚，回族的衣服很薄。

幼儿：藏族的衣服袖口和帽子上都有一条毛茸茸的边，感觉很暖和。

(10) 教师：摸过以后你能说出这些衣服分别用什么面料做成的吗？他们为什么要用这种面料做衣服？

幼儿：藏族的衣服可能是用厚的棉布做的，回族的衣服可能是用真丝做的。(幼儿通过触摸觉感知不同民族服装质地的特点)

幼儿：我觉得是因为藏族人生活的地方比较冷，他们就喜欢颜色多一些，衣服厚一点，他们就会觉得暖和。回族人住的地方热，白色的衣服薄薄的，就觉得凉快。(幼儿从不同的角度理解不同民族服装的设计特点)

(11) 教师：各个民族的人民根据自己所居住地点的气候条件设计自己

的服装，并仔细考虑了衣服的款式和颜色，所以，现在我们看到的这些衣服都很漂亮。大家觉得这些民族的人们怎么样？

幼儿：我觉得他们很聪明。

幼儿：我觉得他们很会动脑筋。

幼儿：以后我也要当一个服装设计师，设计好多漂亮的衣服。（教师总结性的发言，激发起幼儿对各民族人民的勤劳与智慧的崇敬之情和对服装设计的兴趣）

（12）教师：在这些漂亮的衣服里，你最喜欢哪一套？为什么？（引导幼儿进行审美判断，并从理性层面进行反思）

幼儿：我最喜欢新疆人穿的衣服，他们的衣服颜色很多，很鲜艳，裙子长长的，大大的，跳起舞转圆圈时特别好看。

幼儿：我喜欢汉族的旗袍，上面的吉祥图案很美。

幼儿：我喜欢藏族的衣服，我觉得他们的衣服冬天穿起来很暖和。

幼儿：我喜欢这件有牡丹花和凤凰的棉袄，红红的，喜气洋洋的，过年的时候穿。

2. 请幼儿穿上民族服装进行表演。

（1）教师：老师今天给大家带来了小朋友可以穿的民族服装，你们每个人可以选择一套衣服穿上，然后跟着音乐进行服装表演或跳舞。再互相说一说"我穿的是什么民族的衣服，它美在哪里"。（将美术欣赏与音乐表演结合在同一个活动中，遵循教学的动静交替的原则，同时多学科的融合也体现了生态美育的理念）

（2）幼儿高兴地各自选择自己喜欢的民族服装试穿，并告诉同伴自己喜欢什么样的衣服以及为什么喜欢这套衣服。（让幼儿不仅用语言说一说，而且全身心地参与活动，这充分调动了幼儿的积极性。事实表明，幼儿对于这样的活动方式是喜欢的、愿意参加的）

（3）最后，教师说一说自己的喜好：老师最喜欢这件旗袍，桃红色的真丝缎面料上绣着精美的花卉图案，花的颜色与底色对比强烈。我穿上它一定很美丽。（教师把自己当作幼儿群体中平等的一员，发表自己的审美判断）

（4）教师也像幼儿一样穿上这件旗袍，并学模特儿走起了"猫步"，进行时装表演。全体幼儿鼓掌。(师幼平等地"同台"演出，使得师幼关系更加亲近)

3. 教师和幼儿一起随音乐跳舞或时装表演结束活动。

活动建议

本活动与下面的古代服装欣赏和现代服装欣赏为一个系列，活动的基本结构大致相同，由于内容较多，因而可分为三个课题。在操作前可有一些基本装饰纹样的训练。

活动 3　古代服装欣赏

活动目标

1. 欣赏不同时代服装的款式、色彩、图案等的美，感受古代劳动人民对美好生活的向往。

2. 萌发对我国古代劳动人民所创造的优秀文化的崇敬之情。

活动准备

1. 不同朝代的服装图片或光盘，电脑。

2. 有条件的话，带领幼儿参观博物馆织绣馆内的古代服装，重点参观清代的龙袍。如果可能，也请准备龙袍实物一件。

3. 不同朝代服装的戏剧录像带，录像机。

活动过程

1. 教师出示春秋、唐朝、明清时期的服装图片，给幼儿一段时间仔细观察这些服装的款式、色彩、图案、质地等特点。（在欣赏开始时，给出一段时间让幼儿充分地感知、体会这些作品，是一种有效地发挥幼儿自主性的好方法。那种匆匆地说出自己的观点或急于让幼儿描述的做法都是看不到幼儿的潜能、不尊重幼儿主体地位的表现)

（1）教师：这些服装看上去怎么样？（教师的问题引导幼儿进入审美状态）

幼儿：有的衣服看起来很鲜艳。

幼儿：有的衣服看上去很暗。

幼儿：有的衣服袖子比手长，手被遮住看不见了。

幼儿：以前人的膀子比较粗，所以他们的衣服的袖子又宽又大又长。（幼儿首先发现的是古代服装与现代服装在结构上的不同之处）

（2）教师：你们知道为什么古代衣服的袖子做得又宽又大又长吗？

幼儿：我在电视里看到古代人会从袖子里拿出东西来，可能长袖子就是口袋。

幼儿：因为那个时候的衣服没有口袋。

幼儿：从袖子里拿出东西来，像在变魔术。

幼儿：他们唱戏的时候长袖子甩来甩去很好看。（幼儿模仿甩水袖的样子）（幼儿各自运用自己的想象来猜测原因，这在欣赏过程中是被提倡的）

（3）教师：这些衣服做成了什么样子？领子、袖子是怎样变化的？（教师引导幼儿从服装的款式上进行欣赏）

幼儿：现在人的领子有的是立起来的，有的是倒下来的。

幼儿：有的衣服是有领子的，有的衣服是没有领子的。

（4）教师：衣服上下是分开的还是连起来的？（教师引导幼儿注意观察服装的结构）

幼儿：有的衣服是连起来的，有的衣服是上下分开的。

幼儿：有的衣服都是很亮的颜色，有的衣服都是很暗的颜色。

（5）教师：这些服装都有哪些颜色？这些颜色是怎样搭配的？（当幼儿已经注意到服装的颜色时，教师自然而然地引出关于色彩这一形式要素的话题）

幼儿：有红色、金黄色、绿色、淡绿色。

（6）教师：你喜欢哪几种颜色搭配起来的衣服？（引导幼儿谈论自己对服装颜色的审美趣味）

幼儿：我喜欢粉红色和其他红色搭配起来的衣服，我觉得这样的配色好看。（幼儿已经理解同种色搭配，并将自己的审美趣味定位于此）

幼儿：我喜欢七色彩虹一样的配色。（同样地，幼儿已经理解按照一定的顺序来进行的色彩搭配，同时也将此作为自己的审美趣味）

幼儿：我觉得这件衣服的颜色不怎么好看。

（7）教师：你为什么觉得这样不好看？（教师允许有不同意见存在，这是教师平等对待幼儿的一种表现。但教师可以帮助幼儿深入地探讨其有不同意见的原因）

幼儿：因为它的颜色有点暗，要是再亮一点就好了。

幼儿：我喜欢绿色和粉红色搭配在一起。

（8）教师：为什么你喜欢这样的配色？（教师帮助幼儿从理性层面反思自己的审美趣味）

幼儿：因为绿颜色用得多一些，粉红色用得少一些。（幼儿懂得，量的多少即面积也是配色中一个很重要的因素，并能自觉地加以评述）

（9）教师：这样的配色看上去怎么样？

幼儿：这样的配色看上去很舒服。

（10）教师：这些衣服上有哪些图案花纹？（引导幼儿描述所见的图案纹样）

幼儿：有许多花纹，最多的是龙和凤。

幼儿：还有的花纹是小草。

幼儿：还有牡丹花。

幼儿：还有像云一样的图案。（幼儿注意到了服装上中国特有的图案纹样）

教师：这种像云一样的图案花纹叫作云头纹，是中国特有的一种图案花纹。我们在这里所看见的这些花纹都是我们中国人很喜欢的。（教师顺应儿童的思路，自然而然地介绍中国传统的民族纹样）

（11）教师：看到这些图案，你想到什么呢？（引导幼儿根据眼前的图案进行联想）

幼儿：牡丹花是很美好的意思。

幼儿：牡丹花大大的，是花中之王。

幼儿：我知道，牡丹花是中国的国花，表示富贵。

（12）教师：什么是富贵呢？

幼儿：就是钱多的意思。

幼儿：表示家里很有财富。

幼儿：每个人都想生活幸福美好。（幼儿自发地通过纹样理解牡丹花的寓意）

（13）教师：人们为什么在衣服上绣上牡丹花？

幼儿：表示他们很爱美，心情很好。（"富贵"是一个较为抽象的词，当个别幼儿说出时，教师用提问—回答的方式，用幼儿自己的解释让其他幼儿懂得其内涵。这既锻炼了幼儿的语言能力，又让幼儿加深了对"富贵牡丹"这一寓意的理解）

幼儿：我看到凤凰了。

（14）教师：看到凤凰，你想到什么？（引导幼儿对艺术形象进行联想）

幼儿：是表示女人。

幼儿：因为她们是女人，就要穿代表女人的衣服。

幼儿：凤凰很漂亮，有五彩缤纷的颜色。

幼儿：凤凰飞起来的样子很美，像女人在跳舞。（幼儿同样自发地通过纹样理解凤凰的寓意）

（15）教师：请你摸一摸这些衣服，摸上去有什么感觉？（引导幼儿通过多通道的感觉器官进行审美感知。这是幼儿阶段很重要的一种欣赏方法）

幼儿：摸上去很光滑。

幼儿：摸上去滑溜溜的。

2. 教师出示龙袍，引导幼儿欣赏。

（1）教师：你们知道这是谁穿的衣服吗？上面有些什么样的图案？（重点欣赏清代皇帝穿的龙袍，感受龙袍精良的质地、华丽的色彩、具有丰富内涵的图案等特点，以起到"解剖麻雀"的作用）

幼儿：哇！

幼儿：乖乖！

幼儿：真漂亮！

……

有的幼儿在拍手，有的幼儿兴奋地跳起来。（幼儿对于设计精妙、制作精美的龙袍表现出惊讶和赞叹。由于无意识的情感具有潜在的统摄作用，当儿童沉浸在某种情感状态之中后，一般地，他们不会有意遮掩自己的强烈感受，而基本上按激发起来的情感对艺术品做出应对，会不自觉地把这种情感弥漫在对艺术品所进行的知觉和想象当中。于是，我们就常常会看到儿童在对艺术的欣赏过程中有外显性的行为存在）

幼儿：是皇帝穿的，因为上面有龙，龙是代表男人，皇帝是男人，所以要穿有龙的图案的衣服。（虽然皇帝的时代离孩子们的生活较远，但大众传媒使得幼儿对此并不陌生，因而当教师出示龙袍时，孩子们仍然兴致勃勃。可见，幼儿教育内容的选择并不以它与幼儿生活的真实距离为依据，而是以它与幼儿的心理距离为依据）

幼儿：皇帝喜欢黄色的衣服，皇帝最喜欢钱，所以就穿黄色的衣服。（大笑）

幼儿：他喜欢权力，他最喜欢管别人。

幼儿：这件衣服上有很多龙，还有云。（教师给予宽松的心理环境，让幼儿充分地发表自己对龙袍的感受）

（2）教师：龙除了代表男人以外，还有什么意思？

幼儿：代表力量，很威风。

幼儿：还蛮凶的。（幼儿已能感受到龙的象征意义）

（3）教师：皇帝为什么要把龙绣在自己的衣服上呢？

幼儿：因为皇帝最大，最厉害。

幼儿：皇帝穿上有龙的衣服，人们就知道他是皇帝了。

（4）教师：你看到之后有什么感觉？为什么？（再次让幼儿表达自己的审美感受）

幼儿：我觉得很威武。

（5）教师：你摸在龙袍上有什么感觉？（请幼儿通过多通道感官感受龙袍这一丝织品滑爽的质地）

幼儿：摸上去滑溜溜的。

幼儿：绣了龙的地方凸出来了。（幼儿能感受到刺绣的浮雕感）

3. 引导幼儿再次感受古代服装的美，帮助幼儿形成审美判断。

(1) 教师：看到这些从前的衣服，你想到了什么？（引导幼儿感受古代人民对美好生活的向往，他们用勤劳智慧的双手装扮自己，美化生活）

幼儿：我发现现在的衣服和古代的衣服不一样，以前的人穿上衣服看不到腿。现在的人穿裤子，腿就看到了。（幼儿发现了衣服的款式的不同）

幼儿：男人的衣服上有龙，女人的衣服上有凤凰。（幼儿发现了男女服装的差异）

幼儿：老百姓穿的衣服就没有龙和凤凰，只有花花的图案。（幼儿发现了不同人物服装之间的纹样差异）

幼儿：以前人穿衣服都要自己做，现在的人穿衣服就去买。

幼儿：以前人要想穿花衣服就要自己绣，现在的布都是印好的花布。（幼儿自发地从服装联想到古代和现代在服装消费上的进步）

(2) 教师：你最喜欢哪件衣服？为什么？（引导幼儿进行审美判断，并从理性层面进行反思）

幼儿：我喜欢这一件。因为这件衣服有好多颜色，搭配起来很好看，用得最多的是蓝色，有凤凰和牡丹花，这件衣服很高级、很精致。（幼儿从服装的形式美上来阐述自己的审美趣味）

幼儿：我喜欢这一件。因为它都是红色，上面有很多花，中间是大花，旁边是小花。

幼儿：我最喜欢这件龙袍，金黄色的底色上绣着精致的龙的图案，龙袍是专门给皇帝穿的衣服，皇帝穿上龙袍更显得威武庄重。（幼儿从服装的形式和内容两个方面上来阐述自己的审美趣味）

4. 教师播放古装戏曲片，让幼儿边欣赏其中的服装，边学戏中的人物表演。

活动4 现代服装欣赏

活动目标

1. 欣赏现代服装在款式、色彩、图案、质地等方面的特点。

2. 了解丰富多样的现代服装，懂得尊重服装文化的多元性。

活动准备

1. 各式各样的服装及服装图片资料（如晚礼服、日常装、休闲装、婚纱等）光盘。

2. 模特表演录像，幼儿看过服装模特表演。

3. 请幼儿穿上自己最漂亮的衣服，教师自己也穿上漂亮的衣服。

活动过程

1. 教师为幼儿展示各式现代服装，请幼儿欣赏。

（1）教师：我们看过很多古代人穿的衣服，也看过许多不同民族的人穿的衣服，今天我们来看一看另外一些衣服。看一看，这里有些什么样的衣服？（教师提起古代服装和各民族服装，意在帮助幼儿回顾以前欣赏过的内容，从而在头脑中形成一个有联系的知识系统）

幼儿：哇，真漂亮！（幼儿发出自己的感叹，表明幼儿已对眼前多样的服装形成了审美注意）

（2）教师：这些都是什么样的衣服？什么时候穿的？

幼儿：出去时穿的。有太阳时穿的。

幼儿：学生上学时穿的。

幼儿：新娘子穿的。

幼儿：这些是运动时穿的，是运动服，这是游泳服。

幼儿：上班时穿的西装。

（3）教师：你怎么看出是西装的？

幼儿：因为它没有花纹，颜色有点灰灰的，跟我爸爸穿的一样。（幼儿基本上掌握了西装的颜色特征）

（4）教师：其他衣服的颜色是怎样搭配的？

幼儿：这一件是黑色和黄色搭配的，很好看。

幼儿：这一件是浅绿色的底色上有深红色的大花。

（5）教师：这样搭配看上去怎么样？（引导幼儿注意自己的审美感受）

幼儿：这样看上去就有对比了，在很远的地方就能看得见。（幼儿谈论对比原理所带来的视觉感受）

幼儿：看得很清楚。

（6）教师：现在看一看，这些服装是什么式样的？（教师引导幼儿从衣服的开襟位置、领子、袖子及口袋等方面进行讨论）

幼儿：上身是黑色的，紧紧地贴在身上，裙子很长很大，是红色的。

（7）教师：这是什么对比？

幼儿：松的和紧的对比。

幼儿：还有上面短，下面长，也是对比。（幼儿已经熟练地掌握了对比的内涵，而不仅仅是色彩的对比）

（8）教师（出示不同材料做的服装）：大家可以摸一摸这些衣服，它们是用什么材料做的？幼儿纷纷触摸不同材料制作的衣服，体会其质地的差异。

幼儿：我知道，新娘子穿的这件衣服是用纱做的。

幼儿：这件旗袍是用真丝做的，摸上去很光滑。

幼儿：这件衣服是用机器织的布做的。（幼儿根据自己在生活中积累的经验感知服装的材料）

教师：这种材料叫化学纤维，平常我们把它叫作化纤。（教师及时教给幼儿关于材料的知识）

（9）教师：不同的材料做的衣服摸上去感觉怎么样？看上去感觉怎么样？（让幼儿感受不同面料服装的不同触摸感觉）

幼儿：化纤的衣服摸上去没有真丝的衣服光滑。（幼儿表达自己触摸后的感受）

（10）教师：请你比较一下，现代服装和古代服装有什么不同？人们为什么要把衣服做得这样漂亮？这些服装中你最喜欢哪一件？为什么？

幼儿：我喜欢婚纱，长长的白裙子，拖在地上，非常漂亮。

幼儿：太长了，怎么走路呀？（有幼儿从实用的、生活的角度谈论）

幼儿：没关系，有小天使帮新娘拉着裙子。我阿姨结婚的时候，我就是拉裙子的小天使。

幼儿：这条裙子的裙摆大大的，转起来很好看。

幼儿：这件衣服的袖子泡泡的，我很喜欢。（大多数幼儿从服装的款式上谈论自己的审美趣味）

幼儿：这件婚纱很好看，但是后面的背景不好看，像魔鬼。（幼儿已能将形象与背景相联系）

（11）教师：那我们仔细看看，背景到底是什么材料做的？（教师顺应幼儿的思路，引导他们将形象与背景做进一步的比较欣赏）

幼儿：是石头的。特别粗糙。

（12）教师：我们把漂亮光滑的婚纱与粗糙坚硬的石头背景比一比，感觉怎么样？（引导幼儿进行对比）

幼儿：这样看，婚纱就更亮了，更好看了。

幼儿：摸一摸石头，再摸一摸婚纱，就会觉得它更滑。（幼儿已经能够从婚纱和石头的质地的对比中感受二者的区别）

教师：是啊！把漂亮、光滑的婚纱放在由粗糙、坚硬的石头组成的背景中，我们就能更加感受到婚纱的柔软、漂亮和光滑。

2. 引导幼儿互相欣赏各自的服装。

（1）教师：今天，我们班的小朋友都穿得很漂亮，我们来欣赏欣赏。大家可以互相说一说。（教师把艺术欣赏与幼儿自身的生活结合起来，让幼儿感到服装是生活中存在的，只要注意观察，做一个有心人，就可以随时在生活中发现美的东西）

幼儿相互间欣赏别人的衣服。（此时教师允许幼儿相互讲述和用动作表达自己的感知）

（2）教师：你最喜欢哪个小朋友穿的衣服？说一说，他的衣服是什么式样的？什么颜色的？上面有些什么花纹？（教师的提问为幼儿的欣赏提供了线索，即欣赏要从款式、颜色和花纹几方面去进行）

幼儿：我最喜欢王心欣的衣服，她的衣服的领子和翻过来的袖口是红色的，身上是深蓝色的，上面还有一条一条红颜色的、细细的线条，我觉得这样搭配很好看。

幼儿：我喜欢黄盼的裤子，因为她的裤子就像在台上跳舞的阿姨穿的一样，两边裤脚都是大大的，还绣了两朵大大的花，这样显得很漂亮。

幼儿：我喜欢张一帆的夹克衫，因为这件夹克衫短短的，像空军叔叔穿的一样，很威风。

幼儿：我喜欢潘晓渔穿的衣服，她里面穿的是白色的毛衣，外面穿的是一件像背心一样的裙子，我觉得很好看。

幼儿：我喜欢季老师穿的这件旗袍，因为它摸上去很光滑、很漂亮。
(幼儿各自从不同的角度谈论自己的审美趣味)

教师：今天小朋友们穿的衣服都很漂亮，各有各的特点。以后我们的生活水平提高了，我们穿的衣服会更漂亮。下面我们来看一看模特阿姨们的时装表演。我们一边看，一边来学一学她们是怎么表演的。

3. 教师播放时装表演录像，幼儿边看录像边跟着表演。(将观看与表演结合起来，能最大限度地调动幼儿参与欣赏活动的积极性，也避免了单一的讲述可能给幼儿带来的注意力不集中的现象)

活动5 小小服装设计师

活动目标

1. 学习用不同的材料与方式设计服装。

2. 学习用点、线或各种物象和颜色进行装饰。

3. 体验合作学习的乐趣。

活动准备

1. 在平时的活动中，可以让幼儿多欣赏一些服装设计书籍，提供一些基本纹样训练和色彩训练，例如同种色、对比色、类似色的训练，以给他们一些相关知识与经验。

2. 画笔，大张的铅画纸，剪刀，废纸篓，一些大小不同、颜色各异的花纸，线绳等废旧材料，若干本有关服装设计的书籍。

3. 本次活动以四名幼儿为一组来进行。

活动过程

1. 导入活动，引起兴趣。

教师：前些天，我们欣赏了好多漂亮的服装，今天我们一起来做一次小小服装设计师，自己动脑筋设计服装。要求四个人组成一个小组。老师给大家提供了两类材料：一类是用铅画纸和笔来设计；另一类是用各种花纸撕贴成衣服。每个小组可以选择一类材料来设计。现在大家可以考虑一下。（以小组形式进行设计活动，可以让幼儿在设计过程中进行分工与合作，进行合作性学习，对儿童的社会性发展将起到促进作用。而为幼儿提供两类材料，让幼儿能按照自己小组商量的结果自由地选择，进行自主学习，使得其主体性得到充分的发挥）

2. 幼儿组合成合作小组，并选择设计材料。（在设计小组的组成问题上，教师应给予充分的自由。同时，教师也给予幼儿以充分的时间与材料接触，让他们了解所用材料的性质）

（1）教师：在设计之前，你们可以先欣赏桌上的服装设计书。欣赏时，可以想一想，你们看到的这些衣服是什么式样的？是由哪些颜色搭配起来的？如果是带花纹的衣服，那么设计师用了什么纹样来装饰衣服呢？是在什么部位上装饰的？（教师引导幼儿观察服装的款式、色彩及装饰纹样等，其意在于帮助幼儿积累经验，为下一步的仿制与创造打下基础）

（2）每个小组的幼儿共同欣赏书籍中的服装设计，积极地表达自己的观察所得。（幼儿经验的积累不是由教师灌输的，而是通过幼儿自己的观察得来的，这种经验容易内化为幼儿自己的东西）

（3）幼儿充分观察、讨论。

（4）教师总结：这些图案有的是上下对称的，有的则是左右对称的；有的是用比较接近的颜色，有的则是用对比强烈的颜色。服装可以在领子上、袖子上和前襟等部位上进行装饰。图案、色彩可以上下、左右对称，也可以不对称，只要小朋友觉得好看就行。所以，一定要大胆想象，用色丰富。

（5）教师：现在同一个小组的人可以在一起，共同商量你们小组想设计的服装的款式与颜色。遇到问题大家先商量，想出一个解决的办法。实在不能解决的，可以告诉老师，我们一起来想办法解决。

3. 幼儿热烈地讨论本小组即将设计的服装的款式与颜色。（宽松的心理环境是创造力得以发挥的心理前提。教师要注意减少规定，允许儿童讲话、争论，给予幼儿充分自由的空间和时间）

（1）教师巡回。（在幼儿全身心地投入到自己感兴趣的活动中时，教师应给幼儿的活动提供一段不受干扰的时间，使其自由想象，不受阻碍。这样可以给儿童带来心理上的安全感，消除他们怕受评判的紧张情绪，从而使他们能无所顾忌地自由创造）

（2）教师来到用纸设计、制作的一组，看幼儿怎么讨论。（这时，教师的角色就是做幼儿的支持者、合作者和引导者，也就是说在幼儿需要的时候，及时地提供帮助）

幼儿：我们给这个人设计一个什么样的发型？

幼儿：飘飘的披肩发！

幼儿看着教师：那——，头发用什么做？

幼儿：披肩发要飘起来才好看。（幼儿相互提示：要考虑所设计的发型的质感）

教师：那么，哪种材料可以做头发呢？（此时，教师并没有立刻给幼儿解决问题的方法，而是通过提问的方式启发他们思考）

幼儿：我知道了，可以用塑料绳子做。（幼儿通过自己思考提出解决问题的方法）

（3）教师来到用笔和铅画纸设计、制作的一组，幼儿正在讨论自己在电视里看到的服装表演的内容，也有人学着模特表演的样子。没有人注意到教师的到来，更没有人有让教师帮助的意图。教师看着孩子们的表演，笑了笑，走开了。（在幼儿没有请求帮助时，教师没有介入孩子们的活动中，体现了教师对幼儿的尊重和信任，而这正是艺术教育中培养儿童的创造性所需要的）

（4）选择笔和铅画纸的小组开始画讨论好的设计稿，选择废旧材料的小组开始用各种材料进行制作，并不时地讨论设计方面的问题。（从这里可以看出，对于手工活动中的设计与制作，幼儿可能出现先有计划性的设计，再根据设计进行制作的行为，也可能出现设计和制作同时进行的行为。对于这一点，教师应做充分的了解，以便进行有针对性的引导）

教师在教室里走来走去，并不时地回答幼儿的提问，也不时地用反问的方式引导幼儿做思考。（教师的支持者、引导者角色得以体现）

（5）教师来到已画好服装大致轮廓的小组。孩子们正在为怎样装饰争论不休。

幼儿：我觉得少数民族的衣服好看，因为他们的衣服上有许多好看的图案。

幼儿：我觉得我们要在衣服的胸前、袖口和领子上画上图案才好看。

幼儿：我看到有的人裤子的裤边也有图案，很好看。

幼儿：我还看到有的人裤子的膝盖上也绣着大大的花，两条腿的花纹大小还不一样，是不对称的。

幼儿：我看到有的阿姨的衣服在系扣子的地方有牡丹花，扣子的两边是半圆形，系起来扣子就是一朵大大的牡丹花，好看还吉祥。（从上面的讨论来看，幼儿在以前的各种服装欣赏中所获得的经验已经被迁移到本次设计活动中了）

最终孩子们决定在衣服的胸前、袖口、领子和裤子上都画上好看的图案。

4. 展示幼儿作品，教师引导幼儿从色彩、造型等方面欣赏与评价自己的作品。

教师：每一组请一位小朋友来给大家介绍你们小组是怎么设计衣服的。

幼儿：我们设计了一件古代人穿的衣服，衣领是斜开口的，还在衣服上画上了牡丹花，很美。衣服是红色的，我选的是蓝色和白色的花，袖子上镶了黄色的边，很漂亮。他们说穿上就像新娘子，我觉得我像皇后。（众幼儿大笑）

幼儿：我们设计的服装是用手撕的。我们用细细条子的花纸做裙子，用

一块红纸做衣服，再用细条子花纸做这个阿姨的头发。她在跳舞。（幼儿将以前所学的撕纸方法用在服装设计上了）

幼儿：我们设计了一条裤子，是黄颜色的。裤脚上和背带上镶了橘黄颜色的边。中间还画了一个小动物。

幼儿：我们在衣服的胸前画了两条龙，还在袖口上装饰了花边，花边是一朵朵云，就像龙袍上的云纹图案一样，我觉得我有点像皇上了。（幼儿迈着方步学古代皇帝走路的样子，众幼儿大笑）

幼儿：我们在衣服上画了许多小汽车，我们最喜欢汽车了，这件衣服是给赛车手在开赛车的时候穿的，穿上这样的衣服赛车的时候就能得第一名。（幼儿做手握方向盘，摇动身体，做开赛车的动作）

（幼儿在设计与制作过程中，已经充满了对所设计的形象及其服装的感受，表现出一种全神贯注的投入，他们完全沉浸在自己所创作的作品带来的愉悦之中，仿佛自己就是其中一个角色，能真切地体验到该角色的情感。在儿童那里，这种感受的流露是那样自然和真实，毫不做作。此时，一切的焦虑、压抑、防御等消极情绪消失了，一切的克制、阻止和约束被抛弃了，儿童体验到了纯粹的满足、纯粹的表现、纯粹的得意扬扬和快乐。）

教师：今天，小朋友们动脑筋设计了许多漂亮的衣服，掌握了设计衣服的本领。长大后，只要我们肯动脑筋，就能设计出更漂亮的衣服。

第四章

幼儿园美术创作及活动指导

第一节　幼儿园美术创作

　　幼儿的美术创作是指幼儿在头脑中形成审美心理意象（主题内容），使用艺术的形式要素（形、色等）、艺术的工具和材料将它们重新组合，创作出对其个人来说新颖独特的艺术作品的能力。在这个过程中，幼儿所获得的核心经验有：在头脑中自主地形成审美心理意象的经验；用美术的形式要素（造型、色彩、构图等）来探索画面构成及作品的外形和装饰的经验；对各种工具和材料进行探索的经验。而幼儿的这些经验是在绘画的艺术视知觉、艺术反思与艺术表达的过程中，在手工的意图、构思与设计、制作与装饰的过程中获得的。因而，在艺术创作教育过程中，教师应理解这些核心经验，要能在幼儿创作的过程中敏锐地发现幼儿的经验，并有效地支持幼儿获得这些核心的创作经验。

一、学前儿童绘画创作的心理过程

绘画创作是指创作者在一定创作欲望的推动下，运用线条、色彩和形体等艺术语言，通过造型、设色和构图等艺术手段，在二维空间（即平面）里加工、创造出静态、可感的视觉形象，以表达作者的审美感受的过程。一些理论家认为，绘画创作是一种很个性化的活动，创作过程有时很不稳定。但也有人认为，绘画创作有其一般的心理过程。

我国清朝画家郑板桥曾描述过他在画竹子时的心理过程："江馆清秋，晨起看竹，烟光日影露气，皆浮动于疏枝密叶之间。胸中勃勃，遂有画意。其实胸中之竹，并不是眼中之竹也。因而磨墨展纸，落笔倏作变相，手中之竹又不是胸中之竹也。"郑板桥的这段话中所揭示的眼中之竹—胸中之竹—手中之竹的过程实际上就是绘画创作心理的三个阶段。

美国著名艺术心理学家加登纳在他的《艺术与人的发展》一书中认为，个体的生命中有一种既有一定的连贯性又有始终一致的作用及发展式样的心理结构，这种心理结构被称为系统。艺术作品大致就是知觉、感受、制作系统相互作用的结果。知觉系统的产物是识别，感受系统的产物是情感，制作系统的产物是行为。在这里，加登纳提出了创作过程中的结构要素，虽未指出创作的具体流程，但其思想与郑板桥有异曲同工之处。

美国抽象表现派的先驱汉斯·霍夫曼则明确、精辟地提出了有关绘画创作过程的三个阶段。他认为，绘画创作就是将物质实体转化为精神实体的过程。物质实体是指经由个体的感官所认知的自然界的物体，精神实体则是指个人在意识或潜意识状态下，将对于自然界的视觉感知，在情绪及理智的作用下，运用绘画媒介所表现出来的产品。霍夫曼把绘画创作过程分为三个阶段。

阶段1：创作者对自然界的视觉获取阶段

自然界是艺术创作的源泉。自然界的物体都具有三个维度的性质，它们以占有空间而存在。霍夫曼认为，物体内的空间（正空间）是有限的，环绕物体以外的空间（负空间）则是无限的。正、负空间互为补充，组成空间的整体。自然界是空间的整体，其中充满了压力与反压力、运动现象、张力与收缩力、色与光、生命与韵律，以及崇高的神之潜能。生活在其中的个体时刻都在感受着它的变化，而个体主要的接触器官便是视觉器官。

阶段2：创作者对视觉形象的转化阶段

通过视觉器官获取的信息，还必须经过创作者头脑的转化。在霍夫曼看来，这种转化主要包括两层含义：第一，把创作者的思想感情投射于外物，即移情。第二，将移情后的感触做造型的诠释，也即将这种感触做表现形式的分析。经过头脑中的这种转化以后，创作者即可进入实际的创作阶段了。

阶段3：创作者的创作阶段

创作就是运用纸、笔等绘画工具和材料进行表现的过程。在这一表现过程中，同样融合了创作者的情感和认知，亦即将创作者的个性融入其中。透过这一创作过程，一个新的精神实体即艺术品就诞生了。

根据以上关于绘画创作过程的理论，结合笔者对学前儿童绘画创作的研究，我们将学前儿童的绘画创作过程描述为以下三个阶段。

（一）艺术视知觉阶段

绘画创作必须有原材料，大自然和生活就是画家进行绘画创作的源泉。绘画活动中，原材料是通过视觉器官所进行的知觉活动来获取的。绘画活动中的这种视知觉与一般的视知觉不同，它是指视觉对对象的形状、色彩、光线、空间、张力等审美属性及其所组成的完整形象的整体性把握。它是一种积极的视觉思维。

学前儿童对绘画创作原材料的获取是通过他们的感觉器官来进行的，其中主要的是他们的视知觉。加登纳认为，个体的视知觉经历了一个从定向知觉到偏向知觉、到完形知觉、再到超完形知觉和符号知觉的发展过程。其中，定向知觉和偏向知觉是动物和人类的新生儿所具有的知觉能力，而完形知觉、超完形知觉和符号知觉则是人类自幼儿时期开始所特有的。完形知觉是指那种能够把对象加以组织的能力，即一种在内在需要的驱动下极力将不完美形式改变为完美形式的能力。超完形知觉是一种能看到以某种方式所呈现的主导图像或完形之外的能力。这种对对象的完形和超完形知觉是通过创作者内心主观的简化原则来进行的。在幼儿阶段，儿童心理发展的一大特点是自我中心。因此，可以说，幼儿时期，儿童的知觉具有完形与超完形的特点。儿童画中的透明式与展开式的画法就是这种特点的表现。

我们还可以从下面这幅画（图4-1）中看出儿童是怎样进行视觉思维的。这幅画是笔者的女儿在两岁六个月时所作的再现她和小朋友一起坐摇船的情景。从画中可以看出，像长方形又像半圆形的图形代表了摇船，两个圆各加两条人字形线代表了两个人，线条的交叉代表了两个人是坐在摇船里，我们从摇船的侧面仍然可以看到两人坐着的样子。与这幅画所要再现的复杂事物相比，画本身是相当粗糙、简单的。然而，它展示的不仅是心灵对所要再现题材的完整结构特征的自由发现，还展示出她对这些结构特征在"线条"和"平面"等媒介中的结构等同物的发现。画中的摇船不是眼睛所见的摇船，而是一种支撑人体的"座架"，这一"座架"与两个圆形物之间则似乎是一种支撑者与被支撑者的关系。这就是说，在这个两岁半儿童的"陈述"中，包含着种种视觉概念，这些概念是在直接经验的驱使下创造出来的，却又通过形状、关系和功能中的某些突出特征达到对题材的抽象性表现。因此，这幅线条画的形式，与其说来自摇船和人的个别表象，不如说来自代表"一般性概念"的"纯形状"。它展示出在一个儿童的心目中那些能代表"坐摇船"的最重要的特征——人坐在摇船里，下面有支撑物。虽然这幅画是高度概念化的，却又完全来自对感性世界的敏锐观察和解释。它对原形的某些特征做了变通，却又没有完全脱离视觉所能接受的范围。

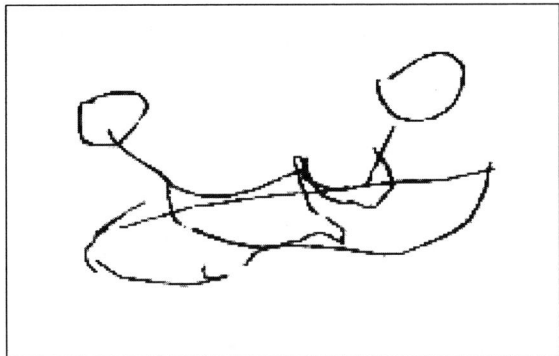

图 4-1　坐摇船

（二）艺术反思阶段

创作者通过视知觉得来的原材料还必须进入大脑进行加工、改造。这一加工、改造过程也就是艺术反思的过程。正如霍夫曼所指出的那样，艺术反思过程包括了体验和对信息的形式进行分析两个方面。

自然界和社会生活是丰富多彩的，但并非人人都能体验得到。格式塔心理学把视觉所经历的事物的状态分为物理镜和心理场两种。物理镜是指视觉对象的完全、纯粹的客观存在，这是每个人的视觉都能努力达到的对象；而心理场则是指人的心目中的事物状态。如果说，物理镜是一种既定的、客观的世界，那么，心理场则是充满了变异和主观化的天地，它把人的需要、兴趣、动机、能力、性格、心境等心理成分汇入一种创造的境界。所谓"感时花溅泪，恨别鸟惊心""蜡炬有心还惜别，替人垂泪到天明""夕阳无限好，只是近黄昏"，都是一种主观的意象，带有浓郁的情感色彩。鲍桑葵和桑塔耶纳把这种视觉对象的表现性性质称为事物的"第三性质"。利普斯认为，这是"移情"的结果；阿恩海姆则认为，这是"异质同构"的结果。因此，我们说，只有当个体进入这种主观化体验中时，才会出现中国传统绘画中所谓的"仁者见山，智者见水""喜气写兰，怒气写竹"的境界，也才能有强烈的创作欲望。而当处于明显的体验状态中的人面对特定的视觉对象时，其表象活动也会显得较为活跃，而且，表象与表象相互辉映、烘染和浸润。浪漫派画家德拉克罗瓦曾经描述道："我们在最有趣的风景前面，只得到视觉的满足？不，我们不仅被风景本身的魅力所吸引，而且还有许多其他印象，这些印象甚至使我们离开对风景本身的观察。"而这种印象的不可阻遏的纷呈正是"同这一时刻的思想情绪有关。这样，我们在不同时候感受到的同一形象，就会产生不同的印象"①。当个体内心的情感体验到一定的程度，即到了既有兴奋性又有"压迫感"，如鲠在喉，不吐不快之时，"胸中勃勃，遂有画意"，他就会产生情感表现即借助某种物态化形式将情感传达给他人的冲动，"因而磨墨展纸，落笔倏作变相"，使"眼中之竹"和"胸中之竹"变成了"手中之竹"。

学前儿童心理发展的自我中心的特点及其思维发展的形象性决定了他们生活的主观化色彩。皮亚杰认为，学前儿童的知觉处于对自己和经验不加区分，认为一切事物都与自己一样具有相同的心理（4岁以前）和认为只有活动着的对象才有生命和心理（4—6岁）这样两个泛灵论的阶段中，他们对视觉获取的对象倾注了极大的情感。在他们看来，蓝天是白云的家，满天的繁星是万盏点亮的小灯，飘零的落叶是离开了大树妈妈的可怜孤儿，颠簸的汽车是在跳舞。这样的体验一方面加深了儿童对外界视觉对象的印象，使心理意象更加鲜明、更加生动；另一方面，也激发了儿童的创作热情，促使他们从事绘画创作活动。

艺术反思阶段还包括将体验过的对象做艺术形式上的分析。我们认为，新皮亚杰学派的代表人物罗比·凯斯有关问题解决的"执行控制结构"理论可以用来说明这一过程。罗比·凯斯认为，执行控制结构"是一种内部的心智蓝图，它既代表被试构思某一特定问题情境所惯用的方式，又代表他处置该问题的惯用步骤"。执行控制结构包括三个组成部分。

（1）对问题情境的表征，即对准备付诸计划的那部分条件的表征。

---

① 德拉克罗瓦. 德拉克罗瓦论美术和美术家［M］. 平野，译. 沈阳：辽宁美术出版社，1981：292.

（2）对儿童在该情境中最通常的目标的表征，即对儿童向往的、他们计划要达到的那些状况的表征。

（3）对儿童采用的策略的表征，即对儿童在以尽可能有效的方式将问题情境转化为向往的情境时所表现出来的一系列心智步骤的表征。

罗比·凯斯认为，运用这种执行控制结构的不仅是问题解决，还有探索、模仿和相互调节。无论哪一种心智活动的形式，其过程基本上包含了以下四个相同的部分。

（1）图式的搜寻（或激活）：是指搜寻那些可能有助于儿童填补当前问题情境与向往的目标情境之间的空隙的运算或运算顺序。

（2）图式的评价：是指对各个运算顺序做出评价，以确定它实际上是否能达到既定的目标。

（3）图式的再标记：是指对这些特定的运算顺序再做标记，以便使它在以后能以更有意识的方式再次获得。

（4）图式的巩固：巩固这种新的表征，以便使之能在今后以联合的方式流畅地发生作用。

在学前儿童的美术创作中，在这种心智活动对表象的形式分析阶段，首先，他们要在脑中搜寻已有的那些造型、色彩和构图等艺术语言，而这些艺术语言中的一部分可能已经用同当前所知觉到的问题情境相似的方式予以标识。同时，由于美术创作是一种创造性活动，因此，儿童也可能采用一种在他自己看来是有效的、非常规的、独特的艺术语言。所以，儿童把这些艺术语言表征为达到目标情境的策略，即儿童确定用什么样的造型来表现这些所知觉到的形象，用什么样的色彩来表现自己的知觉情感，用什么样的构图使画面看上去更和谐悦目。一般来说，学前儿童美术创作中的反思阶段到此就结束了。但实际上，儿童脑中的思维活动并未结束，他们还要对这些艺术语言进行重新标识，以作为以后此类创作的一种流畅的、策略的有机组成部分。

创作者将自己体验过的对象做了形式上的诠释以后，绘画创作就进入表达阶段了。

（三）艺术表达阶段

艺术创作的最终成果是艺术作品。绘画创作者对外物的知觉和体验等，必须通过纸、笔等绘画工具和材料以及造型、设色、构图等艺术语言才能形成绘画作品。绘画表达活动在绘画创作中占有重要的地位。托尔斯泰说，在自己的心里唤起曾经一度体验过的感情，在唤起这种感情之后，用动作、线条、色彩、声音以及言词所表达的形象来传达出这种感情，使别人也能体验到这同样的感情——这就是艺术活动。① 这就是说，离开了绘画表达，再好的知觉与体验也得不到表现，也就无法让其他人欣赏，而只能留在创作者的头脑中。而能将自己的知觉和体验用物化的方式表达出来，这也是艺术家与普通人的区别所在。

绘画表达活动是绘画创作过程的最后一个阶段。相对于知觉活动和体验活动而言，表达活动是一种操作实践活动。不同的艺术操作实践活动所采用的物质媒介和艺术语言各不相同，因此，作为艺术中的一种的绘画，也有自己特殊的制作方法和表现手法，这对于绘画表达具有重要的意义。

学前儿童的绘画表达是他们的知觉与情感的物化形态。他们将自己对外物的知觉与情感，通过绘画这种外在的符号形式传达给他人。在学前儿童的绘画表达过程中，由于受其自身肌肉动作发展的影响，学前儿童的绘画表达在技能技巧上表现得不如成人熟练与完美，表现出一种稚拙感。然而，也正因为这种纯真的童心、童趣，才使得儿童画充满了魅力。另外，学前儿童在绘画表达过程中，有时并不按照预想和计划来进行，而是依据自己在构思与表达过程中出现的问题不断地进行调整，以至于最后的作品与预先的设想不一致。

---

① 托尔斯泰. 艺术论［M］. 丰陈宝，译. 北京：人民文学出版社，1958：48.

二、学前儿童绘画的发展

关于儿童绘画发展的阶段，许多研究者经过长期的、深入的研究，提出了自己的独特见解，总结文献并结合自己的研究，我们把学前儿童的美术发展划分为涂鸦期（1.5—3.5岁）、象征期（3.5—5岁）和图式期（5-7岁）三个阶段。

（一）涂鸦期（1.5—3.5岁）

1.5岁左右的儿童，由于能够独立行走，用手进行的探索变得更为自由，所以，他们喜欢到处涂抹，于是，用笔在纸上、书上、墙上等地方画点、画线的涂鸦行为就出现了。这些最初在纸上留下的点、线痕迹就是涂鸦画。这些涂鸦画不讲究造型、色彩和构图。学前儿童的涂鸦实际上是他们的感知觉和动作有了一定的发展与协调之后，对周围环境做出的一种新的探索，是一种新的动作练习。这种练习基本上是一种手臂动作。所以，儿童涂鸦的根本特点是没有明确的表现意图，也就是说，儿童在涂画之前没有预想，没有构思。在动笔画的时候，既没有想到要反映现实的什么东西，也不去表现任何想象的事物。他们把涂鸦作为一种游戏活动，享受涂鸦动作带来的那种有节奏的、主动的"动"的运动快感，以及对纸上、墙上出现的各种线条的视觉感官的满足。

儿童的涂鸦经历着不同的发展阶段，各阶段上存在着一定的差异。从开始涂鸦到脱离涂鸦，这一时期的发展又可划分为四个阶段。

（1）未分化的涂鸦（1.5—2岁）：由于动作协调性不够，儿童画在纸上的是一些随机的点和杂乱的、不规则的线条，如横线、竖线、斜线、弧线等，这些线条长短不一，也极不流畅，互相掺杂在一起。从空间上看，这时，儿童的涂鸦不管上下、左右的方向，常常涂抹出纸外（图4-2）。在操作工具上，这时，儿童的手指通常是紧紧地握着笔，而手腕却很少移动。线条的方向和长短靠手臂的前后摆动来决定，他们反复地画着这些线条，并且常常很仔细地注视着自己画出了些什么。

图 4-2　儿童涂鸦作品 1

（2）控制涂鸦（2—2.5 岁）：由于练习和生理的发育，这时，儿童的动作已较能受到视觉的控制，即手眼之间逐渐协调。他们能在纸上画出一些重复的、上下左右的直线、倾斜线、锯齿线、螺旋线等，但这些线条长短不一（图 4-3）。从手的动作来看，这时儿童的手腕肌肉、骨骼活动能力增强，腕关节运动较前期灵活。这时，儿童的涂鸦已能控制在整张纸内。

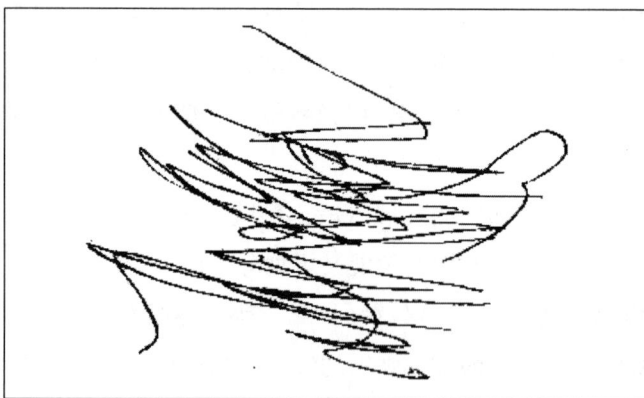

图 4-3　儿童涂鸦作品 2

（3）圆形涂鸦（2.5—3 岁）：由于肩、肘、手腕关节等的发育，这时儿童能注视涂鸦时笔的运动方向，可以在纸上反复地画圆圈，如封口及未封口的圆形、复线圆圈、涡形线等，儿童用这些大大小小的圆形来表现一切事物（图4-4）。从空间上看，儿童还仅有运动感的空间，有时会注意画面的某些部分。当儿童从大圆圈、乱线的粗放动作转化到小圆圈的较细腻的动作时，我们可以认为，儿童的涂鸦发展即将迈入命名涂鸦阶段了。

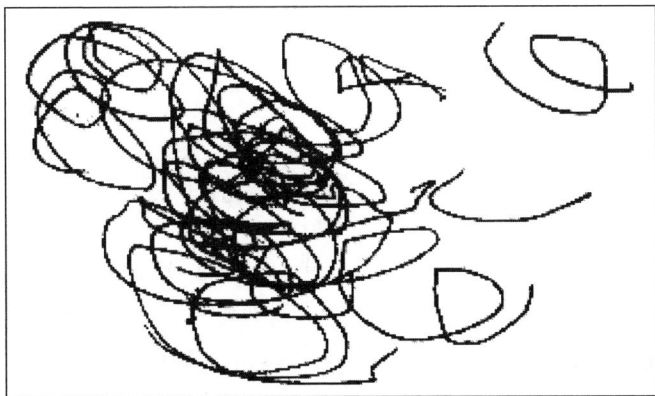

图4-4　儿童涂鸦作品3

（4）命名涂鸦（3—3.5岁）：这时儿童虽然仍未能画出具体的形象，但开始意识到所画的线条与实物或自己的经验之间的联系，已有明显表达的意图。也就是说，儿童把自己的生活经验与自己的涂鸦动作联结在一起，并为自己画出来的线、圈等加以意义，或象征某种事物而加以命名。他们在涂鸦时，一边画，一边自言自语，说明他所画的东西。随着语言能力的发展，画面上的"小东西"愈来愈多，反映出其愈来愈丰富的生活经验。这些"小东西"常常是一些类似象征符号那样的线条和简单的图形，这些线条和图形"漂浮"在画面上，相互间不联系（图4-5）。有时，儿童会为自己的作品命名，但事先并没有意图，而是受自己所画的图形本身的启发；有时，儿童又会随兴地重新命名他已命名过的图像。所以，总的来说，命名活动是在画出图形之后才出现的。到这一时期的末期，画面的图像渐渐分化，形成简单的象形图样，迈向下一个发展阶段。

总之，涂鸦是绘画活动的准备阶段，涂鸦活动是一种积极的学习活动，它受学前儿童的身心发展的制约，具有以下特性。

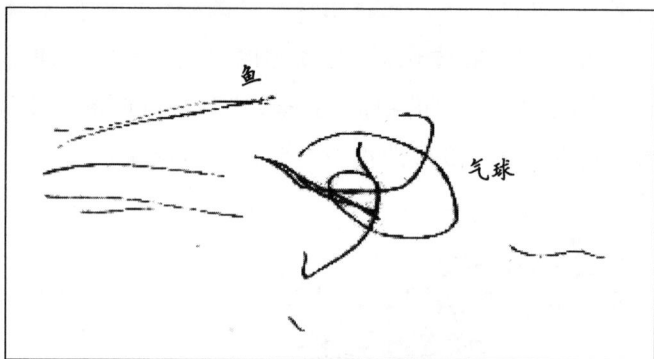

图 4-5 儿童涂鸦作品 4

（1）涂鸦是随着儿童的动作与手、眼、脑协调的发展而产生和发展的。开始时动作不受控制，逐渐到手、眼较协调地重复画线，再到有控制地画圆，最后到手、眼、脑配合地命名涂鸦。吕卡特对一个法国儿童从 16 个月到 21 个月所做的乱画进行了研究，结果发现，儿童涂鸦运笔方向开始是整个手臂前后来回运动，后发展到逐渐增加前臂旋转运动，再随着手腕关节运动能力的发展，儿童涂鸦画中出现了曲线和圆圈。

（2）涂鸦是随着学前儿童认识能力的发展而产生和发展的。儿童开始涂鸦时，并不知道纸、笔的用途。他们经常把笔含在嘴里，或用来敲敲打打，把纸揉成一团，这是他们通过动作对纸、笔所做的感知。随着涂鸦活动的进行，儿童开始认识到笔、纸与手的动作之间的关系，认识到笔可以在纸上画画，进而认识到纸上画出的痕迹可以用来表现自己的生活经验。

（3）涂鸦行为的出现受条件的影响。当成人写字或画画时，儿童在具备纸、笔或其他条件的情况下，便会模仿成人，进行涂鸦活动；而一些没有条件看到成人写字或画画的孩子，即使到达涂鸦期的年龄，也不一定会开始进行涂鸦活动，即涂鸦滞后。虽然儿童的涂鸦是在对成人的写字或画画不知其然，也不知其所以然的情况下进行的一种模仿，但就脑的机能来说，它是儿童用笔在纸上进行"表现"的一种探究反射活动，是一种积极的学习活动。

（4）涂鸦是学前儿童喜欢的游戏活动。对于这一阶段的儿童来说，画什么并不重要，重要的是使自己的手不断地运动。也就是说，他们不关心画的结果，而热心于画的过程。在涂鸦的过程中，儿童获得动作的动感和画面线条本身所带来的愉悦感。而这种动感和愉悦感又反过来促进儿童的涂鸦行为的发展。因此，涂鸦是这一年龄阶段儿童的亲密伴侣之一，它是绘画的前驱活动。

因此，作为成人，首先要鼓励这一年龄阶段的儿童进行涂鸦，就像鼓励儿童说话和走路一样，不可忽视，更不可因其画得不像真实的对象而横加指责，以免导致儿童丧失自信心和创造力。

其次，应为儿童创设必要的涂鸦条件：为他们布置一个安全的涂鸦环境，提供涂鸦用的工具和材料，如能表达"线"性的铅笔、彩色水笔、蜡笔、油画棒、粉笔等；纸张则要用略大尺寸的铅画纸、白报纸；如用粉笔，则需备一块小黑板，让他们在规定的空间内自由地涂鸦。

第三，要对儿童的涂鸦进行指导。例如，命名期的儿童已表现出希望借助于绘画与别人沟通的意愿，因此，成人应尊重儿童的涂鸦，应该像聆听他们的耳语一样，去探索他们的内心世界；用开放式的问话去鼓励儿童进行想象性的思考，促使儿童将涂鸦和他们所要表现的经验联系起来，做出反应。

（二）象征期（3.5—5岁）

3岁以后的儿童，由于涂鸦的练习，已经能用手腕和手指画画。随着心理能力的发展，他们已经能够进行有目的、有意识的绘画活动。

从造型上来看，儿童常常用所画的图像来表达自己的意象。但这些图像与事物实体没有直接的关系，而仅仅是简单的几何图形和线条的组合，是一种实物的替代物，常常只具备物体的最基本部分，多半是粗略的、不完全的，往往会遗漏部分特征，没有整体感，结构有时不合理。所以，当部分脱离整体时，人们无法辨认，部分就失去了它的意义。例如，一个椭圆形在表现人的图画中意味着身体，但是当它与整体分离时，椭圆就失去了身体的意义，这种线条或图形被罗恩菲尔德称为"几何的线条"。因为它是抽象的几何形，当它们被用来表现事物时，它们便是象征符号，而一旦脱离整体，其象征意义就消失了。因此我们认为，这一时期儿童所画的图像是一种象征的图式，其典型表现就是儿童笔下的"蝌蚪人"，即儿童用一个大圆圈代表人的头部，在大圆圈内画上两个黑点或小圆圈代表眼睛，再在大圆圈下面画上单线条表示手、脚，这就是儿童眼里的人（图4-6）。因其外形类似蝌蚪，因此被人们称之为"蝌蚪人"，它是3—4岁儿童绘画中常出现的人物造型。"蝌蚪人"造型是跨文化、跨地域的儿童共同的造型，它反映出儿童在此成长阶段对人的概念。

图4-6 蝌蚪人

从色彩上看，这时儿童的辨色能力大大提高。一项对 100 名儿童进行的测试表明，3—4 岁儿童中，能说出红色、黑色、绿色、黄色名称的分别占 98%、94%、92%、78%。4—5 岁儿童中，有 70% 的人能掌握八种颜色的名称和使用，并能辨认红色和浅红色、蓝色和浅蓝色等同种色，对蓝色与紫色等类似色也有一定的辨认能力。① 凯兹曾对 3—5 岁儿童做了一项有关颜色和造型的实验。他让儿童在一堆放有红色三角形和绿色圆形的积木中，找出与红色圆形积木"相同"的积木。结果显示，儿童毅然依据色彩而非造型来选择积木。此实验说明了色彩对此时儿童的吸引力显然胜过造型。

这一阶段，儿童对颜色开始有了自己的喜好，通常表现为喜欢纯度高的、鲜艳明快的原色，并用这些喜欢的颜色来描绘自己喜爱的物体，而把他们认为不好看的颜色涂在自己不喜欢的物体上，或认为无足轻重的东西上。他们已开始试图用色彩来表现自己的情感。娄勒从研究中发现，四岁左右的儿童会用黄色来描绘一个快乐的主题，但对同样的图像，当同一批儿童被告知一个悲伤的故事时，大部分孩子改用棕色来涂同一张画。

这一阶段，在儿童的画面上，颜色的种类通常达到 3—4 种以上。他们喜欢在每种东西上都涂上颜色，并开始注意按物体的固有色选择相应的颜色涂染，如树叶是绿色的，树干是棕色的。但他们不太注意整个画面色彩的和谐美。

在涂色方面，这一阶段初期，儿童的涂色显得杂乱无章，既无顺序，也不均匀；有的地方过于浓密，有的地方又过于稀疏，并留下许多空白，有时还涂出轮廓线。逐渐地，他们能用方向一致的线条均匀地涂色。

从空间构图上来看，这时的儿童在画面上所画的形象较多，他们似乎是用一种很随机、很偶然的方式，把物体安排在纸上。他们把每个物体或每个人都画成单独的形象，而不注意物体间的大小比例，但已经开始试图表现物体的空间关系了（图 4-7）。他们把每个形象都像商品目录单一样罗列在画面上，这些物体都一律地竖立着，有时看上去还有点飘忽不定之感；形象与形

---

① 屠美如，汪爱玲，潘瑞贞. 幼儿彩色画世界［M］. 广州：新世纪出版社，1994：4-5.

象之间各自独立，基本上没有联系，但能看出所要表达的主题。若问他们画面内容，则会答道："这是我，那是我的家，那是树，那是车。"而不会说："我站在家门口，车正沿着街道开动，街道两旁种着树。"此时，我们还没有发现儿童画中有自发地用一部分物体挡住另一部分物体的重叠现象，即使有，也是微乎其微，通常他们所画的是"透明"画。因此，这时儿童的绘画，与其说是通过精心组织来反映事物之间彼此联系的图画的话，还不如说是各种符号相加而形成的一张结构图更合适。有时，儿童也会在画面上画出一些自己喜欢的，但与主题无关的形象，例如：女孩经常画上如花、草、小鸟、太阳等物；男孩经常画上如汽车、机器人、卡通形象等。

图 4-7 儿童画 1

这一阶段，成人首先应该鼓励儿童大胆地按照自己的愿望自由地画画，表达自己的思想感情，培养儿童独立绘画的能力，而不是一味地灌输一些绘画技巧，或强迫他们学习一些无法理解的绘画理念。其次，应为儿童提供开放的生活经验与视觉经验，同时，引导儿童通过观察加深其印象，强化其视觉能力。

（三）图式期（5—7岁）

图式期是儿童开始真正地用绘画的方法有目的、有意识地再现周围事物和表现自己的经验的时期，也是儿童绘画最充满活力的时期。他们以自我为中心，创造了许多自己独特的绘画方法，在造型、色彩、构图方面较象征期有明显的发展，并且其画法也逐渐稳定下来。也就是说，此时的儿童画成为一种"概念画"。

从造型上看，这时的儿童喜欢用线条描绘物体形象的轮廓，但不再用简单的图形以组合的方式来表现事物，而能用较为流畅、熟练的线条表现物体的整体形象。他们试图将部分与部分融合为整体，并用一些细节来表现事物的基本特征。他们的画结构合理，各部分之间的关系基本正确。例如，在此时儿童的人物画中，人物形象已有了身体，手臂通常是从身体部位伸出来的，而不再是从头部伸出来了；不仅头上有了眼睛、嘴巴，还有鼻子、眉毛、耳朵和头发，手臂也分出了胳膊和手，甚至手指，当然，手指的数量不一定准确。腿上则长出了脚甚至脚趾。儿童还会给人物穿上画有衣袋、扣子的衣服，并用花纹装饰衣服。儿童还通过不同的细节特征来表现人物性别、年龄、职业身份，如：短头发的、穿裤子的是成年男人；烫头发的、穿裙子的是成年女人；高个子的是大人，矮个子的是小孩等。因此，细节描绘是此阶段儿童绘画中造型的基本特征之一。

从色彩上来看，这一阶段的儿童对颜色的认识已日趋精细和完善。随着认识能力的发展，他们注意按照物体的固有色来着色。一项研究表明，五岁儿童能从客体的角度选择与对象相似的颜色来表现；六岁儿童则在表现出对象固有色的基础上，又添加上对比色或类似色，画面色彩呈现丰富多样的变化，表现了概念色与主观愿望的混合表现。在此同时，他们用色彩来表达情感的能力也有显著的提高。在屠美如、楼必生的一项研究中，研究者要求六岁儿童根据一组形容词（热闹、伤心、快乐、神秘），用色纸自由贴画。结果发现，80%以上的儿童选择红色、黄色等暖色和圆形、卵圆形、弧形表现热闹和快乐；选择黑色、白色、浅蓝色等冷色调以及长方形、三角形、尖锐的角等表现伤心和神秘。另一项研究的结果则表明，五岁儿童开始处于用色彩进行情感表现的萌芽状态，六岁儿童具有用色彩表现情感的特点，但不十分显著。从儿童画的画面上看，色彩种类丰富，有时能有主调地表现画面，富有一定的美感。随着儿童动作的灵活性和准确性的提高，他们在涂色时不仅能做到均匀地涂，而且不涂出轮廓线。

从空间构图上看，这时的儿童画中形象丰富，开始注意物体的大小比例，但还把握不住分寸。有时他们会夸大感知印象较深的东西，形象与形象之间有一定的联系，基本上能反映主题。笔者曾让幼儿画一组静物画：一只易拉罐里插着三支毛笔，挡住了后面的苹果的一半。结果发现，象征期儿童画出的基本上是"透明"画，即从外面可以看到插在易拉罐里面的笔的下端，且不讲究物体的大小比例。图式期儿童所画的大多注意到大小比例关系，在遮挡关系上则有如下几种表现：第一种是全"透明"画；第二种是插入易拉罐的毛笔下端是看不见的，但苹果与易拉罐之间是透明的；第三种则是很好地表现出苹果、易拉罐、毛笔之间的遮挡关系。经访谈发现，大多数能表现遮挡关系的儿童都事先受过训练。因此可以说，图式期的儿童还不能自发地表现物体的空间遮挡关系，但已有想表现的趋势。也就是说，儿童在表现高度的同时，也力图表现深度。

从整个画面上来看，这个时期的儿童出现了基底线的画法，也就是在画纸的底部画出一条长长的线条作为地面的标志，把整个画面分成地上和地下两部分，所有地面上的物体都在基底线上排列成一排，表明这些物体处于同一水平高度上（图4-8）。并且，在画基底线时，"儿童常常带着仪式般的热情。只有当他们画完后，他们才准备考虑其他任何问题"。[①] 逐渐地，这种并列式构图发展为散点式构图，即儿童把画面上原来并列的物象分解离散开来，分布在画面的下三分之二部分，使得画面看上去立体化了。到这一阶段的后期，少数儿童能画出多层并列式和遮挡式的构图，使画面看上去有深度感。

① 伊莱恩·科汉. 美术，另一种学习的语言 [M]. 尹少淳，译编. 长沙：湖南美术出版社，1992：26.

图 4-8　儿童画 2

（四）学前儿童绘画中的特殊表现

在象征期和图式期两个阶段中（以图式期为主），儿童在绘画中还存在一些独特的表现形式，主要有以下几种。

1. 拟人化，指学前儿童把无生命的物体或有生命的动植物画得和人一样，不仅赋予它们生命，而且赋予它们一切人所具有的特点和本领的绘画现象。例如，我们最常见的就是给太阳画上眼睛、鼻子和嘴巴，使之成为"太阳公公"；汽车有一对明亮的眼睛；小动物都是直立行走的，它们也会手拉手地一起唱歌、跳舞；树叶长成了人脸。

学前儿童绘画中的这种拟人化的表现，是他们心理发展中泛灵论的反映。皮亚杰曾把儿童的泛灵论与知觉发展的关系划分为三个阶段。

（1）对自己和经验不加区分，认为一切事物都与自己一样具有相同的心理（4 岁以前）；

（2）认为只有活动着的对象才有生命、有心理（4—7 岁）；

（3）能将依靠自己的力量使物体活动的对象和因为其他力量使物体活动的对象加以区分，认为只有前者才有生命和心理（8—10 岁）。

学前儿童正处于前两个阶段，通过泛灵论，学前儿童把自己的情感和意识赋予整个世界，使之生命化。同时，他们也觉得自己和它们更亲近，对它们易于理解和交流。但是，学前儿童绘画中的这种拟人化的表现与成人绘画中的拟人化有着本质的区别，前者是其心理发展到一定阶段后的自然产物，并非他们的刻意追求；后者却是艺术家们利用了学前儿童的泛灵论心理而蓄意创造出来的拟人化的形，其目的在于使儿童看了产生亲切感，迪士尼的米老鼠、唐老鸭之所以受到儿童的欢迎，其道理就在这里。

2. "透明"画，指学前儿童在绘画表现时，总认为凡是客观存在的东西，都必须把它们画出来，虽然是重叠的两物，但画面上还是互不遮挡，全然不考虑透视的绘画现象。于是，学前儿童的绘画中就出现了这样的画面：从地面上可以清楚地看到地面下的东西；从箱子的外面可以清楚地看到箱子里面的物品；篮子里的水果遮不住篮子底；侧身骑车的人的两条腿可以在画面上同时被看到；从外面还可以看到母鸡腹中的鸡蛋。这种透明式的画法宛如儿童的视线，就像 X 光一样穿透任何东西似的，所以也称为"X光的画法"。

3. 展开式，又称异方向同存式或视点游走式，指学前儿童将从不同角度观察到的事物在同一个画面上表现出来的绘画现象，也即画中人物、事物由中心向四周，或上下，或左右展开的画法。例如，易拉罐的上、下两个面能同时被看到，从画面上看上去好像是一个哑铃；房子的左、右两面山墙也能同时被看到；画面上桌子的四条腿是分别伸向上、下、左、右四个方向，坐在桌子四周的人的头也是朝向上、下、左、右四个方向的（图4-9）；类似的还有，把手拉手围成一圈跳舞的人依中心，头朝内、脚朝外向四周做放射状处理，看上去像是人趴成一圈似的，好像画者从空中鸟瞰一样。

"透明"画和展开式的画法是学前儿童心理发展的产物。皮亚杰曾称，两岁左右的儿童发生过一次"哥白尼式的革命"，即获得了客体永久性 —— 虽然物体看不见、摸不着，但他们仍然知道这个物体是存在的。这种客体永久性在学前儿童绘画领域中的表现就是"透明"画和展开式的画法。于是，有人认为学前儿童是在画他所知，而不是画他所见。也有人认为，绘画中的思维就是视觉思维，所知与所见是统一的。所以，学前儿童就是在画他所见的。

图4-9　儿童画3

4. "夸张法"，指学前儿童在绘画中常常不自觉地把自己关心的事物、认为重要的事物画得很仔细、很突出，而对事物的整体或其他没注意到的地方加以忽视和遗漏的绘画现象。例如，《踢毽子》中，儿童为了表现毽子被踢得不落地，便将踢毽子人的右腿画得又粗又长（图4-10）。

学前儿童的"夸张法"与成人绘画中的夸张法有着本质的区别。后者是指以现实生活为基础，并往往借助想象，抓住描写对象的某些特征加以夸大和强调，以突出反映事物的本质特征，加强艺术效果的表现手法。按照这一定义，应该是"大的更大""长的更长"，这就是说，应该把房子画得比实际的比例更大，而燕子比房子小得多，应该按比例画得更小。而学前儿童的"夸张"法实际上是他们画其所注意、所关心的事物，忽略了其他部分的"顾此失彼"的做法，是对事物的相互关系缺乏比较和认识的表现，是学前

图 4-10 踢毽子

儿童自我中心主义在绘画领域中的表现。皮亚杰认为，儿童把注意力集中在自己的观点和自己的动作上的现象可称为自我中心主义，儿童以"自我为中心来考虑问题和解决问题"，对于他所见的、所感觉到的世界，还不能把它作为"对方"来加以考虑。皮亚杰曾用"三山实验"证明了这一点。他发现，十岁以下的儿童，其自我中心的观点仍然相当严重，而七岁以下的儿童，完全无法摆脱自我中心观点的画法。

总之，学前儿童的绘画反映了他们心理发展水平，表现出一种天真无邪的稚拙美，充满了魅力。这一时期也是儿童美术教育最重要的时期。随着儿童自我中心的解除，他们逐渐学会了用社会公认的符号，例如透视、明暗等手段来绘画，儿童画的内容也逐渐在逻辑上与客观现实相符合，这时的儿童画也渐渐地失去了学前时期大胆和无拘束的风采。

作为成人，我们不能要求还处于"蝌蚪人"阶段的儿童把比例画得精确，否则，就是越俎代庖，超越了其发展阶段。但是，不要拔苗助长并不等于放任自流、坐视不管，要知道，"自然成熟论"的观点对儿童的发展同样产生着不良的影响。我们应该根据儿童的不同发展阶段，适时地提供不同条件，给予不同的指导，借以促进儿童的绘画从低级阶段向高级阶段发展。

三、学前儿童手工创作的心理过程

学前儿童的手工活动与绘画活动有共性，都是审美创造活动。然而对已有的文献所做的考察表明，对学前儿童手工活动的研究远远落后于对学前儿童绘画活动的研究。资料表明，直到 20 世纪 70 年代，才有人对幼儿在表达人像中的三维空间概念以及造型技能的发展进行了系统的探索。但总的来说，在儿童手工这一三维空间表达方式方面的研究至今仍是一个被忽视的领域，因而存在的问题也还很多，例如：儿童的艺术表达是否先从一维性空间开始，然后是二维的，最后才达到三维的？还是一开始就运用了三维空间的概念？儿童对于立体造型手段向他们提供直接地表达某个物体的内观与外观、前视与后视图形的可能性具有什么样的意识？儿童在制作手工作品时，是否更多地模仿所做物体的体（容）积属性？与绘画相比，手工活动需要儿童更多的感觉通道的参与，那么手工活动是否比绘画活动对儿童发展的作用更大些？对于诸如此类的问题，目前我们还不能做出很好的回答。在本部分中，我们试图通过与成人手工活动的比较，来描述学前儿童手工创作过程中的几个阶段。

儿童手工创作过程一般包含意图、构思与设计、制作与装饰三个阶段。它们既各有特点又相互联系。但其阶段的数量、先后的顺序又因手工制作者的年龄以及具体的操作而表现出差异性。但从普遍的意义上来说，儿童手工创作过程大致包括以下三个阶段。

（一）意图阶段

意图就是动机，即制作一件手工作品的目的是什么，例如：是出于对明确目的的需要，还是出于对物质材料的直接兴趣？是制作一件实用品（如编只竹笋用来装东西），还是制作观赏品（如塑个泥人放在玻璃柜里供欣赏）？是为了创作一件别致的手工制品，还是为了达到基本训练的目的？总之，要形成自觉的创作意图，才能进入具体的酝酿构思阶段。因此，意图的出现既是创作的前提，又是创作的开端。目的不同，其制作过程的其他环节也会有所不同。

学前儿童手工制作的意图，与成人的意图有着显著的区别。

学前儿童的手工制作意图分为自发型和诱导型。早期学前儿童的手工制作意图多为自发型，他们的手工制作就是玩耍。例如，儿童拿到一张纸，把它撕成纸条，撕成碎片，原先并没有想到要用纸做个什么东西，他们只是出于好奇而撕纸。撕纸的行为使纸本身改变了形状，从中还可以听到撕纸发出的声音。纸的形、声的变化，使儿童产生了莫大的兴趣。这就是学前儿童最初的手工制作的动机。至于接下来在游戏中把纸条当作"面条"，把纸屑当成"雪花"，那是他们联想命名的结果，并非起初的制作意图。因而可以说，这一阶段的儿童只是对手工制作的过程本身感兴趣，并没有预先的目标。

随着教育的深入，学前儿童在手工制作中加深了对手工工具和材料的了解，学习了手工制作的各种技法，他们的手工制作逐步地由模仿走向独创，其手工制作的意图也逐渐明朗，从无目的转向有目的。儿童在从事手工活动前，能事先想好做什么，然后再动手制作，表现出一定的意图。

（二）构思与设计

构思就是立意、构想，它是指在头脑中通过想象和思维，对手工作品的造型、结构、色彩、装饰、成品效果、性能等各构成因素及其相互关系，以及与手工作品本身相关的各种外部制约条件进行全面的计划与思考的过程。这是一种实现创作意图、开辟创作道路，而又支配创作过程的形象思维活动，也是作为手工创作核心环节的心理活动过程。

构思的第一步就是要考虑手工作品的用途，是实用的、装饰用的，还是作为玩具来玩耍的。也就是说，构思必须以意图为依据。例如，如果手工作品要以商品的形式出现，那么，在构思过程中，制作者就要考虑经济、实用、美观的商品设计原则。

构思的第二步就是对所要创作的新形象进行内在加工。与我们在绘画创作过程中所提到的相类似，手工制作构思中的这一步也是运用罗比·凯斯提出的"执行控制结构"进行问题解决的过程，也即进行图式的搜寻、评价、再标记和巩固的过程。在手工制作活动中，图式就是表象，它起着举足轻重的作用。具体来说，构思的这一内在加工分为三个环节：一是选择形象、捕捉形象，即制作者在头脑中搜寻、选择已有表象，把它们作为创造新形象的基础。二是对这些已选择好的表象进行造型、构成、色彩诸方面的加工、改造与重组，在脑中呈现出初步完整的新形象。在这一过程中，也可能同时出现其他设计方案。三是通过比较，筛选出最佳方案。至此，就有了构思形象转化为可视形象的基础。

由于材料是构思、设计得以物化的基础，不同的物质材料具有不同的工艺性能和审美特征，也就分别适应于不同的造型要求。因而，构思的第三步就是考虑选用什么材料以及如何使用这些材料。"因意选材"与"因材施艺"是与材料相关的艺术构思的两大原则。

"因意选材"既反映出材料的选择与使用受制于意图与构思，也反映出意图与构思的准确、充分的表达必须以相应的材料作为依托，二者是互为依存的关系。例如，要进行染纸操作，其材料则必须选用吸水性强的纸张（如生宣纸类）和水性染料等。

"因材施艺"的构思原则与"胸有成竹""意在笔先"的创作方法相比，其思维方式是不同的。"因材施艺"属于逆向思维方式，即通过对一个非具象的形体痕迹联想到某一具体事物，并创造出形象来。这种现象表现为"迁想状物"（即根据眼前的物体形状联想出某物的形状）"借迹造型""借形造像"等形式。这种思维方式在民间传统工艺品的创作构思中占有重要的地位。例如，玉雕中的《龙盘》《虾盘》等，就是利用玉石中像"龙""虾"的瑕斑磨制而成的。再如，根雕也是"迁想状物""借形造像"的典范，艺术家将竹根的根须联想成人的胡须，稍事加工，一位大胡子老人便诞生了。以上两例充分说明了材料与手工创作的密切关系。因此，材料特点的充分利用与发挥，最大限度地体现了创作意图，升华了设计思想，从而创造出高超的艺术品来。

以制作一幅装饰画为例，制作者在构思中首先应考虑：这幅装饰画是做什么用的？如果是挂在幼儿园教室的墙壁上供儿童观赏的，那么，这幅装饰画的主题是什么？假如主题是《美丽的春天》，那么，接下来的问题是：选什么题材？是百花争艳？燕穿柳梢？蝶舞花丛？抑或是鸟鸣玉兰枝头？在构图上是采用对称的形式还是非对称的形式？在表现技法上，是用粘贴法、排水防染法、喷刷法，还是用沥粉法？如果是制成浮雕式，那么，制作者还要考虑：是用纸做？还是用树枝、竹片、高粱秸或扁石头做？用什么技法做？叠贴法、切折法、切掀法、压印法、粘贴法，还是编织法？装饰画完成以后，制作者还要考虑：装饰画的边框是买现成的还是自己动手制作？考虑到对儿童的教育影响，如果是自己制作，那么，边框用什么样的材料来做？是用木板做，还是用吹塑纸或卡纸做？做成什么形状的？是方形的还是三角形的？最后，制作者还要考虑这幅装饰画本身的色彩及其与边框色彩的搭配。所有这些思考，都是在动手之前所进行的预想，也就是构思。

由于学前儿童的思维是直觉的半逻辑思维，因而他们对手工制作的构思与成人有显著的区别。一般说来，早期学前儿童很少出现"胸有成竹"的状况，他们大多是在行动中"迁想状物"。例如，在泥工活动中，儿童将泥团在手中团、搓、捏、压，随着泥团的变长，他们脑中会浮现出"油画棒"的形象；随着泥团的变圆，他们又联想到了"球""元宵"等形象。

随着年龄的增大，教育的深入，学前儿童行为的目的性开始增强，他们对手工制作的构思也逐渐地由外化转为内化，能够事先在头脑中对所要制作的东西进行思考与计划。

学前儿童在材料特点的利用与发挥上，虽然不能与成人相比，但这种"迁想状物""借迹造型""借形造像"的构思方式，在学前儿童的手工制作中占有重要地位。他们在手工活动中所进行的联想有时甚至超过了成人，例如：他们会把一条弯曲的黄瓜想象成一只绿孔雀，把一段玉米棒芯想象成一头胖猪的身体。这是由他们想象的特点所决定了的。作为教育者应该了解这一特点，并充分利用这一特点来发展他们的想象力与创造力。

设计是指把脑中的构思具体化为可视的工作方案的过程。设计一般通过完成设计图来体现。成人的设计通常是先画草图，即把头脑中构思好的主题、造型、色彩、构图等简单地描绘到纸上。并在画草图的过程中，对原有的构思进行修改，甚至完全推翻另起炉灶。有些手工作品常常要否定——重构——再否定——再重构，直至完善。然后，根据确定了的草图画出效果图（成品的形象图）和三视图（对设计的东西做平视、侧视和俯视的图）或展开图（立体物拆散、摊平的结构图）。三视图和展开图就是手工制作的工作图。

手工制作的设计也有例外，即设计并不表现为设计图，而是采取"打腹稿"的方法，并且，这一"腹稿"也不是一成不变的。例如，某些民间艺人的设计就从不画草图，而是根据腹稿，一边构思，一边制作，一边修改，融构思、设计和制作于一体。

学前儿童受其思维方式的制约，其手工制作中基本上不存在独立的设计这一步骤，而是构思与设计融为一体，甚至构思、设计与制作三者合而为一。

（三） 制作与装饰

制作是借助人的加工技巧对材料进行加工，改变材料的形态，从而实现设计方案的施工过程。制作的方法大致有三种：一是利用原材料直接加工成型；二是把原材料裁切成零部件，再对零部件进行加工，然后组装成型为成品；三是通过中介环节（例如制作模具）来间接成型。

在制作过程中，制作技艺至关重要。虽然它并不等于艺术才能，但它仍然是艺术才能结构中的构成要素之一。由于材料的性质与形态、创作的意图、创作主体的审美观点的不同，手工制作的技法也多种多样。

点状材料的制作多为加法成型。例如，运用串联、粘接、拼贴、镶嵌、排列、垒积、焊接等技法，可将点状材料组合成线型作品，也可组合成面型作品和具有三度空间的立体作品。

线状材料的制作，常用盘绕、编织、排列、拼接、垒积、插接、焊接等技法，也属于加法。这些技法既可组合成线型作品，也可组合成面型作品和体型作品。

面状材料的制作，既有加法，也有减法。常用的技法有剪、刻、切折、折叠、卷曲、插接、层面排列、粘贴、缝、锯、削、刨、钉、铆、凿、压印等。通过上述技法可以造出线型、面型和体型作品。

块状材料制作的技法主要有锯、削、刮、剪、组合、拼接、串联、焊接等，既有加法、减法，也有变形不变量法。

学前儿童的制作与成人的制作最大区别就在于他们的操作受其生理发育的影响，不如成人那样灵活、精确。学前阶段，儿童的肌肉发育正经历着从手臂大肌肉动作向手腕小肌肉动作、再向手指精细肌肉动作发展的过程，这是一个逐渐成熟的过程。在此同时，儿童的手眼也正逐步地从不协调向协调发展。因而，他们在手工制作中的动作不协调、不精确、不灵活，在操作过程中所采用的技法也相应地较为简单，手工作品显得粗糙、不整齐、不平滑。

学前儿童制作的第二个特点就是他们的制作中有构思、有设计，制作与构思、设计融为一体。随着年龄的增大，学前儿童逐渐地能先构思、再制作，但制作过程中仍有明显的构思活动。

装饰是手工创作的最后一个阶段，它是指对手工制品所进行的恰如其分的涂绘、修饰。装饰的目的或出于锦上添花，增强审美性；或出于保护作品的实用功能。这些要求是进行装饰的依据。如果在实用的作品上精雕细刻，添加一些多余的附件，则这样的装饰有害无益。

学前儿童的装饰常用添加的方法。装饰的目的，一是为了作品的完整，例如，在塑好的动物或人物泥工作品上添加细小的豆子来作为眼睛；二是为了美观，他们常常按照自己的审美趣味在手工作品上添加一些纹样，这些纹样常常丰富多彩。

四、学前儿童手工创作的发展

学前儿童手工活动是学前儿童美术创作活动的另一个组成部分。然而对学前儿童手工活动的研究，远不如对儿童绘画活动的研究来得广泛与深入。

根据目前已有的研究，我们发现，学前儿童手工创作的发展也经历了与绘画发展大致相同的过程。但由于它是一种三维的创作，因而学前儿童的手工发展也有其自身的阶段特征。

（一）无目的活动期（2—4岁）

这个时期的儿童，由于在生理上手部小肌肉的发育不够成熟，认识能力也很有限，所以手工活动并没有明确的目的，而只是一种纯粹的玩耍活动。他们不理解手工工具和材料的性质，还不能正确地使用这些手工工具和材料。

具体表现在泥塑活动中，这一时期的儿童不能有目的地制作出形象。起初，他们只是手握油泥或拍打油泥，时而掰开，时而又揉成一个团块，享受油泥和黏土的触觉感，以及油泥与黏土形态的变化感。美国艺术心理学家哈格里维斯在《儿童与艺术》一书中认为，这种早期的探索是动作定向的，它仅仅是"接近"和"拿取"面团的动作，这并不能导致任何一个物体的努力。这时孩子的行为明显地表现了他仍然不能想象到会有什么样的结果。到这一阶段后期，儿童能用黏土制作出圆球。阿恩海姆认为，儿童的这一成果并不意味着他们已掌握了三度的组织结构，而只能反映出那种最最初级的概念形式，因为，利用这种形式既不能区别形状，也不能区别方向：这种圆球对于儿童来说，是代表着一切固体物体——不管是一个人，还是一个动物或有座房屋①。这一点，与涂鸦期儿童在圆形涂鸦阶段用大大小小的圆来代表一切事物是完全一致的。

这一时期的儿童在其他手工活动中也是如此。在剪纸活动中，儿童开始并不知道剪刀的用途，因而他们看到剪刀就想玩耍。逐渐地，在成人的指导下，他们会用手拿剪刀，但还不会正确使用，纸和剪刀不能配合，纸张常常被绞在剪刀里或从剪刀里滑出。即使剪出什么东西，也是奇形怪状的纸片，而不是如愿的纸形。在粘贴活动中，此时的儿童还不清楚糨糊的作用，因而

---

① 阿恩海姆. 艺术与视知觉：视觉艺术心理学［M］. 滕守尧，朱疆源，译. 北京：光明日报出版社，1984：283.

也不会使用它。在搭积木活动中，儿童只是把积木任意地堆放、叠高，而不能组合成形。

总之，此阶段的儿童还没有表现的意图，只是满足于手工操作的过程，享受着自主活动的快感，体验着手工工具和材料的特性。

作为指导者，成人应为这个阶段的儿童提供手工活动的机会，同时注意为他们提供安全、卫生的操作工具和材料。在泥塑活动中，成人不能因为黏土容易弄脏衣服就不给或少给儿童操作。就泥的种类来说，可以是油泥，也可以是黏土或面团。对于成人的管理来说，油泥是很理想的材料。然而，黏土的自然性质，如柔软性，使它对学前儿童的心理发展价值更大。同样，在剪贴活动中，我们不能因为剪刀有危险就不让儿童尝试，正如我们不能因为儿童学走路会跌跤就不让儿童走一样。剥夺儿童练习的机会不但会影响儿童手工技能的发展，甚至在一定程度上会影响儿童的人格发展。正确的做法是充分考虑儿童的手的动作和力气的大小以及安全性，为他们提供儿童专用剪刀，提供的纸张也不能太厚。同时，引导他们正确使用剪刀以及有关材料。

（二）基本形状期（4—5 岁）

学前儿童手工发展的基本形状期大约相当于绘画中的象征期。这时的儿童由无目的的动作逐渐呈现出有意图的尝试。4—5 岁的儿童常常在制作开始时就宣称，他将要做个什么，然后，才开始着手制作。

在泥塑活动中，儿童从拍打黏土进入用手团圆、搓长的阶段。起初出现的是与绘画中的直线形式相对应的棒状形式。阿恩海姆认为，这一棒状形式充其量只是一度概念的产物，其意义仅限于表示事物的定向和长度。然后出现一个由棒状体组成的最简单的结合体，则是一个两度空间式样，即平面内的结合。我们常常可以看到，有些儿童用棒状形式代替画出的线条，把它们排列在一个平面上。用这种表现方式做出的作品，与其说是像一件独立式的圆雕作品，还不如说是像一件浮雕作品。图 4-11 就是这一时期初期儿童用泥塑出的"蝌蚪人"。逐渐地，在此基础上，儿童又增加了第三度，即几个平面以平行或垂直的关系连接在一起。但是，这一时期的空间式样的各个部分都只是棒状形式，即只有一种阿恩海姆所说的表示事物形状特征的"客观事物度"。

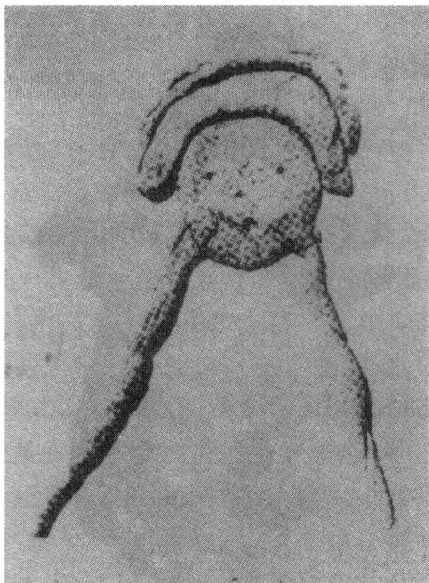

图 4-11 泥塑人

到本阶段的后期，棒状出现了粗细、长短的变化，即增加了一个客观事物度，同时也开始出现了阿恩海姆所说的"厚纸片"形式。总之，在此阶段，学前儿童利用粗细、长短不一的棒状形式和后期出现的"厚纸片"形式所制作出的东西还只具备所要制作物体的基本部分。即便有两部分形状的连接，也只是形体的机械相加，整体感不强。由于手的动作发展不够成熟，此时的儿童还不能很好地表现物体的细节。

在剪纸活动中，儿童开始时剪得较为顺手，但只限于剪直线，并且，这一动作往往持续很长一段时间而没有多少进步。

基本形状期是学前儿童手工发展从无目的的活动走向样式化时期的过渡阶段。在这一阶段，成人应该多鼓励儿童大胆地按照自己的意愿进行尝试，表达自己的意图，培养他们对手工活动的兴趣。同时，还要教给儿童基本的制作方法，帮助他们实现自己的意图。

（三）样式化期（5—7岁）

这一时期，由于手部精细肌肉的发育，学前儿童手眼协调能力增强，又学习了一些基本的手工工具和材料的使用方法，因而他们的表现欲望很旺盛。他们喜欢用各种工具和材料进行制作，以表达自己的意愿。

在泥塑活动中，这个阶段的儿童能搓出各种弯曲的、盘旋的棒状物，并用棒状物以一定的角度倾斜相交成三度式样；他们还能制作出立方体和圆柱体，并会用棒状物组合的方式组合一些复杂的物体。在连接方法上，儿童不再用机械相加的方法，而是能用较为流畅的方法来连接，使制作的物体成为一个有机的整体。另外，此时的儿童还会借助于辅助工具来表现所制作物体的细节、特征。所用方法之一是通过在物体的主干部分上增加若干细小的部分，例如捏出小鸡、小鸭的嘴，用绿豆等为动物增添眼睛等；所用方法之二是通过在物体的主干部分上刮或挖去若干部分，以表现底凹部分。例如，用牙签为人物刮出眼睛、嘴巴等。如果说上一阶段儿童的作品有些是浮雕式的，那么，这一阶段儿童的作品则大多是独立式的圆雕（图4-12）。

图4-12　儿童泥工作品

在剪纸活动中，这一阶段的儿童不仅能连续地剪直线，而且能双手配合着剪曲线，由于能剪直线、曲线，所以此时的儿童基本上能剪出自己所希望的形状，如剪窗花等。

在利用乒乓球、纸盒等进行的立体造型中，此阶段的儿童不仅能通过剪、挖、接合、粘贴等技法来进行建构，还能对作品进行细节的装饰，如给作品着色，力求更完美地表现（图4-13）。

图4-13 儿童手工作品

因此，对于此阶段儿童的手工活动，成人应注意为他们提供多种手工工具和材料，并注意引导他们正确使用这些工具和材料，鼓励他们用不同的方法来制作、表现，培养其创造能力和创造意识。

第二节 幼儿园美术创作活动指导

一、学前儿童绘画创作的指导

学前儿童绘画创作活动有其自身的特点，从上节阐述可以看出它大约经历了表象摄入、体验加工、操作表现这样一个流程，每一个阶段上又有不同的特点。科学的儿童美术教育就是建立在学前儿童绘画创作的心理过程及其绘画发展年龄特点的基础之上的。因此，我们把学前儿童绘画教育的指导分为以下三个阶段。

（一）审美表象摄入阶段的指导

审美表象是指通过审美感知的选择作用而生成的内部观觉。它不是复现知觉印象的镜像，而是借助于想象产生的具有生成性和创造性的意象，也即阿恩海姆所言的"心理意象"。它是一种代表事物的本质或代表着某种内在情感表现的"力"的图示。阿恩海姆认为，这种心理意象具有三种功能，即：意象作为纯粹的记号，意象作为绘画，意象作为符号。当一个意象仅能代表某种特定的内容，但又不能反映这种内容的典型视觉特征时，它就只能作为一种纯粹的记号；当意象被用于"描绘"事物，并且它描绘的事物在抽象性方面低于这一意象自身时，这种意象就成为这些事物的"绘画"。因此，作为绘画的意象，总是捕捉所描绘事物的某些有关性质（如形状、色彩、运动等）加以突出或解释，但它仍然是个别性的。当意象被用于代表一"类"事物时，它便有了符号功能，这时，它的抽象性要低于符号所暗示的事物，但这类意象仍然具有概括性。在学前儿童的绘画中，意象是作为绘画和符号而存在的。例如，学前儿童画一位微笑着的女性，既是他的妈妈的画像，又是象征着温和、可亲等性质的符号。黑格尔的一席话可以帮助我们更深刻地理解审美表象对于绘画创作的重要性，他认为，艺术家创作所依靠的是生活的富裕，而不是抽象的普泛性观念的富裕，艺术的创造活动首先是掌握现实及其形象的资禀和敏感，这种资禀和敏感通过常在注意的听觉和视觉，把现实世界的丰富多彩的图形印入心灵里。此外，这种创造活动还要靠牢固的记忆力，能把多种多样图形的花花世界记住。所以，艺术创作者不仅要在世界里看得很多，熟悉外在的和内在的现象，而且还要把众多的重大的东西摆在胸中玩味，深刻地被它们掌握和感动；他必须发出过很多的行动，得到过很多的经历，有丰富的生活，然后才有能力用具体形象把生活中真正深刻的达到系表现出来。① 因此，学前儿童绘画教育指导的第一步，就是帮助他们在头脑中储存大量的具有生成性和创造性的审美意象。

1. 通过各种途径选择可供学前儿童欣赏感知的对象

美术心理学的研究表明，来自现实生活本身并且经过创作者亲身体验过的知觉材料远比间接的知觉刺激重要得多。因此，教师可以通过多种途径丰富学前儿童的日常生活经验，扩大他们的知识面，让儿童积累丰富的审美心理意象。教师可以经常带领儿童走出教室，通过参观、旅行、散步等方式接触田野、山水、公园、动物园、商店、街道、展览馆等学前儿童能理解的自然环境和社会环境。教师平时可以为学前儿童选择一些适合他们的、不同风格的图书、影视材料，为他们讲解，引导他们观看。教师还可以与学前儿童谈论他们的生活状况、他们的家庭、他们的朋友，让他们回忆生活中的喜、怒、哀、乐。教师可通过这样一些途径，来丰富儿童的审美表象。

2. 感知过程中注意内容的科学性

艺术中的审美感知不同于科学活动中的感知。科学活动中感知的目的在于观察客观事实，形成科学概念，强调的是"真"。而审美感知是对事物的各个不同特征——形状、色彩、光线、空间、张力等要素组成的完整形象的整体性把握，是一种区别于日常感知的、能够揭示事物的表现性（或审美属性）的特殊感知。它具有非实用功利性、完整性、超越性、情感性等特点，强调的是"美"。

因此，教师在引导学前儿童进行审美感知时，要注意有距离的感知，即其内容要有别于科学感知中那种追究事物的属种、用途、习性等科学概念的做法，而把注意力集中于事物的形状、色彩、空间等形式因素及其所表现的对称、均衡、节奏、多样统一等形式美的模式，事物的主题、情节、形象等内容因素，以及这些形式和内容所表现出的情感因素上。例如，对柳树和松树的审美感知，就不能像在科学教育中那样要求儿童说出柳树是一种落叶树，松树是一种常绿树，而应该引导儿童观察柳树与松树的树冠形状的不同，树

---

① 黑格尔. 美学 [M]. 朱光潜，译. 北京：商务印书馆，1995：357-359.

叶的形状与颜色的差异，肌理的变化；感受微风吹来时，柳树与松树不同的动态；感受柳树的婀娜多姿、松树的伟岸挺拔等情感象征性。再如，对雨天的感知，在科学领域中，儿童需要了解雨的形成过程，雨对植物、人们的作用与影响等科学知识；而在艺术领域中，儿童就要观察下雨的时候，天空是灰白的，雨从天空落下来时大雨、小雨的不同线条，风儿一吹，雨线飘动的样子，以及雨中人们的行为、装束、神态等。

3. 感知过程中注意方法的合理性

如前所述，艺术知觉主要是完形知觉和超完形知觉，对部分的感知是为艺术整体服务的。所以，教师在引导儿童感知时，要遵循先从远处感知事物的整体及其背景，获得整体印象；再到近处感知事物的局部特征以及构成；最后再回到整体的感知上，形成牢固的整体印象这样一种感知顺序。例如，感知节日的广场，可以先从远处整体感知节日广场上的热闹与喜庆气氛。再让儿童思考：这种热闹与喜庆的气氛是从哪些方面表现出来的？让儿童带着问题从远到近地观察：远处的天空飘着各色气球；近处的树枝上挂着大红灯笼，插着彩旗；广场的中央和四周都摆放着各种鲜花，这些气球、灯笼、彩旗、鲜花的形状和颜色各不相同；身边的人们玩着各种游戏，脸上挂着笑容。总之，这些鲜艳的颜色和喜悦的笑脸表达了一种热闹与喜庆的气氛。

4. 感知过程中注意语言的引导性

教师引导学前儿童进行审美感知时的语言大致可以分为两种类型。

一类是启发性的语言。这类语言的作用主要在于帮助学前儿童开阔思路、启迪智慧。教师可以用"为什么""怎么样"这样一类开放性问题来向学前儿童提问，而不是用"……是不是"这类封闭性的问题来向儿童提问，因为这类问题很容易造成儿童思维的惰性。在实践中，我们有时会看到教师问儿童："这朵花很漂亮，是不是啊？"而儿童也漫不经心地眼看着别处，拖着长腔说："是——"这类做法应该避免。

教师的另一种语言是艺术性语言，这类语言的形式有很多，可以是一些形容词，也可以是谜语、儿歌、诗歌、童话等形式，其作用在于通过对对象的形的特点、色的特点和运动变化的特点的描述，帮助儿童把眼前的外在形象进一步加工成完整的、鲜明的、深刻的视觉表象，同时也可调动儿童的审美情感，使他们能够主动地进行心理操作。例如，"火辣辣"的太阳与"暖洋洋"的太阳的描述，可以帮助儿童体验夏天的太阳与冬天的太阳的不同，从而思考用什么样的颜色来表现这种差异。又如，引导儿童观察大白鹅时，教师可以给儿童朗诵骆宾王的《鹅》："鹅，鹅，鹅，曲项向天歌。白毛浮绿水，红掌拨清波。"不仅把鹅的形象生动地描述出来了，也给儿童展示了一幅意境优美的图画，所谓"诗中有画"即如此。

（二）艺术体验加工阶段的指导

黑格尔说过，在艺术创作这种"使理性内容和现实形象互相渗透融会的过程中，艺术家一方面要求助于常醒的理解力，另一方面也要求助于深厚的心胸和灌注生气的情感"①。在艺术创作中，情感起着动力性作用，它又对想象起着定向和组织材料的作用，同时情感又参与表象的内化过程。在学前儿童绘画创作教育中，教师可以从以下几方面来进行指导。

1. 创设宽松的心理环境

宽松的心理环境是人们专注于某一活动的前提。我国情绪心理学家孟昭兰在她为斯托曼的《情绪心理学》中译本所写的序言里指出："人们在知觉和记忆中进行着对信息的选择和加工。情绪和情感像是一种侦察机构，监视着信息的流动。它能促进或阻止工作记忆、推理操作和问题解决。这是因为情绪既是一种客观表现，又是一种主观体验。情感体验所构成的恒常心理背景或一时的心理状态，都对当前进行的信息加工起组织与协调作用。按情绪的适应性而言，它帮助人选择信息与环境相适应，并驾驭行为去改变环境。我们会经常感到，在心情良好的状态下工作时思路开阔，思维敏捷，解决问题迅速；而心境低沉或郁闷时，则思路堵塞，操作迟缓，无创造性可言。突然出现的强烈情绪会骤然中断正在进行着的思维加工；持久而炽热的情绪则

---

① 黑格尔. 美学 [M]. 朱光潜，译. 北京：商务印书馆，1995：359.

会激发无限的能量去完成活动。"因此，在学前儿童的绘画创作过程中，教师要为他们创设一个宽松的心理环境，让儿童有足够的自由和信心，去主动操作，而不是畏首畏尾，胆小害怕，唯唯诺诺。创造心理学家托兰斯提出的对待创造性思想的五条原则也许对我们有些启发作用：①要尊重不同寻常的提问；②要尊重不同寻常的想法；③要向孩子们表明，他们的想法是有价值的；④为自发的学习提供机会并给予肯定；⑤为实践或学习提供一段不受评价的时期。

2. 创设充满情感色彩的审美环境

如果说宽松的心理环境为学前儿童提供了自由空间的话，那么，充满情感色彩的审美环境就为他们提供了审美空间。这种审美空间可以从以下两方面来创设。

为学前儿童创设富有审美情感色彩的日常生活和学习环境。就幼儿的活动教室的环境而言，除了保证儿童有足够的活动空间、合乎安全原则及满足其需要以外，教师还应注意室内环境的装饰与布置，色彩力求淡雅，形象造型可爱，内容有情趣，符合学前儿童的审美趣味。教师还可以展示各种有情感色彩的美术作品，可以是名画，也可以是儿童画，或是雕塑、建筑和各种工艺品的图片。教师还可以展示一些自然界中具有形式美的物品，如花草、树木、岩石、贝壳、昆虫、小动物等。这些物品应定期更换。

审美环境创设的另一个方面是教师结合具体的美术活动创设与之相适应的审美环境。例如，让学前儿童学画太阳，教师就可以带领他们在一天的不同时间内欣赏太阳的美景：早晨金灿灿的太阳和朝霞，中午银光闪闪的太阳和白花花的天空，傍晚红彤彤的太阳和晚霞。通过这种审美情境的体验，引起儿童情绪上的兴奋，对美好的事物产生敏锐的感知，发现美的特征，从而激发他们的创作动机。研究表明，让儿童置身于审美环境之中，不但有助于他们审美能力的提高，而且有助于其美术创造性的发挥。

3. 引导儿童进行想象和体验

审美情感的体验既有亲身的体会、精致的体察，又带有经历的反省、察验和深刻的感受。教师引导儿童进行审美情感的体验就是帮助他们将自己内心的情感模式与外在的生命模式同构，从而理解事物的情感表现性，更进一步地达到审美愉悦，激起创作的冲动。为此，教师要注意以下几方面。

首先，教师在引导学前儿童体验时要注意自身审美情感的表达，要以自己对对象的情绪表现来感染儿童，使儿童在不知不觉中进入审美的状态。

其次，教师要利用学前儿童情感发展的特点，引导儿童进行"移情"和"拟人"。在此基础上，引导儿童对审美对象进行整体想象。例如，让儿童画三个茄子，我们就不能要求儿童用从大直线到小切线步步为营的求形术和稳扎稳打的体面分析方法来进行绘画；画一只母鸡和几只小鸡同样也不必把注意力放在核准大鸡和小鸡的精确比例上，这不符合学前儿童身心发展的年龄特征。正确的做法是引导儿童将它们想象成有生命的形象，例如：三个茄子就像身材不同、秉性各异、又相互依偎的三姐妹；一只母鸡和几只小鸡则像妈妈和孩子间的亲密关系。这样，眼前的物体就不再是毫无生气的物体，而是充满了生命活力的美丽形象。儿童经历了这样的外在形态与内在心灵的感应之后，才能把知觉表象与情感体验、外物尺度与内心尺度结合起来，成为审美意象。

最后，可以引导学前儿童通过多种分析器的协同活动来加深对对象的体验。通过动作来进行心理上的想象、思维等活动是学前儿童的一大特征，教师可以利用这一特征来帮助儿童加深对审美对象的体验与理解，可以让儿童通过口头语言、身体动作表演等形式来表达自己的感受。例如，用身体的舒展来表达对花儿开放形态的感受，用脚步的轻重来表现对雨点大小的感受等。

4. 引导儿童对内在表象进行加工改造

如前所述，在学前儿童的绘画中，表象起着描绘和符号功能，因而学前儿童的表象主要有个别表象和概括表象两种类型。教师要注意帮助儿童获取这两类表象，因为，人不可能记住大千世界瞬息万变的有千万种姿态的事物。为此，教师应该帮助学前儿童通过各种感官感知、掌握事物的基本形态和主要特征。例如，关于"鹅"，就要让儿童了解其基本结构形态是一个"Z"字形，其主要特征是头顶红冠，脖子细长且能转动，身体是椭圆状，并披满羽毛。在此基础上，引导儿童通过表象的变形、分解、组合、联想等方式生发、创造出许许多多的新表象。

所谓表象的变形是指在保证表象的基本形态和主要特征的情况下所构想的种种新表象。这是因为凡是表象都具有概括性和可塑性，它可以像一块黏土一样被捏成各种形象，而黏土的基本特性不变。表象的变形可能是自觉的，也可能是不自觉的。自觉的变形是创作者为了某一目的而有意追求的变形，比如，把鹅的脖子拉得很长。不自觉的变形通常是无意识地、被动地、自然而然地在人的头脑中进行的。艺术中所谓的"灵感"即类似于此。在学前儿童的绘画里，既有自觉的表象变形，也有不自觉的表象变形。正因为有了这些变形，才使得学前儿童的绘画充满了迷人的魅力。教师要允许这种变形了的表象存在，鼓励并帮助儿童进行表象的变形。

所谓表象的分解是指把某一表象因素从表象中突出出来，割断它与其他表象因素的暂时联系，使它获得独立的表象意义。所谓表象的组合是指把不同的表象或表象因素按照一定的目的组合成一个新表象或表象体系的过程。表象的组合也包括变形表象的组合，而这些变形表象依据一定的主观目的组合起来，就形成了神奇莫测的艺术想象世界。学前儿童的绘画创作中就充满了这种变形表象的组合。经过精细地分解和巧妙地组合，画面上的形象虽然利用了"旧材料"，却认不出这材料来自哪里。

所谓表象的联想是指由一个表象联想到另一个或者更多的表象。齐白石的《蛙声十里出山泉》中，一道溪水，几只蝌蚪，即是视听表象的联想。表象的联想可以通过学前儿童的眼、耳、手、鼻、肤等多种感觉器官的多通道参与操作来进行，在此基础上，让儿童展开想象的翅膀，用比喻的方法来联想。教师要随时发现学前儿童新颖、独特、富有个性和情趣的想法，对此加以肯定，促使其进一步地完善。

（三）操作表现阶段的指导

操作表现是美术作品得以实现的必经之路。这是因为：第一，强烈的艺术审美情感都有一种必须外在化、对象化、符号化、物态化的冲动，所谓

"胸中勃勃，遂有画意"。第二，艺术的特征之一就是具有交流性，绘画作为情感的传达，必须通过一个普遍的、可传达性的中介——绘画作品，才能使不同的人得到情感的共鸣。美术是一种符号系统，创作者在借助于这一符号系统进行情感表达时，必然受制于他所使用的美术媒介。所以，操作表现阶段的关键在于美术基本技能的掌握。

所谓技能是根据所确定的目的，利用已有的知识和熟练来选择和实现动作的方法。也就是说，技能标志着用主体已有的知识和熟练来有目的地调节活动所必需的心理操作和实际操作的复杂系统。美术活动的基本技能结构是一个形象记忆、形象思维的信息加工与眼、手操作（感知、表现）协调的系统。在学前儿童美术教育领域里，我们把儿童需要掌握的基本技能分为以下三个方面。

（1）手的动作：手眼协调、手的控制能力；

（2）对工具和材料的理解与运用；

（3）对外界信息的掌握及对色彩、形状和空间的认识与使用。

在论述美术技能的同时，我们不可避免地会面对技能与创造性发展之间的关系问题。在这个问题上，我们的看法是：技能与创造性的发展不矛盾，技能为创造性的发展提供了技术基础。这是因为，首先，学前儿童在绘画中所表现出来的创造性是指把已知的经验或材料重新组合，制作出对其个人来说是新颖的、有价值的作品及其过程。在这一过程中，包含了技能的使用过程。而从技能所包含的因素来看，一方面，更多的、适当的、经过编码的知识储存，可以增加良好反应的可能性。另一方面，熟练程度越高，操作越灵活，则重新组合出的新事物或思想的可能性也越多。所以应该说，技能为创造性的发展提供了一个现实的前提，它消除了对创造性任务实质的认识与寻找解决方式之间的脱节现象。从儿童绘画来看，儿童手的动作越灵活，对材料的性质和用途的了解越多，又对形状、色彩、空间有一定的认识，更主要的是儿童对外界的信息有了更多的掌握，那么，他经过头脑加工创造出的作品就越充满新意。其次，技能的形成是掌握对知识中保存的信息和来自对象的信息进行加工的操作系统，以及揭示这个信息，把信息与动作进行比较和对照的整个操作系统。可以看出，这个技能形成的过程本身就蕴含着创造，而创造性越高，其技能的掌握也就越快，因而说，技能与创造性是相辅相成的，二者不可分割。造成人们有"技能阻碍儿童创造性发展"的看法的，事实上是成人在教给儿童技能过程中不恰当的教学方法和成人对儿童的绘画创造性的评价。

明确了上述问题，我们认为，在绘画操作表现阶段，教师的指导应着重在以下几方面。

1. 为儿童提供绘画工具和材料

年幼儿童的有意注意发展还不够稳定，他们往往易被外在事物本身的特征所吸引，他们对新鲜事物有强烈的好奇心，因而多样化的工具和材料能刺激他们的操作欲望，促使其从事美术活动。相反，如果活动工具总是单调重复，如绘画中总是一支铅笔、一张白纸，就难以诱发儿童进行美术活动的兴趣。绘画可选择的工具和材料很丰富，有油画棒、蜡笔、彩色水笔、彩色铅笔、毛笔、彩色粉笔、水粉笔、排笔、印章、水粉色、水墨、油墨等。教师应注意提供多样化的绘画工具和材料。当然，这并不意味着把许许多多的绘画工具和材料堆砌在一次绘画活动中，使儿童眼花缭乱、无法选择，而是要求教师要为儿童提供有助于表达主题的工具和材料，提高儿童绘画的成功率，增加他们对绘画活动的兴趣。例如，让儿童学习调配颜色时，为他们提供水粉色较为合适；而让儿童学习图案装饰时，为他们提供彩色水笔更有利于操作。若二者互换工具，则效果就不见得好。

2. 学习各种绘画工具和材料的使用方法

教师给儿童提供了绘画的工具和材料以后，还要教会他们使用这些工具和材料的方法。例如，学前儿童学习水墨画，就要学习毛笔和水墨的使用方法。但由于学前儿童自身身心发展水平的限制，他们的学习就不可能像成人艺术家那样，笔要学习线、点、面、皴、擦，用笔要有方圆正侧、转折顿挫，墨法要学习浓墨法、淡墨法、破墨法、泼墨法、积墨法、焦墨法、缩墨法等。学前儿童所学习的用笔和墨法应是最基本的方面。在用笔方面，他们首先要学习毛笔的握法：笔杆垂直，大拇指与食指、中指相对捏住笔杆，无名指托住笔杆，手掌握空；其次，还要学习舔笔和洗笔；第三，要学习的用笔方法主要是中锋和侧锋。中锋：执笔端正，运笔时笔杆垂直在纸上运行，线条稳重圆浑；侧锋：使笔头侧着在纸上运行，笔尖常在线的一边，线条变化较多。此外，学前儿童还需学习控制墨、色、水的分量，以形成浓淡、干湿的变化效果，但这对学前儿童有些困难。因此，教师可以教他们学习用浓墨和淡墨分别作画。例如，教儿童画向日葵，可先蘸淡墨画圆形花盘，再在中心加一点略深的墨色；将笔洗净，用橘黄色画向日葵的花瓣；用略淡的墨画花秆和叶子，再用深墨勾出叶脉。儿童在经过多次的练习，掌握了一定的运笔、用墨技能后，就可以自如地进行水墨画创作了。

教师在引导儿童学习使用这些绘画工具和材料时要注意运用恰当的教学方法，可以用示范法，但要注意其启发性，即要让儿童在自己思考的基础上掌握使用方法。并且，教师示范的只是重点与难点，而不是技能掌握的全过程。下面的教学实例对我们会有所启发。

这是幼儿园小班儿童第一次学画水粉画。教师为幼儿准备了水粉笔和水粉颜料。开始时，让幼儿自由地作画，画完后，将其作品与教师的作品一同挂在黑板上。经过观察，幼儿发现，自己的作品上有颜料往下淌，而老师的作品上则没有。这时，教师并不道明原因，而是再让幼儿观察自己的示范过程，并在示范时刻意夸张地舔笔。终于，幼儿发现，作品上颜料往下淌的原因是自己在绘画过程中没有把笔舔一舔，去掉多余的颜料。就这样，教师通过自己的示范动作，让幼儿认识到了为什么要舔笔和怎样舔笔，而没有机械地、直接地把舔笔的方法灌输给幼儿。

3. 帮助儿童进行创造性的画面表达

画面表达是指儿童要通过绘画的工具和材料，把知觉和体验到的东西用造型、设色和构图等艺术语言表达出来。为此，教师可以采用中国传统绘画中的"师法造化"和"传移模写"两种方式来进行指导。

所谓"师法造化"是指向大自然学习，也就是说，在学前儿童绘画指导中，教师可以通过让儿童写生的方式来学习。任何单独的事物、组合的事物、风景、室内环境、人物等都可以成为写生的对象。在写生过程中，需要儿童通过思考抓住事物的形的特征、色的特征及其相互间的空间关系。其中，最为关键的是抓住写生对象的神韵。例如，让幼儿写生一只公鸡，教师可以启发幼儿观察思考：公鸡在走路的时候看上去是怎样的？引导儿童抓住"公鸡是骄傲的"这一神韵。然后引导他们思考，如何造型才能表现出公鸡的"骄傲"特征。这时教师可以引导幼儿用动作来表演出"昂首挺胸"这一神态。随后，教师可以引导幼儿观察公鸡的身体结构是"V"字形的，不论公鸡是怎样的动态，其"V"字形的身体结构特征是不变的。通过这样的观察与分析，儿童对公鸡的造型表现困难就迎刃而解了。

总之，教师应从学前儿童的身心发展特点出发，引导儿童从写生对象的整体结构出发，着重于事物的神韵，即对象之内在精神的表现，而不纠缠于物体细节的精确描绘，不强求儿童的绘画表现与事物的"肖似"。

在帮助学前儿童进行创造性的画面表达的过程中，中国传统绘画中的"传移模写"也是教师可以采用的指导方法之一。所谓"传移模写"就是临摹。说到临摹，我们首先要面对的就是模仿与独创的关系问题。我们认为，加登纳对此问题的论述是很明智的。他说："我们一方面把模仿看作是审美发展的关键；另一方面又认为它潜在限制着儿童的创造力。若要解除这一悖谬，似乎还需要一种发展的观点才行。开始时，应允许儿童尽量自由而完全地去探索其媒介；然后，再通过仔细的指导与难题设立而使他有那种把握特质、为创造出满意的效果而建立足够技巧的机会；最后，在他有了自己的能力感和目标感之后，再让他去接触媒介中的伟大作品，鼓励他去研究和模仿，这样，他便了解同样媒介中，别人是如何达到效果的。"可见，在技能的学习过程中，临摹也是必要的，关键在于所临摹范例的质量。我们认为，作为学前儿童临摹的范例应该有一定的标准。首先，范例应该有美感，有美感的作品才有欣赏的价值，拙劣的作品不宜作为儿童学习的榜样。其次，范例的描绘方法应该适合学前儿童的年龄特点，是他们能理解和接受的。例如，梵高的《向日葵》就很适合作为学前儿童绘画临摹的范例。最后，范例应该是多样化的，能从不同侧面反映事物的形态，可以启发儿童的思路。例如，教师让儿童学习画房屋，则可以给他们提供民居、宫殿等结构不同、类型各异的建筑作品图片。

在采用"传移模写"的指导方法的同时，教师必须清楚地知道，临摹从来不是唯一的绘画教学方法，尤其是在学前这一年龄阶段。因此，什么时候用、怎样用，都是教师必须慎重思考的。

4. 提供游戏化的练习

绘画活动是学前儿童手、眼、脑并用的，主动自我建构的实践活动。无论是手部肌肉的发育、手的动作的灵活性，还是视觉记忆与视觉思维的发展，都需要一个逐渐进步的过程。由于具有游戏性，游戏化的练习可以让学前儿童在愉快、积极的情绪中，不知不觉地达到这一目标。同时，又可以培养儿童对绘画活动的兴趣，使他们从中感受到审美愉悦。因此，教师应为儿童安排这类练习。其中，应注意绘画命题的兴趣性、操作过程的兴趣性以及绘画成果的可游戏性，也即做做——玩玩。实践证明，在游戏化的练习活动中，儿童的美术能力会有很大的提高。

二、学前儿童手工创作的指导

学前儿童手工创作过程包含意图、构思与设计、制作与装饰三个阶段。它们既各有特点又相互联系，但其阶段的数量、先后的顺序又因手工制作者的年龄以及具体的操作而表现出差异性。一般来说，学前儿童的手工创作大致包括以下三个阶段，每一个阶段上又有不同的特点，应根据这些特点进行有针对性的指导。

（一）意图阶段的指导

意图就是动机，即制作一件手工作品的目的是什么。意图的出现既是创作的前提，又是创作的开端。目的不同，其制作过程的环节也会有所不同。

意图制约着一切行为的方向和途径。在这一阶段的教育过程中，应注意帮助他们逐步地将意图明朗化。

1. 提供与材料充分接触的机会

儿童在撕、揉、卷、折叠、剪、贴等活动中了解纸的软硬程度以及它的可折叠、可分解等特性；在拍打、压、滚、掼、团、搓、捏等活动中，了解泥的可塑性。让儿童在与材料相互作用的过程中，对手工制作产生兴趣，愿意去操作。

2. 在游戏与欣赏手工作品的过程中逐渐明确制作的意图

可以启发他们联想"你在做什么东西""你想做个什么东西"等。在引导儿童进行手工作品的欣赏过程中，教师也可以向他们提问："你想不想也来做一个？""你打算做什么？"以此激发儿童的创作兴趣，使他们产生明确的手工制作的意图。

3. 必要时在技术上给予儿童一定的支持

当儿童通过自己的双手完成一件手工作品，实现自己的意图时，就能产生一种成功的体验，体验手工制作的乐趣，从而激发出对手工活动的兴趣。

（二）构思与设计阶段的指导

构思就是立意、构想。它是指在头脑中通过想象和思维，对手工作品的造型、结构、色彩、装饰、成品效果、性能等各构成因素及其相互关系，以及与手工作品本身相关的各种外部制约条件进行全面的计划与思考的过程。这是一种实现创作意图、开辟创作道路，而又支配创作过程的形象思维活动，也是作为手工创作核心环节的心理活动过程。

构思的第一步就是要考虑手工作品的用途，是实用的、装饰用的，还是作为玩具来玩耍的。构思的第二步就是对所要创作的新形象进行内在加工。构思的第三步，也是最关键的一步，就是考虑选用什么材料以及如何使用这些材料。"因意选材"与"因材施艺"是与材料相关的艺术构思的两大原则。

设计是指把脑中的构思具体化为可视的工作方案的过程。设计一般通过完成设计图来体现。学前儿童受其思维方式的制约，在手工制作中基本上不存在独立的设计这一步骤，而是构思与设计融为一体，甚至构思、设计与制作三者合而为一，充分体现了其思维的特点。

在这一阶段，教师的指导可从以下方面入手。

1. 引导儿童多欣赏佳作，学习其造型、色彩、构成等艺术手法

学前儿童对于造型、色彩、构成等艺术手法的学习，可以通过欣赏的形式来获得。其方式有三种：一是多欣赏"因意选材"类手工作品，例如，用不同材料制作的同一形象的手工作品；二是多欣赏"因材施艺"类手工作品，例如，用同一种材料制作出的不同形象的手工作品；三是用多种材料制作出的多种形象的手工作品。通过欣赏，开阔儿童的眼界，学习这些手工佳作的制作者是怎样运用造型、构成、色彩这些艺术语言来进行创作的。在欣赏过程中，要注意不能以自己对作品的理解代替儿童的探索，而应该注重儿童的积极参与，充分发挥他们的主体性，从而让儿童通过自己的努力真正获得创作、构思的线索。

2. 帮助儿童积累多种表象

手工制作中所需的表象积累应特别注意表象的空间存在形式。教师可以让儿童用眼睛看一看，用手摸一摸（如果可能的话），来加强对表象形体的记忆。教师还需分析各部分之间的结构关系，为此，可将它与其他物体进行比较，在比较中把握它们的形体特征。教师在分析时，还可利用儿歌、谜语等来帮助儿童对表象形体进行记忆。

3. 提供多种材料，引导幼儿进行联想

如前所述，在构思过程中，"因意选材"和"因材施艺"是两大基本原则，因而，教师自己应熟悉各种材料的特性，例如：纸材便于多种技术加工，但易变形，适合以合理的结构显示其柔软、轻盈的视觉效果；泥的可塑性强而湿度大，造型就不宜过分纤细，要发挥它粗朴、淳厚的艺术特点；木材、竹材色泽、纹理沉着含蓄，宜发挥它们纯净、高雅的美感等。在此基础上，把最适合学前儿童的、对于本次活动来说最具有表现力的材料提供给他们，让儿童把材料与自己的经验联系起来，根据自己的意图选择材料。同时，儿童可根据材料本身的特性，充分发挥自己的想象力，在头脑中对材料进行充

分的想象，构思出多种制作方案。相反，如果教师自己对材料的性质不甚明了，提供给儿童的材料并不适于表现，那么，儿童的构思就会受到影响。另外，我们常常在幼教杂志上看到一些手工制作图，请幼儿照图剪贴。其实这种做法是成人以自己的思考代替了儿童的思考，剥夺了儿童独立思考的机会，儿童要做的就是机械地"照葫芦画瓢"，完全没有了自己的构思。久而久之，就会养成儿童思维的惰性，不利于儿童心理的发展。

（三） 制作与装饰阶段的指导

制作是借助人的加工技巧对材料进行加工，改变材料的形态，从而实现设计方案的施工过程。制作的方法大致有三种：一是利用原材料直接加工成型；二是把原材料裁切成零部件，再对零部件进行加工，然后组装成型；三是通过中介环节（例如制作模具）来间接成型。

在制作过程中，制作技艺至关重要。虽然它并不等于艺术才能，但它仍然是艺术才能结构中的构成要素之一。由于材料的性质与形态、创作的意图、审美观点的不同，手工制作的技法也多种多样。

点状材料的制作多为加法成型，例如：运用串联、粘接、拼贴、镶嵌、排列、垒积等技法，可将点状材料组合成线型作品，也可组合成面型作品和具有三度空间的立体作品。

线状材料的制作，常用盘绕、编织、排列、拼接、垒积、插接等技法，也属于加法。这些技法既可组合成线型作品，也可组合成面型作品和体型作品。

面状材料的制作，既有加法，也有减法。常用的技法有剪、刻、切折、折叠、卷曲、插接、层面排列、粘贴、压印等。通过上述技法，可以创造线型、面型和体型作品。

块状材料制作的技法主要有刮、剪、组合、拼接、串联等，既有加法、减法，也有变形不变量法。

装饰是手工创作的最后一个阶段，它是指对手工制品所进行的恰如其分的涂绘、修饰。装饰的目的或出于锦上添花，增强审美性；或出于对作品保护的实用功能。这些要求是进行装饰的依据。

在这一阶段上，教师的指导应注意以下几方面。

1. 让幼儿学习各种工具和材料的基本使用方法

掌握手工工具和材料的使用方法是手工制作的关键所在，否则，构思再好，也难以变为现实。因此，首先要注意根据学前儿童身心发展的年龄特征有选择地引导他们学习各种工具和材料的基本使用方法，而不是一股脑儿地把关于手工制作的技能技巧全部灌输给儿童。

其次，在学习过程中，应注意让儿童弄清制作原理和步骤，以帮助其形成技能，并将技能迁移到其他手工制作活动中去。为此，可让儿童自己先进行思考，发现问题所在，然后再用确切的语言讲解制作技法的原理和步骤（着重讲解重点与难点），让儿童通过自己的思考，在理解的基础上掌握技能技巧。

2. 提供练习的机会，锻炼儿童手的动作的灵活性

技能技巧的形成，需要有一定的练习才能达到。这种练习包括分步练习与整体练习。可以先进行分步练习，再进行整体练习。分步练习可以帮助儿童确切地掌握每一种动作方式的要领；整体练习则可以帮助儿童掌握系列动作之间的联系与协调。与此同时，教师还应注意练习时间的合理分配。按照动作形成的规律，练习时间应遵循先密后疏的原则，即开始进行分步练习的时候，练习时间可以短一些，但练习的次数可以多一些，练习间隔的时间可以短一些；逐渐地，当儿童已经掌握了各基本步骤后，进行整体练习的时间可以相对长一些，练习次数可以稍少一些，练习间隔的时间也可以稍长一些。但教师应注意这些练习时间与练习次数的相对性，例如：整体练习时间的长短应以不使儿童感到疲乏为度，练习间隔时间的长短应以不使儿童忘记动作要领为准。为此，练习要以游戏的形式来进行，以增加儿童对技能练习的兴趣。

3. 指导儿童将临摹、仿制与独创相结合

在制作阶段的指导中，可以引导儿童把临摹、仿制与独创结合起来。临摹是指完全按照原作制作，它可以帮助儿童清楚地、精确地掌握手工制作所用工具与材料的基本使用方法和手工制作的基本技法，但过多的临摹会扼杀儿童的创造力。独创是指与原作完全不同，是全新的形象，它是儿童创造力的表现，但对学前儿童来说，有一定的难度。仿制是在原作的基础上稍加改变，它介于临摹和独创之间，既有临摹的痕迹，又有独创的成分。对于学前儿童来说，他们的手工制作形式应以仿制为主，兼及临摹和独创。因此，在指导中要鼓励儿童在掌握基本技法的基础上努力创新，制作出与众不同的形象。将临摹、仿制与独创相结合，就会使儿童的创造力逐渐地得到发展。

4. 引导儿童将手工制作与绘画相结合

将手工与绘画结合起来，可以起到相互促进的作用。首先，在手工制作中添加绘画是培养学前儿童对手工制作的兴趣、发展其手工制作与装饰能力的有力手段。例如，当儿童用纸盒制作立体作品结束时，可引导儿童用彩色笔在作品上画上美丽的花纹，为作品修饰增色。其次，手工制作能帮助儿童更加深入地理解形象的结构特征、空间关系，使儿童在平面绘画中更富有表现力。最后，还可以直接将手工作品与绘画活动相结合。

5. 正确评价学前儿童的手工作品

由于学前儿童的手部肌肉发育不成熟，因而他们的手工作品不可能像成人的作品那样技术精湛、装饰精美。在评价他们的手工作品时，要看到，即使其制作还不十分完美，但只要构思新颖、有创造性，材料运用恰当，情思与技巧达到意趣天成、率真自然，就应该算作是佳作。那种以制作技能技巧水平的高低为标准来衡量学前儿童的手工作品水平的做法是不妥的。

综上所述，学前儿童手工教育的重点在于通过作品的欣赏，丰富儿童关于手工的表象，在此基础上进行构思与制作。

第三节　幼儿园美术创作活动案例分析
主题：纸工欣赏与制作

一、主题活动设计思路

　　纸是一种可塑性很强的材料，非常适合幼儿操作使用。并且，在工艺美术中，纸工作品也具有它独特的艺术价值。因而，纸成为幼儿手工活动中最普遍的材料，也是孩子们最喜欢的手工操作材料。本单元通过让幼儿对各种纸工作品进行欣赏与制作，以提高幼儿对手工作品的欣赏能力，形成健康的审美情趣，同时发展他们的创新意识和创造能力。在本单元中，包含了剪纸、撕纸、染纸与厚纸工（含头饰制作与贺卡制作）活动。剪纸活动的目的在于欣赏剪纸作品简化、夸张变形的造型，虚实装饰的构图，学习使用剪刀，锻炼幼儿手指肌肉动作的灵活性，发展其手眼协调能力。撕纸活动的目的是欣赏撕纸作品自然、浑厚、稚拙的审美特点，最大限度地锻炼幼儿的手指肌肉动作及其控制能力。染纸活动的目的在于欣赏染纸作品中色彩搭配所带来的不同感受，让幼儿在学习染的技法的过程中，了解、感受色彩位置排列所造成的变化。厚纸工活动可以帮助幼儿通过制作认识纸从平面形态到立体几何形体的变化规律，同时发展其空间知觉能力、联想能力和造型能力。

二、活动目标

1. 了解各类纸的性质和特点，并初步学习用手制作各类纸张。

2. 通过对各类纸工作品的欣赏，了解各种纸工作品主要的艺术特色。

3. 学习各类纸工的制作技法，并举一反三，创造性地制作各种纸工作品。

4. 感受手工活动的乐趣，喜欢参加手工活动，并愿意用自己的作品美化生活。

5. 锻炼手部肌肉，发展手的动作的灵活性。

三、作品、材料与教具准备

（一）剪纸活动

1. 剪纸作品：独立纹样（如青蛙、小猫、双鱼、猫头鹰等）和连续纹样（以团花为主，如蛙莲、蝶花等）剪纸作品若干，其他形式的剪纸作品（如鞋花、喜花、枕花、门笺等各一张）若干。

2. 染成各种颜色的宣纸、白色和黑色的厚底板纸、剪刀、糨糊、抹布等。

（二）撕纸活动

1. 撕纸作品若干。

2. 白报纸若干，黑色底板纸、糨糊、抹布。

（三）染纸活动

1. 冷、暖同种色染纸作品各一份，冷、暖类似色染纸作品各一份，对比色染纸作品两份。以上染纸作品可有各种形状，如几何形或裙子、上衣、丝巾等物品的形状。

2. 宣纸、水粉色、水、毛笔、平板玻璃、剪刀等。

（四）厚纸工活动

1. 头饰制作活动

（1）头饰作品：孔雀、兔子、花帽、狐狸等头饰。

（2）16 开铅画纸、各色蜡光纸、剪刀、糨糊、抹布、订书机。

2. 贺卡制作活动

（1）平面（镂空与不镂空两种）、立体等不同风格的贺卡若干张。

（2）剪刀、画笔等。

以上各活动中，如果教师不能收集到完全相同的作品，可就地取材，用大致相同的纸工作品代替，但要注意作品需具有艺术性。

四、背景资料（略）

五、具体活动

活动 1　剪纸

活动目标

1. 感受剪纸作品中生动的形象，概括简化、夸张变形的造型，虚实装饰的构图。知道剪纸是中国传统民间艺术品。

2. 知道人们用剪纸作品来表达喜庆、愉快的心情。

3. 学习根据折好的边与展开的纹样之间的关系剪团花。

活动准备

1. 独立纹样（如青蛙、小猫、双鱼、猫头鹰等）和连续纹样（以团花为主，如蛙莲、蝶花等）剪纸图若干张，其他形式的剪纸作品（如鞋花、喜花、枕花、门笺等各一张）。

2. 对折剪、四折剪、五角形剪、六角形剪、团花、花边的剪纸作品各若干，染成各种颜色的宣纸、白色和黑色厚纸、剪刀、糨糊等。

3. 以上剪纸作品，有的贴在窗户上，有的贴在门上，有的贴在墙上。

活动过程

1. 幼儿欣赏剪纸作品。

教师：今天，大家有没有发现我们的教室有什么变化？（教师引导幼儿探索环境的变化）

幼儿在教室里四处走动，欣赏教室内的剪纸作品。

2. 引导幼儿集中讨论作品的艺术特色。

（1）教师：你在这些画上看到了什么？（此处，教师的问题可以让幼儿有机会描述自己的所见。美术欣赏要弱化幼儿对欣赏对象科学、正确的认知，而应强调幼儿个人的体验，这种体验是幼儿真实的心理活动的表达，作为教育引导者的教师不应把自己对作品的体验与看法强加给孩子，而应该为他们创设宽松的心理环境，让他们将自己的所见与感受充分地表达出来）

幼儿：我看到了红色的纸。

幼儿：我看到了红色的纸剪出来的小猫。

幼儿：我看到了蓝颜色的青蛙，纸是蓝色的。

幼儿：我看到了红色的花。（每个幼儿都有自己的关注点，有的既关注到物象，又关注到物象的特征；同时，幼儿间也存在程度上的差异，有的能连贯地说出物象之间的关系，有的只能说出单一的物象。在艺术欣赏中，基于个体自身发展的特点，个体对于艺术作品的欣赏也存在不同的"视界"。教师要允许这种差异存在）

（2）教师：这些动物的神态看上去怎么样？（引导儿童进一步深入地关注自己所见物体的神态）

幼儿：小猫看上去形状很丰富。（幼儿能注意到剪纸作品上线条的特征，但基于自身审美经验的缺乏，他们还不能用专业化的术语来进行解释，而是用自己独特的语言来解释。但这并不表明幼儿不能欣赏它，恰恰相反，这正表明他们有一套具有幼儿特征的解释"术语"）

（3）教师：你为什么有这样的感觉？（帮助幼儿将自己无意识的、自发的审美经验过渡为有意识的、自觉的审美经验。教师在这里的角色就是一个引导者。这种用提问题的方式所进行的引导要注意，所提的问题应该是开放性的，而不是封闭性的。也就是说，这种问题应能引起幼儿思考，因此可以用"看上去什么样的""感觉怎么样""为什么"这样一类的问题来提问，

而不是用"……很漂亮，是不是"这样的问法，这样会阻碍幼儿的思考)

幼儿：因为它身上的花纹很美丽、很漂亮。

幼儿：我看到这只猫头鹰很好看，因为它身体的中间有一朵花。

幼儿：我也喜欢这只小猫，它看上去很好看，很神气。

幼儿：我觉得这只小猫在叫，如果有老鼠，它就能一把抓住老鼠，我感觉这只小猫很厉害。

幼儿：我喜欢这只猫头鹰，我看它正在看月亮呢！

幼儿：我觉得这只小猫在笑。

幼儿：这只青蛙是用蓝色的纸剪成的，我觉得它正在找孩子。（在教师所创造的自由氛围中，幼儿充分而自由地发挥自己富有个性的想象力，沉浸在自己的想象世界里，感受着审美愉悦）

（4）教师：刚才你们都说了很多自己的想法。那么，你们能不能说一说，这些图在剪法上有什么不同？（从个别作品的欣赏扩展到作品整体风格的感知。通过对不同风格剪纸作品的对比，培养幼儿对作品风格的敏感性）

幼儿：我发现猫头鹰和小猫的眼睛、耳朵剪法不一样，剪的花纹也不一样。

幼儿：猫头鹰是对折起来剪的。

（5）教师：为什么要对折起来剪？（教师顺应幼儿的思路，通过问题，让幼儿思考形式上的对称美是用什么方法形成的）

幼儿：我知道了，因为猫头鹰是对称花纹。

（6）教师：请你们再看一看，还有哪个动物也是对称的？（再次提醒幼儿注意对称这一形式美）

幼儿：还有青蛙，也是对称剪的。

（7）教师：那么，哪一个动物是用不对称的方法剪的呢？（通过比较，引导幼儿去关注、发现连续纹样和独立纹样之间的差异）

幼儿：小猫是用不对称的方法剪的，小猫的右边是毛线球，左边是它的尾巴。

（8）教师：也就是说，小猫左右两边的剪法是不一样的。现在，我们再来看一看其他几幅剪纸作品用的是什么方法剪的。

幼儿：都是对称的，就是中心线有两条。（幼儿通过自己的观察，发现了四方连续和二方连续的差异）

（9）教师：中心线在哪里？是什么样的？（教师引导幼儿进一步分析四方连续图案的特点。因为对于幼儿来说，要清楚地表达出自己的观点并非易事。在对话中，有这样两种情况需要教师加以注意：一是幼儿的语言模糊、笼统，不确定；二是幼儿说出了自己的观点，其他幼儿没有准确地理解，或理解起来有困难。因此，教师要继续追问，使问题更清楚，不断地深入下去）

幼儿：中心线像十字形。（幼儿发现了四方连续剪纸的特点）

（10）教师：这样剪出来的图案是怎样对称的？（让幼儿充分了解对称花纹的特点）

幼儿：是上下对称、左右对称。

（11）教师：这样的图案是一个中心花纹的团花图案，有一个中心，请小朋友们找一找中心在哪里？（恰当地教给幼儿"团花"这一术语，为今后进一步的欣赏打下基础）

幼儿：在这里。（手指中心点）

（12）教师：每一幅图案，剪掉的部分与没剪掉的部分结合在一起看上去怎么样？（引导儿童观察、感受剪纸作品整体造型的特点）

幼儿：很清爽，很好看。

幼儿：线条都是连起来的。

教师：在剪纸中，我们把剪掉的部分叫作虚，没剪掉的部分叫作实。这样，当我们眯起眼睛来看的时候，就能清楚地看到剪出的形状。这叫作虚实相间。（教师不失时机地将剪纸作品的艺术特色介绍给幼儿。这种介绍不是抽象的概念学习，而是在幼儿已经有了一定欣赏经验的基础上，恰到好处地提出，因而对幼儿来说就不是一种僵化的知识灌输，而是建立在感性经验基础上的美术知识的积累）

教师：现在大家可以把眼睛眯起来看一看。

幼儿纷纷眯起眼睛欣赏作品。

（13）教师：现在我们再来看一看，这些剪纸作品的颜色怎么样？（引导幼儿关注剪纸的色彩美）

幼儿：红颜色很好看，像过年一样，很喜气。

幼儿：像春节来了一样。

幼儿：还有绿色的剪纸，剪的是荷叶和青蛙，我觉得用绿色的纸剪青蛙很清爽，夏天看了会觉得很凉快。

（14）教师：为什么绿色会有这样的感觉？（帮助幼儿通过反思将自己无意识的、自发的审美经验过渡为有意识的、自觉的审美经验）

幼儿：因为绿色是冷色，夏天时，人走近它，就会觉得很凉快。

（15）教师：你喜欢这些剪纸吗？为什么？（引导幼儿进行反思层面上的审美判断，表达自己的爱好，这对幼儿审美趣味的提高大有好处）

幼儿：因为剪的就像真的一样，所以我喜欢。（幼儿从相像的角度思考）

幼儿：我喜欢。因为这些剪纸都是用剪刀剪成的，所以我喜欢。（幼儿从工具的使用以及对剪刀留下的痕迹的感觉上思考）

幼儿：我喜欢，因为这些剪纸很多都是对称的，很漂亮。（幼儿从剪纸的对称美这一形式美的角度来思考）

幼儿：因为这些剪纸剪出来很不容易，非常精致，很美。（幼儿从整体感觉上思考）

幼儿：而且剪的还很密呢。（幼儿从剪纸的疏密关系上思考）

幼儿：我喜欢剪纸，因为经常剪纸能让我们的小手更能干。（幼儿从自己学习的角度来思考）

幼儿：我们把剪纸贴在窗户上，我觉得很喜气。

幼儿：我会觉得我们的教室很热闹，很漂亮。

幼儿：冬天把红颜色的剪纸贴在窗户上，就像太阳出来了一样，很暖和；夏天把绿颜色的剪纸贴在窗户上，就会很凉快。（幼儿能区分并感受到不同的色彩所带来的不同感觉）

幼儿：我也喜欢，因为这些剪纸的颜色很喜气。

幼儿：我喜欢。因为这些剪纸与画画不一样，很有趣。（孩子们争先恐

后地表达着自己的审美判断，大多数幼儿已能从形式要素上来进行审美判断，这说明在教育的作用下，幼儿是有能力开展审美活动的）

教师出示与剪纸作品内容相似的绘画作品。

（16）教师：这些剪纸与画画有什么不一样？（教师紧随幼儿的回答加以追问，引导幼儿对剪纸和绘画两种不同艺术门类各自的艺术特色进行思考）

幼儿：绘画是用笔画出来的，剪纸是用剪刀剪出来的。（幼儿从使用工具的角度来说明二者的区别）

（17）教师：还有什么不一样的吗？（教师进一步追问艺术特色间的差异）

幼儿：剪出来的剪纸，有的地方虚，有的地方实，是虚实相间的。画画是用笔画出来的，画上有各种颜色，不能把纸剪破。（幼儿基本上能感受到两种不同类型的艺术之间的风格差异）

教师：画画和剪纸都非常美。但它们各自有自己的特点。我觉得这些剪纸都非常好看，有的是单独图案的，有的是左右对称的，有的是上下、左右对称的，它们的各个部分用线条巧妙地连接在一起，形成了一个个整体图案。剪纸是我们国家的一种传统艺术，在我们的生活中，有许多商品、广告等都是用剪纸来进行装饰的。（教师把自己定位于与幼儿平等的一员谈自己的看法，而不是将自己看法强加给幼儿。这里，教师的看法实际上是一种对幼儿观点的概括和总结，这样可以让幼儿清楚地了解到大家的观点，同时也可以帮助幼儿理清思路，为下一次讨论打下基础）

（18）教师：大家来说一说，平时你看到哪些地方、哪些时候有剪纸作品？（教师把艺术作品与幼儿的生活相结合，让艺术融入生活，成为生活的一部分，久而久之，幼儿就会养成在生活中发现美的习惯，对美的事物具有敏感性，审美活动就成为他们生命活动的一部分，而这正是我们的艺术教育所追求的）

幼儿：过年的时候，大人会在门头上贴剪纸。

教师：那叫作门笺。

幼儿：新娘新郎结婚的时候，会在窗户上贴剪纸。

教师：还有，以前人们做绣花鞋的时候，也会用剪纸剪出花样。

3. 教师引导幼儿学习剪纸。

（1）教师：看了这么多好看的剪纸作品，你们想不想知道它们是怎么剪出来的？（顺应着幼儿的想象和审美判断，激发幼儿的探索欲望。因此，这句问话起到承上启下的作用）

众幼儿：想。

（2）教师：请你们先仔细看一看、想一想，这些剪纸作品是怎么剪出来的？（教师结合范例引导幼儿分析、探索几种常见剪纸的基本剪法）

幼儿有的看，有的相互讨论，有的用纸在尝试。（教室里气氛热烈，大多数幼儿沉浸在自己的探索之中）

＊花边剪法：将长条形纸的短边像折扇子一样反复对折，画上图形并剪下、展开。

＊对折剪法：将纸对折，画出图形的一半，剪下图形展开。

＊四折剪法：将正方形纸三次对边或对角折，画出图形，剪下图形展开。

＊五角形剪法：将正方形纸对角折，依三角形底边中点再折，剪出五角形。

4. 教师引导幼儿学习剪窗花。（教师及时地、恰到好处地激发了幼儿创作的动机，并由此自然而然地进入创作阶段）

（1）学习窗花的折法（正方形对折三次）

先引导幼儿发现折好的边、角与展开的纹样之间的关系，学习窗花纹样的变化规律：尖角的剪法显示中心点纹样的变化，两长边的剪法显示中间纹样的变化，散开的短边剪法显示边缘纹样的变化。团花剪去的花纹应该有大有小。

（2）引导幼儿学习窗花的剪法：将正方形纸分别按四角形、五角形方法折叠，折好后，先剪细小的花纹，再剪大的花纹；先剪中间的花纹，再剪边缘的花纹。可以自己设计一些好看的花纹，画上纹样图形，剪下图形展开。（教师在这里把基本的剪纸规律教给幼儿，以便幼儿能在此基础上举一反三，融会贯通，实现自己的创作愿望）

（3）引导幼儿学习贴窗花

教师引导幼儿了解窗花可以贴在窗户上，也可以贴在纸上。如果是贴在纸上的话，就要考虑：什么颜色的纸做底纸才能衬托出自己所剪窗花的颜色？可引导幼儿选择背景纸底色进行搭配：白色窗花贴在彩色纸上；彩色窗花贴在黑、白色纸上；深色窗花贴在浅色纸上；浅色窗花贴在深色纸上。（这是一种色彩感觉的培养）

指导幼儿贴窗花：先把窗花翻过来涂上糨糊，再拿起来贴在选好的纸上，抹平即可。

5. 集体观赏大家的作品。

请幼儿谈论观赏后的感受。

活动建议

此活动可在元旦或春节前开展。

活动 2　撕纸

活动目标

1. 感受撕纸作品自然、浑厚、稚拙的审美特点。

2. 学习撕纸的基本技法，并能创作撕纸作品来表达自己的意愿。

活动准备

撕纸作品若干幅，适合幼儿撕的白报纸、挂历纸、蜡光纸若干张，实物投影仪一台。

活动过程

1. 教师在实物投影仪上展示撕纸作品，引导幼儿欣赏。

幼儿可以取自己认为舒适的姿势席地而坐。（这种姿态可以让幼儿做到充分的放松，有助于幼儿迅速进入审美注意的状态）

（1）教师：你们看到了什么？（此处教师的开放性问题可以让每个幼儿都有机会描述自己的所见。一般而言，美术欣赏开始的时候可以让幼儿陈述美术作品外在的可立即指称的视觉对象，而不涉及作品的含义及其价值的认定。如果作品是写实的，则要指出作品包含哪些形象，例如作品中所包含的人物、动物、景物、物品等。如果作品是抽象的，则要指出主要的形状、色

彩及其运动的趋向。为此，教师可以用提问的方式来进行）

幼儿：我看到一头驴子拉着车，车上坐的是几个小朋友。他们看上去很高兴。

幼儿：我看到人在跳舞。

幼儿：后面还有背景。

幼儿：是用报纸贴的小人。

（2）教师：小人是怎么做出来的？（引导幼儿思考撕纸作品的特点）

幼儿：用手撕的。

幼儿：先选好纸，再用手撕，撕好后再用胶水粘起来。（幼儿已经能将撕纸活动的步骤表述出来了）

（3）教师：你是怎样看出来的？（顺应幼儿的思路，启发他们思考撕纸画的特点）

幼儿：这是用挂历纸撕的，有各种颜色和花纹。（幼儿将撕纸画的材料特点揭示出来了）

幼儿：我看到娃娃的边是弯弯曲曲。（幼儿将撕纸画的毛茸茸的特点揭示出来了）

教师：看上去毛茸茸的。（教师在这里把幼儿有价值的回答加以强调，让其他幼儿关注到撕纸作品的这一艺术特色）

教师出示彩笔画，让幼儿做对比。

（4）教师：撕纸画和彩笔画有什么不同？（通过对撕纸画与彩笔画的比较，让幼儿进一步感受撕纸画的特点）

幼儿：其他画上没有字，这幅画上有字，因为是用报纸撕的。

幼儿：撕的画上有弯弯曲曲的边，有的地方会露出白色，很特别。（幼儿从画面构成方面谈论撕纸画的特点）

幼儿：我觉得撕纸很方便，不用涂色，要用什么图案就选什么图案的挂历纸。（幼儿从制作方面谈论撕纸画的特点）

教师：这些撕纸作品与我们前面看过的剪纸作品不一样，剪纸作品的边缘看上去很光滑，而撕纸作品的边缘看上去毛茸茸的，感觉很可爱。（教师

从幼儿对撕纸与剪纸的对比性表述中进一步总结撕纸作品的艺术特色)

(5) 教师:你们喜欢这些撕纸画吗?为什么?(引导幼儿进行反思层面上的审美判断,这对幼儿审美趣味的提高大有好处)

幼儿:我喜欢,我觉得很漂亮。(幼儿从整体上谈论自己的审美感受)

幼儿:我喜欢这幅画,有两个人在踢毽子,有个孩子把腿抬得高高的,很像踢毽子的样子。(幼儿从画面内容角度谈论自己的审美感受)

幼儿:我喜欢这幅画,娃娃身上有好看的花纹。(幼儿从画面纹样构成的角度谈论自己的审美感受)

幼儿:我喜欢这幅画,因为这幅画很好看,我特别喜欢这条小路。

幼儿:我喜欢这幅画,他们在钓鱼,一个站着,一个坐的,构图很好。(幼儿从画面内容角度谈论自己的审美感受)

2. 教师激发幼儿的创作动机,进行撕纸创作。

(1) 教师:你们是不是也想来撕贴一幅撕纸画?(在幼儿充分感受的基础上,激发他们创作的动机,开始创作就是水到渠成的事了)

众幼儿:是!

教师:你们的桌子上有各种各样的纸,可以用来制作撕纸画。在撕纸之前,要先想一想怎么撕。现在请每个小朋友拿一张小的纸试一试。

幼儿争先恐后地拿纸开始撕贴,教师巡回观察。过了一会儿后,请幼儿示范正确的撕的动作:双手的食指和拇指捏住纸的一端,一点一点地往下撕,而不是捏住纸的一端,哗啦一下把纸拉开。

教师请幼儿模仿正确的撕纸动作。(手工活动中,技能是影响幼儿兴趣的重要因素。我们认为,技能为创造性的发展提供了一个现实的前提,它消除了对创造性任务实质的认识与寻找解决方式之间的脱节现象。也就是说,熟练程度越高,操作越灵活,则重新组合出新的事物或思想的可能性也就越多。但要注意的是,在这里,教师只能教给幼儿基本的撕的技能,而不是包办其整个撕纸创作。这种基本技能的掌握能让幼儿在创作时把注意力集中在所要创作的内容的构思上,而不是既要构思又要考虑怎么撕这一技能问题,后者的"二维"思维是幼儿难以达到的。因而基本手工技能的掌握将有助于

幼儿的手工创作)

（2）教师：现在请大家想一想，你准备撕贴一幅什么样的画？要用什么样的纸来撕？想好了以后再撕贴。另外，撕纸时要注意将废纸放进纸篓里；贴的时候要注意，手上多余的糨糊不能乱抹，要抹在抹布上。（在这里，教师首先要求幼儿思考以后再创作，帮助他们明确自己的创作意图，培养幼儿有目的的构思能力；其次，教师在创作前提出了手工制作的常规，那就是良好的卫生习惯的培养。这种制作前提出要求的做法能保证幼儿在创作时有一个自由宽松的心理环境，能很好地集中精力进行充分的创造活动，而不是待幼儿有了不良行为时，再去制止他们或反复提醒幼儿注意常规习惯，那样只会打断幼儿创作的思路，不符合创造所需要的"头脑风暴法"的要求)

教师为幼儿提供各种报纸、彩色挂历纸、蜡光纸等纸张。

（3）幼儿开始撕纸。有的幼儿先在底纸上比画着，有的幼儿已经开始撕，有的幼儿在告诉其他人自己想撕贴什么物像。（不管是哪种类型，幼儿的注意力都集中在创作活动上，而不是无所事事。这说明，幼儿对活动的内容和形式都产生了兴趣，活动目标也就得到了落实)

教师巡回，在幼儿需要帮助时进行指导。

3. 幼儿向大家介绍自己的撕纸作品。

活动 3 　染纸

活动目标

1. 欣赏、感受染纸作品中色彩上同种色、类似色、对比色搭配所产生的不同美感，以及色彩排列位置所产生的变化。

2. 学习染纸中渍染和点染的基本方法，并学习运用同种色、类似色或对比色的搭配规律来染纸，产生对染纸的兴趣。

活动准备

1. 冷、暖同种色染纸作品各一份，冷、暖类似色染纸作品各一份，对比色染纸作品两份。以上染纸可有各种形状，如几何形或裙子、上衣、丝巾等物品的形状。

2. 宣纸、水粉色、水、毛笔、平板玻璃、剪刀等。

3. 染纸作品，可张贴在窗户的玻璃上，也可以用实物投影仪放映出来，供幼儿欣赏。

活动过程

1. 教师展示各种染纸作品，引导幼儿欣赏染纸作品。

（1）教师：这是什么？它们看上去怎么样？（此处，教师的开放性问题可以让幼儿有机会描述自己的所见）

幼儿：好漂亮啊！（幼儿表现出一种赞叹，这是一种真实的审美愉悦的自然流露）

幼儿：是花，五彩缤纷的。

幼儿：每一朵花都一样大，都是同一种颜色。

幼儿：它们看上去颜色很多。（这些回答表明，大多数幼儿把注意力放在了染纸作品的形状和色彩等形式要素上，这说明幼儿已具备了进行欣赏活动的素质）

（2）教师：有些什么颜色？（在这里，教师并没有把自己对作品的感受灌输给幼儿，而是退至后台，顺应幼儿，通过一个问题，让幼儿展开自己的思路，把所看到的色彩具体化）

幼儿：有玫红色、绿色和蓝色。

幼儿：我看到了黑色、紫色和橘黄色。

（3）教师：它们为什么要这样搭配？（教师抓住幼儿的回答中有关染纸作品色彩上的特点这一在教师看来很有价值的问题，引导儿童感受色彩搭配所造成的和谐美）

幼儿：我觉得好看，里面是鲜艳的颜色，外面包了一圈黑色，有发光的感觉。（幼儿表达自己对色彩的审美感受）

幼儿：这样很突出。

幼儿：这样我们在很远的地方就能看见。（幼儿体验到了颜色对比所带来的突出的感受）

幼儿：有的颜色搭配得很喜气。

幼儿：很美丽。

幼儿：这张画颜色都是蓝色的，但是深浅不同。（幼儿已自发地注意到同种色的配置）

（4）教师：你看到这样的配色有什么感觉？（教师就幼儿所感知到的，引导他们感受同种色配置所带来的视觉效果，这对提高幼儿对色彩的敏感性有益）

幼儿：这样像冬天，很冷。（幼儿能感受到冷色所带来的感觉）

幼儿：很清爽。（幼儿感受到同种色的另一个特点，即色彩的相对单一所带来的单纯感）

教师：它们都是一种颜色，只是深浅不同，这些颜色叫同种色。看上去很舒服。（根据幼儿对具体案例的欣赏，教师自然而然地、恰到好处地说出"同种色"这一术语，对于幼儿来说，这并不是什么深奥的概念，而是他们能够接受的美术知识，这些知识有助于幼儿今后的美术学习）

（5）教师：再看一看，这一张的颜色是怎样搭配的？（继续引导幼儿关注类似色的搭配）

幼儿：我看到这张上面有黄色、橙色、绿色。

（6）教师：你看了这张有什么感觉？（引导幼儿进一步深化自己的审美感受）

幼儿：很丰富，有变化。（幼儿已感受到类似色与同种色的差异）

教师：这几种颜色在一起叫类似色。它比这一张同种色的颜色要多一些。（让幼儿自然而然地学习了"类似色"这一术语以及它的特点）

幼儿（手指另一张）：我知道这一张是对比色，就是红色和绿色对比。（幼儿已自发地关注到对比色的搭配）

（7）教师：你看了以后有什么感觉？（引导幼儿进一步深化自己的审美感受）

幼儿：很鲜艳，看起来很丰富。

幼儿：红色是暖色，绿色是冷色。

幼儿：这样就红的更红，绿的更绿。（幼儿能感受到对比色所带来的视觉冲击。这说明，即使是一些在成人看来较为深奥的形式美原理，只要建立在幼儿感性经验的基础上，幼儿的潜能就能被激发出来，学习的效果就好）

（8）教师：这些颜色是怎样排列的？（引导幼儿关注色彩配置规律）

幼儿：一个红、一个黄、一个蓝，又一个红、一个黄、一个蓝地排起来的。

教师：这些颜色的排列都很有规律。有的染纸是同种色搭配，看上去清雅、和谐；有的染纸是类似色搭配，看上去丰富、有变化；而有的染纸是对比色搭配，看上去强烈、刺激。（教师概括、总结、提升幼儿的回答，使幼儿能在理性层面上提高自己的审美能力）

（9）教师：你看了这些染纸，喜欢吗？为什么？（引导幼儿通过分析从理性上进行审美判断，提高幼儿的审美趣味）

幼儿：我喜欢，这张是玫红色、绿色、土黄色、蓝色、白色，搭配起来很丰富。

幼儿：我喜欢这张，它有点像山水画。

幼儿：这个也很美丽，像一朵梅花。

幼儿：我喜欢这张，因为它四边都是对称的，还有一个中心点。

幼儿：我喜欢这张，绿的最多。

幼儿：我喜欢这张，它由好多颜色组成的。（幼儿从颜色搭配、画面构成以及画面内容等不同角度阐述了自己对染纸作品的审美判断的理由）

2. 引导幼儿探索染纸的制作方法，激发其创作动机。

（1）教师：你们知道这些作品是怎么制作出来的吗？仔细地看一看，想一想。（引导幼儿观察、思考、探究作品的制作方法，为后面的创作打下基础）

幼儿：是毛笔画出来的画吧。

幼儿：是一种彩色水画出来的画。

幼儿：有点像画国画一样的纸。（幼儿分别从笔、颜料和纸三个方面表达自己的探索与疑虑）

幼儿：不可能的。

幼儿：我觉得是染出来的，用一种颜料染出来的。

幼儿：是先用白纸染出来的。

幼儿：是染出来的，是先折好纸，先折成四块正方形，在最上面点颜色。然后再打开，就是这样了。（幼儿从制作方法和步骤上表达自己的探索。在这些探索中，教师自始至终都没有介入，幼儿相互自由地进行对话和讨论。这说明，宽松的心理环境和教师包容的态度对幼儿在探索过程中的积极性、主动性、创造性的发挥起着至关重要的作用。同时，幼儿所表达出的观点说明他们有能力进行有效的探索）

教师：你们都说得很好，你们已经发现了这种画的做法了。（教师对幼儿的回答进行了肯定。这种肯定对幼儿的成就感、自信心和培养幼儿热爱艺术的态度有积极的作用）

（2）先请幼儿通过观察作品，思考、想象染纸的制作方法，再讲解并有重点地示范局部渍染和点染的方法：先将宣纸折叠，然后将折好的纸插入水粉颜料中进行渍染，也可用毛笔蘸水粉颜料在纸的中心位置或细小的地方进行点染。染完后，将纸平贴在玻璃上。晾干后，可剪出各种形状。也可先剪出各种形状再染。染纸时要注意颜色的搭配，可以选择同种色、类似色、对比色或其他颜色搭配法。（在这里，教师应始终注意，示范只能是局部的、有重点的。因为教师示范、幼儿临摹的教学方法常常对幼儿创造力的发展起到消极的作用。对于幼小儿童，应该为他们提供"尽量自由而完全地去探索其媒介"的机会，而不是早早地让其进行临摹。在儿童美术创造教育中，也应引导幼儿掌握材料的基本使用方法和造型规律，以便他们能够举一反三、触类旁通。在这一过程中，要注意让幼儿自己进行探索与思考，教师的引导要对重点、难点进行恰到好处的指引。这种引导应该是启发式的，而不是注入式的。在注入式的引导中，解决问题的途径是明确而直接的，即已存在解决问题的模式，幼儿不需要动脑筋，就可以照搬照套。这样，幼儿就失去了独立思考的机会，其艺术思维能力也不可能得到发展。而在启发式的引导中，解决问题的途径是未知的、非直接的，而且是不易识别的，必须依靠幼儿自己去寻求解决问题的方式。具体地说，在幼儿的创作中，教师可以用提问题、暗示、创设情境、联想、隐喻等方法给幼儿一些启发性线索，开阔他们的思路，引导他们思考，最终创作出富有创造性的艺术作品。在本活动中，教师的做法是值得称颂的。）

3. 幼儿进行染纸活动，教师在幼儿需要帮助时进行指导，重点注意其颜色的搭配。

4. 展览、欣赏染纸作品，幼儿各自介绍自己的作品是怎么染的。

教师可引导幼儿进行评价：最喜欢哪一张染纸？为什么？

活动延伸

染纸晾干后，教师可结合前面已学过的剪纸方法，引导幼儿将这些染纸剪成各种物体的形状或窗花来装饰自己的教室，或带回家做装饰。

活动 4　头饰制作

活动目标

1. 欣赏头饰的外形美和色彩美。

2. 在学习头饰制作基本方法的基础上，创造性地制作自己喜欢的头饰。

活动准备

1. 头饰作品：公鸡、孔雀、兔子、花猫、蜜蜂、花、松鼠、花等的头饰。

2. 铅画纸、剪刀、彩色水笔等。

3. 教师也可事先组织幼儿策划一次戏剧表演，将本次活动置于活动需要的情况下，更能激发幼儿对活动的兴趣。

活动过程

1. 展示头饰，通过艺术活动引发幼儿对头饰的兴趣。

教师：今天，老师带来了许多头饰。请小朋友选一个自己喜欢的头饰戴起来，找你的好朋友，相互跳一个舞。

幼儿戴好头饰后，高兴地找好朋友跳舞。（在欣赏之前，以跳舞这样的活动方式满足幼儿好动的需要和对头饰的好奇心，这对后面的欣赏对话有促

进作用，同时也把幼儿带入了审美的状态之中）

2. 请幼儿将头饰拿下来，参与欣赏讨论。

（1）教师：你戴的是什么头饰？你为什么选这个头饰？（引导幼儿将注意力集中到审美对象上来）

幼儿：我戴的是小松鼠的头饰，因为我觉得小松鼠会采果子。

幼儿：我戴的是花的头饰，因为我想当花仙子。

幼儿：我戴的是小蜜蜂。因为小蜜蜂会采蜜。

（2）教师：你戴的小蜜蜂是什么样子的？（幼儿的回答并没有涉及对象的审美特征，但幼儿已经将自己与审美对象联系在一起。这时，教师通过要求描述头饰外形特征这一问题进一步引起幼儿的审美注意）

幼儿：这只小蜜蜂的两只手是握着的，表示它要去采蜜，小蜜蜂穿的是黄色的衣服，很好看。

幼儿：我戴的是小白兔的头饰，因为我觉得它很可爱的，它的毛是白色的，很好看。我戴着这个头饰感觉很漂亮。

幼儿：我戴的是小花猫的头饰，它是对称的。

幼儿：我看到这个大公鸡的颜色很好看，是由黄色、橙色、咖啡色搭配起来的。（幼儿通过对头饰上各动物的姿态、颜色和头饰的形式等外形的描述，已逐渐地进入审美的状态）

（3）教师：这几种颜色搭配在一起看上去有什么感觉？（顺应幼儿的描述，提出问题，引导他们进一步思考颜色搭配的形式特点）

幼儿：它们是一家的颜色，是类似色，它们配在一起很好看。（幼儿能自觉说出类似色，说明前面关于色彩学习的活动效果明显）

幼儿：我戴的是孔雀的头饰，它很漂亮，它的羽毛很美，它身上的羽毛有各种各样的颜色，有深绿色、淡绿色、红色和黄色。

（4）教师：什么颜色用得多？（提醒幼儿注意色彩的搭配与色彩的主调）

幼儿：绿色用得最多，红色、黄色只用了一点点。

（5）教师：这里主要的颜色是绿色，配上一点红黄色，你看了这种配色有什么感觉？（培养幼儿的审美感受）

幼儿：感觉是对比的。

（6）教师：什么和什么对比？（进一步引导幼儿明确对比的两种颜色）

幼儿：红色与绿色对比。

幼儿：多的颜色和少的颜色对比。（幼儿既能注意到色相的对比，又能注意到色量的对比）

（7）教师：为什么要这样对比？（引导幼儿反思自己的审美感受）

幼儿：这样，孔雀就显得很绿，很美。我戴上孔雀头饰就像孔雀仙子一样美丽。（幼儿从色彩的对比中感受到对孔雀美的强调与突出，并由此移情，想象自己的美丽）

3. 激发幼儿的创作动机，指导幼儿进行创作。

（1）教师：你们戴的头饰都是老师给你们做的，你们想不想自己做一个头饰？（顺势激发幼儿创作的动机。如果事先有戏剧表演的需要，教师可根据剧情需要来要求幼儿创作与自己的角色相一致的头饰）

众幼儿：想。

（2）教师：现在请每个人想一想，你准备做什么头饰？（引导幼儿有目的地构思自己的作品）

幼儿：我想做熊猫的头饰。

幼儿：我想做花的头饰。

幼儿：我想做飞机的头饰。

（3）教师：想好了做什么以后，再看一看，这些头饰是怎么做的？（继续引导幼儿通过仔细地观察，学习头饰的制作方法）

幼儿观察头饰。

幼儿：先画好要做的动物，再把它剪下来，就做好了。

（4）教师：再仔细看一看，这些头饰是怎么连接起来的？（引导幼儿注意头饰制作过程中一个难点的学习）

幼儿：在画好的纸的反面贴上一根长长的纸片，再把纸片插在一起。

幼儿：在这根纸片上，这边剪一下，那边剪一下，再把它们插在一起。

（5）教师：仔细看一看，是不是在同一边剪的？

幼儿：不是，一边在上面，一边在下面。

教师：大家观察得很仔细，讲得也很好。（对于制作技能的学习，教师引导幼儿通过自己的观察来进行，这种学习的结果是一种发现学习的结果，是通过幼儿自己的思考而得来的，是有助于幼儿发展的一种学习）

教师：我们可以先画好已经设计好的头饰的画像，并给它涂上最美丽的颜色。然后剪一根长长的、有一点宽的纸条，在纸条的两端分别剪出一些插口，剪的时候有两点要注意。第一，两个插口要在纸的两端，上下两面交错剪开，不能在同一边剪。第二，不要把纸条剪断。（教师重复幼儿的话目的在于让幼儿学会"头饰连接"这一制作上的难点。而创作之前的交代有助于幼儿在制作前做好计划，而那种在幼儿创作过程中对于幼儿制作技能上的不断提醒可能会打断幼儿的创作思路，不利于幼儿创造性的发挥）

幼儿创作，教师在幼儿需要帮助时给予指导。

4. 明确并欣赏所制作的头饰。

（1）教师：你做了什么头饰？

幼儿：我做的是战斗机，因为我喜欢打仗。

幼儿：我做的是蝴蝶，因为蝴蝶很好看。

（2）教师：你是怎么做出来的？（引导幼儿反思自己的作品）

幼儿：我是先画，再剪出来的。我涂的是好看的颜色，红的、黄的、绿的、蓝的。

5. 如果有戏剧表演，教师可让幼儿开展表演活动。（将多学科的内容融合在同一个活动中）

活动建议

本活动也可以请幼儿和家长一起在家里亲子合作共同制作头饰，并排练一个节目，教师在幼儿园组织一次会演。

活动5 贺卡制作

活动目标

1. 学习从画面的形象、色彩与构图等来感受贺卡所表达的温馨情感和祝福的愿望。

2. 学习贺卡的设计与基本制作方法，并尝试自己设计和制作贺卡。

活动准备

1. 平面（镂空与不镂空两种）、立体等不同风格的贺卡若干张。

2. 糨糊（或胶水）、抹布等。

3. 教师也可以发动幼儿和家长收集贺卡，带到幼儿园来供大家欣赏。

活动过程

1. 教师——出示贺卡，引导幼儿欣赏。

幼儿可以围在教师周围欣赏贺卡。（此处也可以用实物投影仪放大后在屏幕上欣赏）

（1）教师：节日到了，老师收到了许多贺卡。我们来看一看，这些贺卡上画了些什么？你看了以后有什么感觉？（引导幼儿描述画面所指称的物像，并就自己的第一印象做出初步的审美判断）

幼儿：这张贺卡上画的是圣诞老人和小鹿，圣诞老人穿着红色的衣服，表示圣诞节要来了。

幼儿：这张贺卡上有一个马头，是剪出来的。

幼儿：这张贺卡是一个风景画，画的是冬天下雪的时候，地上、房子上和树上都有雪。感觉很清爽。

幼儿：这张贺卡上有一个小雪人，还有小狗、小娃娃。

幼儿：这张贺卡上画的是一条龙，我想是春节快到来了。

幼儿：这张贺卡上有一只小白兔，它的眼睛是红颜色的，还会转动呢！

幼儿：这张贺卡上画的是两个娃娃在跳舞，表示节日到了。

幼儿：这张是音乐贺卡，会发出音乐声，里面还有一个小礼物。

幼儿：这张贺卡是红色的，上面写着2002，表示2002年新年好。闻上

去香香的。(幼儿做闻的动作。)（幼儿通过对贺卡画面物像的尽情描述，表达出自己对画面内容与意义的想象与判断）

（2）教师：这张贺卡的颜色怎么样？（当幼儿自发地注意到作品的形式要素时，教师就要顺应幼儿的思维，引导他们讨论贺卡的色彩配置这一形式美原理。这种做法是建立在把幼儿当作学习的主体这样一种认识的基础上的，而不是不顾幼儿的需要和学习过程，把教师自己对作品的理解强加给幼儿）

幼儿：这张贺卡的颜色有红色、黄色、金色。

幼儿：红颜色很多，看上去感觉很喜庆。（幼儿从贺卡的主调颜色上体验到贺卡所表达的意义）

（3）教师：再看看，其他贺卡的颜色怎么样？

幼儿：这张贺卡里面，白色用得最多，外面还配上了金色和少少的绿色的边框。

幼儿：这张贺卡是大红色和金黄色配起来的。

幼儿：这张贺卡是有点黄的白色和红色配起来的。

幼儿：这张贺卡的颜色很多，都很鲜艳，五彩缤纷的。

（4）教师：看上去怎么样？

幼儿：感觉想跳舞。（幼儿从五彩缤纷的颜色中体验到热闹的气氛）

（5）教师：这些贺卡是怎样构图的？（引导幼儿讨论贺卡的构图设置）

幼儿：这张贺卡把马贴在左边，右边写着两个字。

教师：这两个字是贺年，还盖了一个印章。

幼儿：这张贺卡上花在周围，中间是一个很大的鱼。鱼是深红色的，花是粉红色的。

幼儿：这张贺卡是竖着的，这张贺卡是横过来的。

幼儿：有的图案画在封面上，有的图案画在里面。

（6）教师：为什么要这样画？表现了一种什么样的气氛和心情？（教师引导幼儿通过色彩和构图从理性层面上来感受贺卡的意义所在）

幼儿：这张贺卡表达了一种心意，让别人在节日里和他一样快乐。

幼儿：因为要过节了，把画画得好看，别人就喜欢。

幼儿：告诉大家，新年到了。

幼儿：祝大家新年欢乐，万事如意。（幼儿表述自己对贺卡意义的理解）

（7）教师：你最喜欢哪一张？为什么？（教师引导幼儿自己做出理性层面上的审美判断，帮助幼儿提高其审美趣味）

幼儿：我喜欢这张，它的花是用油泥做的。

幼儿：我觉得这个漂亮，因为有绿色、粉色和咖啡色，扇形里还有粉红色的立体的花。我要把这个贺卡送给舅舅和妈妈，因为他们送给我最漂亮的衣服，我要把漂亮的贺卡送给他们，祝他们新年快乐。

幼儿：我喜欢这张贺卡，因为我觉得这三朵花很美，很喜气，很漂亮，送给小朋友，祝她生日快乐。

幼儿：我喜欢这张贺卡。因为它好看，颜色鲜艳，图案是立体的。可以送给我最好的朋友，祝他生日快乐。（幼儿从材料、内容、形式等角度表达了自己对贺卡的审美趣味。在这里，教师始终起着引导者的作用，没有对幼儿的回答做出"对"与"错"的判断，而这正是艺术欣赏所需要的）

2. 激发幼儿创作的动机，并进行制作。

（1）教师：这些贺卡在做法上有什么不同？（教师引导幼儿识别各种贺卡的制作工艺，从而为后面的动手制作打下基础）

幼儿：有的是一张纸，有的是叠起来的。

幼儿：有的四边都往里叠。

幼儿：有的贺卡上还绣着花。

幼儿：有的是长方形的。

教师：这些贺卡的形状都不一样，有长方形、正方形，还有物体形的；贺卡有的是平面的，有的是立体的；有单页的、双页的，还有多页折叠式的。有些贺卡还会发出音乐声，还有的会散发香味。（教师总结幼儿的回答，并引导幼儿注意其忽略的一些方面）

（2）教师：现在请大家再看一看，这些贺卡分别是怎么做成的？（引导幼儿探索贺卡的制作方法，而不是直接灌输给幼儿）

幼儿：这张贺卡是画的。

幼儿：这张贺卡是在上面的纸上剪了一个洞，这样两边合起来后，下面的画就露出来了。

幼儿：这张音乐贺卡是先放一点棉花，再盖上一小块亮闪闪的布，周围画上好看的花，在上面的纸上也画上漂亮的图案，这样打开后既能看到画，又能听到音乐。（幼儿通过自己的探索能了解贺卡制作的简单方法）

教师：这些贺卡用的方法都不同，有的用绘画的方式，有的用剪贴的方式，也有的用切折、开孔、垫衬、丝带结扎、沥粉等方法来制作的。（教师介绍贺卡的基本制作方法）

（3）教师：你们想做一张贺卡吗？

众幼儿：想。（幼儿情绪高涨，跃跃欲试）

（4）教师：你想准备怎么做？用什么方法？（教师引导幼儿明确自己的设计思路和制作方法）

幼儿：我想做一张有洞的、能露出里面的画的贺卡。送给我的哥哥，祝他生日快乐。

幼儿：我要用合印的方法做一张两面都一样的贺卡。

幼儿：我用折叠的方法做一张多层的贺卡，过年的时候送给我妈妈，祝她新年快乐。

教师：你们想得很好。现在可以开始选你需要的材料做了，做的时候注意把没有用的废纸放在纸篓里。（教师在制作活动开始之前提醒幼儿注意手工习惯的养成，而不是在幼儿进行创作时再来打扰他们，这种方法为幼儿提供了一段不受干扰的时间，使他们能全身心地投入到创作活动中去，有助于创造力的发挥）

幼儿制作，教师在幼儿需要时给予指导。

3. 展示幼儿的作品，并互相欣赏。

教师：你想把你的贺卡送给谁？请说一句祝福的话。

幼儿：我想把贺卡送给我哥哥，祝他生日快乐。

幼儿：我想把贺卡送给我妈妈，祝她新年快乐。

幼儿：我想把贺卡送给我爷爷，祝他吉祥如意。

幼儿：我想把贺卡送给季老师，祝季老师新年快乐。

幼儿：我也想把贺卡送给季老师。

幼儿：我也想把贺卡送给季老师。

（幼儿纷纷把自己的贺卡送给老师，并祝老师新年快乐。一个孩子对老师的热爱，引发了全班孩子对老师的热爱之情。我们从幼儿对教师热爱的态度，可以看出日常中教师对幼儿的一片爱心。所以，作为教师，生活在孩子们的爱戴之中，是多么幸福啊！）

活动在祝福声中结束。

出 版 人　李　东
策划编辑　白爱宝
责任编辑　孙冬梅
版式设计　杨玲玲
责任校对　贾静芳　金　霞
责任印制　叶小峰

图书在版编目（CIP）数据

幼儿园美术领域教育精要：关键经验与活动指导／
孔起英著．—北京：教育科学出版社，2021.1（2025.3 重印）
（幼儿园领域课程指导丛书）
ISBN 978-7-5191-2387-1

Ⅰ．①幼…　Ⅱ．①孔…　Ⅲ．①美术课—教学研究—学
前教育　Ⅳ．①G613.6

中国版本图书馆 CIP 数据核字（2020）第 226334 号

幼儿园领域课程指导丛书

幼儿园美术领域教育精要——关键经验与活动指导

YOU'ERYUAN MEISHU LINGYU JIAOYU JINGYAO——GUANJIAN JINGYAN YU HUODONG ZHIDAO

出 版 发 行	教育科学出版社				
社　　　址	北京·朝阳区安慧北里安园甲 9 号		邮　　　编	100101	
总编室电话	010-64981290		编辑部电话	010-64989395	
出版部电话	010-64989487		市场部电话	010-64989572	
传　　　真	010-64989419		网　　　址	http://www.esph.com.cn	
经　　　销	各地新华书店				
制　　　作	北京金奥都图文制作中心				
印　　　刷	保定市中画美凯印刷有限公司				
开　　　本	720 毫米×1020 毫米　1/16		版　　　次	2021 年 1 月第 1 版	
印　　　张	114.75		印　　　次	2025 年 3 月第 5 次印刷	
字　　　数	1688 千		定　　　价	377.00元（共7册，含光盘）	

图书出现印装质量问题，本社负责调换。